时代变革者系列

王安石传

梁启超 著

赵佳祺 编译

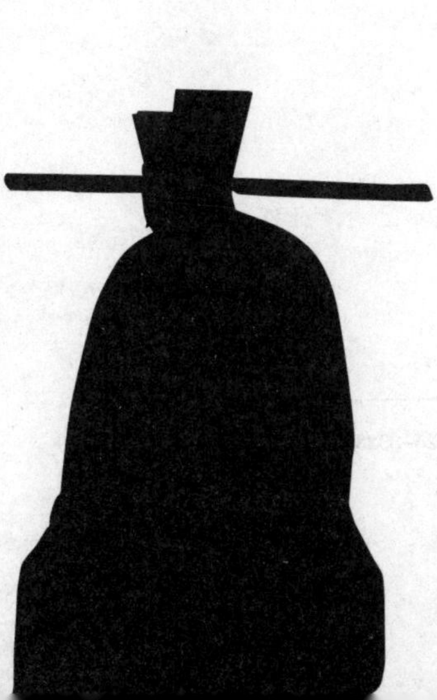

江苏凤凰文艺出版社
JIANGSU PHOENIX LITERATURE AND ART PUBLISHING, LTD

图书在版编目（CIP）数据

王安石传 / 梁启超著 ；赵佳祺编译 . -- 南京 : 江苏凤凰文艺出版社，2025. 7. -- ISBN 978-7-5594-9569-3

Ⅰ. K827=441

中国国家版本馆 CIP 数据核字第 2025N3D703 号

王安石传

梁启超 著 赵佳祺 编译

责任编辑 王昕宁
策划编辑 李 根
特约编辑 连 慧
装帧设计 末末美书
责任印制 杨 丹
出版发行 江苏凤凰文艺出版社
南京市中央路 165号，邮编：210009
网 址 http://www.jswenyi.com
印 刷 山东临沂新华印刷物流集团有限责任公司
开 本 710毫米×1000毫米 1/16
印 张 17
字 数 230千字
版 次 2025年7月第1版
印 次 2025年7月第1次印刷
书 号 ISBN 978-7-5594-9569-3
定 价 58.00元

目录

例 言

这本书的核心目的在于深入阐释王安石的政治理念和实践方法。因此，书中对于王安石所创立的各项新法的内容，以及这些新法实施过程中的得与失，都进行了详尽的阐述。同时，作者还常常将王安石的政治思想与当今欧美国家的政治制度进行对比分析，使读者能够在新旧知识之间建立起桥梁，实现二者的融会贯通。

《宋史》中关于宋神宗熙宁、元丰年间的史实，是由南宋时期的史官们撰写的，后来元朝的史学家们又沿用了这些记载，其中大多出自反对王安石变法的政治派别之手，因此，其内容可能带有一定的偏见和片面性，不能完全作为可信的历史依据。在这里，我针对其中那些对王安石进行不实污蔑的部分，逐一进行了详细的辨析和反驳，并且，我整理出了若干条考证有异议的条目，以便读者能够更清晰地看到历史事实的真伪，以及不同记载之间的差异。

王安石不仅是中国历史上一位杰出的政治家，同时也是一位伟大的文学家。因此，在这本书中，我收录了他大量的诗文作品。前面各章节中散见的那些诗文，大多与他的政治理念和实践活动紧密相关。还有一些可以作为文学作品典范的文章和诗词，我将它们收录在最后两章中，读者能够通过这些精选的诗文，对王安石有一个更加全面和深入的了解。

在撰写这本书稿的过程中，我参考了不下百种书籍资料，其中最为丰富且重要的参考资料是江西金溪人蔡元凤先生所著的《王荆公年谱考略》。蔡先生名上翔，乾隆、嘉庆年间人，他学识渊博，文辞优美，这在近代是极为罕见的。他所编写的《王荆公年谱考略》共计二十五卷，并附有杂录二卷，完成这部巨著时，蔡先生已八十八岁，可见他为此倾注了毕生的心血。然而，这部珍贵的年谱流传并不广泛，蔡先生在当时的士大夫阶层中也并未得到应有的称誉，这或许是因为他本就是一位淡泊名利的君子吧。我在此特别提及，是希望史官们能够注意到这部重要的著作。

至于本书的写作，我是随性而为，没有反复修改和审阅，因此，文中难免存在粗疏遗漏之处，这一点我自己是清楚的。我衷心地希望海内外的博学之士能够不吝赐教，给予我宝贵的指导和建议。

作者自记

第一章　绪论

中国的历史学者评论道：要真正了解一个人并评价他所处的时代，绝非易事。以我之见，宋朝的太傅、荆国公王安石，他的德行如同广阔的湖泊深不可测，他的气节如同万丈高峰般坚不可摧。他的学术集各家之大成，精粹无比；他的文章更是引领了文坛新风，振兴了自东汉以来逐渐衰落的文风。他所推行的各项事业都是顺应时代的需求，以纠正社会的弊端。他的许多良法美意至今仍被传承，无人能废；而那些未能继续施行的也大多符合政治的基本原理，如今东西方各国实践之，均见成效。啊，古代传说中的贤臣如皋陶、夔、伊尹、周公等，他们的事迹已遥不可及，详情难以尽知。但若要在尧、舜、禹三代之后寻找一位完人，恐怕只有王安石能够担此殊荣了。悠悠千载，伟人难得一见，这是国家历史的荣耀，也是国民应当铭记于心，用丝绸绣制其像、铸金以祭祀的。距离王安石所在的时代已近千年，这千年间，国民对王安石的评价如何？每当我阅读《宋史》时，都不禁放下书本，痛心疾首。

像王安石这样非凡杰出的人才，却遭受了全天下的指责和辱骂，历经世代变迁，这些污名仍未被彻底洗清。这样的情形，在西方有克伦威尔，在我国则有王安石。西方那些保守的史学家，在评价克伦威尔时，称他为乱臣贼子、奸险凶残、迷信狂妄、专制伪善，这些指责如同万口一词，牢不可破，几乎持续了一个世纪之久。然而时至今日，真相终于大白于天下，在英国国会的众多先哲画像中，克伦威尔赫然居于首位。反观我国国民对于王安石的态度又如何呢？他们只是盲目跟风，人云亦云地诋毁他，与元祐、绍兴年间的舆论毫无二致。那些偶尔称赞王安石的人，也只是欣赏他的文采；稍微深入一点的，也不过是赞扬他勇于担当的精神，而对于他事业的深远与伟大，几乎无人能够洞察。至于他高尚的人格，则更像是被深埋于矿藏中的美玉，历经千秋万代，也未能发出其应有的光芒。唉，每当我读到《宋史》中关于王安石的记载，都不禁放下书本，痛心不已。

曾国藩曾说，宋代的儒生们对小人的责备较为宽容，而对君子的要求非常严苛。唉，这岂止是宋儒的问题，这种偏见和苛责已经深深植根于社会之中，时至今日，这种情况还在日益加剧。孟子讨厌那种求全责备的毁谤，所谓求全责备，就是在好的事物中也要找出不好的地方来，孟子对此尚且反感，更别提完全抹杀一个人的优点，虚构出子虚乌有的恶行来进行诬蔑了。如果有这种情况，也是从宋代的儒生们诋毁王安石开始的。中国人天性保守，习惯于遵循“不要轻举妄动”的教诲，因此对于王安石那些大刀阔斧的改革措施，大家纷纷感到惊恐并试图阻挠，这其实也不足为奇。然而，政治观点是政治观点，个人品德是个人品德，两者应该分开来看。但遗憾的是，有些人因为政见不合，就结党营私，相互攻击，不能达成和解，于是编造虚假言辞来诋毁对方的私人道德。这种做法简直就像村妇之间的互相谩骂，真没想到竟然出自贤士大夫之口。这样的风气逐渐形成了千百年来一种模棱两可、不痛不痒的社会氛围，使得光明磊落、才华横溢的人难以在社会中立足，而整个社会都在相互劝勉学习圆滑世故、明哲保身的品质。啊，每当我读到《宋史》，都不禁放下书本，伏案痛哭。

我现在打算为王安石撰写传记，但遇到了一件最让我为难的事情，那就是《宋史》中关于王安石的记载并不可信。并非我一个人这样认为，之前已有几位君子也表达了同样的观点。这几位君子对于王安石的评价，就像是空谷中传来的珍贵足音，他们的言论理应能够赢得天下的信任，正如孟子所说，他们不会因为个人喜好而偏袒或歪曲事实。如今，我引用他们的话来表达我内心真诚的敬意和认同。

陆九渊在《荆国王文公祠堂记》中写道：

（前略）在昭陵祭奠的日子，王安石派遣的使者回到朝廷并献上奏书，详细指出当前时事，深入剖析社会弊端，内容条理清晰，往往切中时弊，非常恰当。王安石往昔的学问和熙宁年间的功绩，都没有偏离他这次出使归来后所写的奏书内容。然而，那些排挤王安石的人，有的说他谄媚取悦，有的说他迎合上意，有的说他改变了自己的操守，还有的说他违背了自己的学问，这样的人哪里能算得上是真正了解王安石呢？王安石英勇豪迈，特立独行，不屑于世俗中追求声色犬马、功名利禄的习气，他内心纯洁无瑕，任何污点都无法侵入，他的操守之清白，比冰霜还要冷峻，这是王安石的品格特质。他扫除庸俗学说的平庸浅陋，振兴被因循守旧所困的弊政，立志以孔孟之道为学术准则，以伊尹、周公的功勋为事业追求。他不期望每个人都能理解他，但他的声誉和光芒却如日中天，一时之间，许多杰出的公卿和名贤都甘愿为他退居其次，王安石能得到这样的赞誉，难道是偶然吗？他遇到了适合的时代，君主是难得一见的英明之主，他先是学习治国之道，然后成为君主的得力臣子，无愧于成汤、武丁这样的圣明君主。王安石得到君主的信任，可以说是中国历史上唯一的。关于新法的讨论，在朝廷上引起了轩然大波，新法才实施不久，天下就一片哗然。王安石秉持着周礼的精神，以纯正无私的态度陈述自己的主张，他坚信自己的学说，毫不动摇。君子们极力争辩，他只能选择离去，而小人则趁机投机取巧，密谋策划。忠诚朴实的人被排挤，奸佞狡诈之徒得志，王安石却未曾醒悟，这是他的不足之处。熙宁年间排挤王安石的人，大多用极其诋毁的言辞来攻击他，却不用至理来反驳他。其中公正持平的言论很少，偏激激烈的言辞却占了八九成。这样的言论既不足以在神宗面前取得信任，也不足以消除对王安石的误解和偏见，反而巩固他们坚持自己的意志，不顾一切地做下去。如果说新法有什么过失，那些君子其实也有责任。到了元祐年间，大臣们对王安石的新法一概反对，这难道就是所谓的无偏无党吗？玉石之所以珍贵，是因为它的瑕疵和美好都毫不掩饰。古代可信的史书，都是直截了当地记录事件，是非善恶无所不包，为后世提供劝勉和警戒。如果为了迎合自己的好恶而歪曲事实，增减内容，就会失去史书的真实性，小人就会借此机会煽动情绪，激怒人心，这哪里是君子所期望的呢？……近来的学者们，往往思想观点趋于一致，在朝堂上发言时也是众口一词，这哪里算是真正善于学习前辈们的风范呢？王安石世代居住在临川，辞去官职后迁居到金陵。宣和年间，他的旧居已成废墟，乡亲们向县里申请，在废墟上建起了祠堂来纪念他。绍兴初年，这座祠堂还经常被修缮维护。然而到现在，已经过去了四十多年，祠堂损毁严重，破败不堪，路过的人无不叹息。如今那些怪力乱神的庙宇，倒是连绵不绝，香火旺盛。王安石作为一代英才，拥有超凡脱俗的品德，他的诞生仿佛山川间汇聚的灵气，这样的人物几乎是世间罕有的，他的祠堂却如此破败，当地的人甚至没有地方向他表示敬意，这难道不是因为世人议论不公，心存畏惧和疑虑，才导致这样的结果吗？

颜习斋在他的著作《宋史评》中说：

王安石为人廉洁高尚，有着古代圣贤那种通过端正自身来匡正天下的志向。当被委以重任时，他满怀激情地想要辅佐君主实现像尧、舜、夏商周三代那样的盛世。他所推行的法律，如农田水利法、保甲法、保马法、免役法、方田均税法、将兵法、在两河地区设置弓箭手等，都是很好的法令，后来很多都继续施行。即使在当时，直到元祐年间，范纯仁、李清臣、彭汝砺等大臣，也承认这些法令不能全部废除。只有青苗法、均输法、市易法，因为执行得不够妥善，容易滋生弊端。然而，人们是否也考察过当时的社会背景和形势呢？宋太宗在北方征战时中了流箭，两年后伤口复发去世，神宗提到这件事时，情真意切地流下了眼泪。西夏原本是宋朝的臣民，后来背叛宋朝称帝，这些都是作为臣子所不能容忍、必须与之势不两立的。宋朝每年向辽国、西夏、金国输送的财物总计达一百二十五万五千两，此外，用于庆贺吊唁、出使访问及贿赂宠臣的财物又是这个数目的一倍，宋朝靠什么来维持国家呢？如果想让人承认宋朝是正统的君主之国，宋朝又有什么脸面呢？这又是作为臣子一天都不能安心的事情。宋朝想要发动战争却兵力不足；想要补充兵力军饷又不够，王安石推行变法，难道是出于无奈吗？这就像有仇敌杀害了我们的父兄，我们急于与他打官司，结果却导致多次被索要家产赔偿，这难道也是出于无奈吗？宋朝人长久以来苟且偷安，一听到北方的风声就战栗不已，于是他们筑起高墙，为难王安石，极力诋毁他，说他奸诈、邪恶。他们并不与王安石讨论这些措施是否可行，或者是否有更好的大计，只是一味地致力于阻止任何一项王安石提出的措施实施，直到将其彻底废除才肯罢休。然而，仅仅责备王安石固执己见，这样做合适吗？况且王安石的所作所为，也是明显取得了成效的。他任用薛向、张商英等人管理国家财政，任用王韶、熊本等人整顿军队，向西消灭了吐蕃，向南平定了洞蛮，夺取了西夏人的五十二座堡垒，使得高丽国前来朝拜，宋朝几乎因此振兴。然而韩琦、富弼等人一定要阻挠破坏这些成就，难道王安石应当念念不忘国家的伤痛，韩琦、富弼、司马光等人却可以不加理会吗？况且韩琦弹劾王安石的时候，他的言论更是让人觉得可笑和奇怪。他说，导致敌人怀疑我们的有七件事：一是让高丽前来朝贡；二是在夺取的吐蕃土地上建立熙河一路；三是在西山种植榆树和柳树来限制吐蕃的骑兵；四是创立团练保甲制度；五是在河北地区修筑城池；六是设立都作院来颁发新式弓箭和战车；七是在河北设置三十七位将领，这些都应该废除，以此来消除敌人的疑虑。啊，如果敌人厌恶我们有防备，我们就去掉防备，那么如果敌人厌恶我们有首领，难道我们也要去掉首领吗？这就是韩琦不能保全自己名节的原因。而且，这七件事都是王安石的重要策略，史书中却删减了大半，幸亏韩琦错误地将它们当作王安石的罪状而流传开来，否则，被删减掉的其他内容又会有多少呢？范祖禹、黄庭坚在修撰《神宗实录》时，都致力于诋毁王安石。陆佃说：这是一本诽谤人的书。之后蔡卞又重新进行了校订，但当元祐党人得势时，他们又对书籍进行了全面的修改。那么，《宋史》还值得信赖吗？其中指责王安石的内容，是对的还是错的呢？虽说一个人的对错或许不值得过分争辩，但让人痛心的是，因为诬陷了这样一个人，就使得君臣之间的仇恨加深。而天下后世的人，也因此将苟且偷安、颓废萎靡的人视为君子，将那些想要建功立业、支撑国家的人视为小人。这不仅仅是王安石的不幸，也是宋朝的不幸啊！

到了近代，有位名叫蔡上翔的金溪人，他倾注了毕生的精力，撰写了《王荆公年谱考略》一书，他在自序中说道：

（前略）君子担忧自己去世之后名字不被世人称颂，因此，凡是有善行的都值得记载，有恶行的应当剥夺他的名誉，这一切都源自生平的实际事迹。后来的评论家，尽管可能意见各不相同，褒贬也不一致，但那些事实本身是无法轻易改变的。然而，世人对于王安石的评价不是这样，王安石去世至今已经七百多年了。起初，那些肆意诋毁他的话，大多出自私人著作，后来，这些私人著作又被采纳为正史的一部分，并且增加了很多新的材料，想要辩解就更加困难了。（中略）王安石有一篇《答韶州张殿丞书》，他在文中说道：“从夏、商、周三代开始，每个国家都有自己的史书，而当时的史书，许多家族世代传承，其成员常常因为忠于职守而献身，不违背自己的信念，这是因为他们的事迹都可以作为历史考证的依据。后代诸侯的历史不复存在，而近代以来，如果不是拥有尊贵显赫的爵位或地位很高的人，即便是那些雄才大略、英勇无畏、品德高尚且广泛影响他人的人物，如果不幸没有得到朝廷的认可，往往就不能被载入史册。再者，撰写历史的人又往往出自当时的权贵之手，观察他们在朝廷讨论时的情形，人人都可以发表对事物的看法，有时甚至会将忠诚视为邪恶，将不同意见视为相同，在面前直言批评时不感到恐惧，在背后讥讽也不觉得羞耻，只为了满足他们个人的愤怒和喜好就草率地下结论。更何况还有人暗中凭借影射的文字来评判前人的善恶，可能会因为心存疑虑而给予宽恕性的褒扬，也可能因为相似之处而附加上诋毁之词。死去的人无法为自己辩解是否正确，活着的人也无法讨论事情的是非曲直，赏罚和名誉都不在其中起作用。凭借他们个人的偏见，怎么能在不为人知的情况下不产生欺骗呢？”这话说得太透彻了。这封信写于庆历、皇祐年间，当时王安石已经受到名贤和显贵之士的称赞，而且还没有人对他进行过非议或诋毁。然而，每当我读到这本书时，都不禁连连叹息，感叹为何后世有些人对王安石的诋毁他在这里已经预见了呢。自古以来，每个朝代都有历史记载，这些历史都是由后继的朝代修订完成的，而他们在进行考证时，必定有其依据和来源。比如修撰《宋史》的是元朝人，而元朝人在编写正史时，大量采用了私人撰写的史书。在北宋熙宁年间，王安石的新法刚刚开始推行时，朝廷里议论纷纷，那时关于新法的事实，尚且还有一些可以明确指出的地方。等到元祐年间那些大臣掌权后，不仅新法被全部废除，而且党争之祸也开始蔓延开来。特别是在范祖禹、吕大防等人刚开始修订《神宗实录》的时候，那时邵伯温的《邵氏闻见录》、司马光的《温公琐语》《涑水纪闻》、魏泰的《东轩笔录》都已纷纷出版问世，这些书往往都带着个人偏见，是通过笔墨来满足自己的愤怒或喜好而写成的。接着又有范冲的“朱墨史”和李焘的《续资治通鉴长编》问世，王安石曾感慨死去的人无法与他争辩评判是否正确，活着的人也无法讨论其中的是非曲直，这种情况真是让天下后世的人感到深深的惋惜。然而没想到的是，王安石以一己之力承担起了这项重任，他们要把天下的恶名都归到王安石身上。甚至有人认为宋朝的灭亡是王安石造成的，这岂不是太过分了吗？宋朝自从南渡以来到元朝，中间经历了二百多年的时间，那些肆意诋毁王安石的人，已经多得数不胜数了。从元朝到明朝中叶，又有像周德恭这样的人，他竟把神宗皇帝与周赧王、秦二世胡亥、汉桓帝、汉灵帝等暴君、昏君相提并论；还有像杨用修这样的人，他斥责王安石，将其与伯鲧、商鞅、王莽、曹操、司马懿、桓温等奸臣、权臣归为一类，这种贬低更是过分。在此之前，还有苏轼写的《温国行状》长达九千四百多字，而其中一半都是诋毁王安石的内容。先不说古代根本没有这样的文体，就算真的有，苏轼又怎么可能写出这样的文章呢？到了后来，明朝有个叫唐应德的人，他写了一本《历代史纂左编》，其中为王安石作的传有两万六千五百多字，里面竟然没有一句好话，没有提到王安石的一点善行。这些难道能称为信史吗？（后略）

陆九渊和颜元两位先生，都是他们那个时代的大儒，他们的话理应值得信赖。而蔡上翔这个人又博览群书，花费了几十年的时间和精力，搜集整理了数千卷的资料来编写《王荆公年谱考略》，他也持相同的观点。然而，在当今时代要传扬王安石的事迹，想要达到像克伦威尔所说的“画我就要画得像我的人”，岂不是极其困难的事情吗？然而，历史上难得一见的哲人，他们的伟大品德和卓越成就，如果被埋没而不为人知，甚至被众人指责，与禹鼎的遭遇没什么两样，那么天下就不再有真正的是非标准了。这对世道人心造成的危害，将和洪水猛兽一样严重。因此，驳斥错误的言论，抵制荒诞的言辞，弘扬被埋没的德行，发掘隐藏的光辉，既是对先人的回报，也是对后人的鼓励。虽然这件事情很难，但怎么能停止不做呢？这就是编写这本书的原因。

（附）《宋史》私评：

在诸多史书中，《宋史》被认为是最杂乱无章的一部。《四库全书》的提要写道：“《宋史》的主要宗旨是宣扬道学，对其他事情则不太在意，因此其中的错乱谬误多得数不清。”檀萃说：“《宋史》既繁杂琐碎，又在判断是非时未能完全秉持公正。大概从洛党和蜀党的纷争开始，南渡之后都没有平息，这种门户之见深深束缚了人们的思想。因此，对于那些与自己观点相同的人，书中多有掩饰之辞；而对于那些与自己观点不同的人，则难免有过分的指责。”这可以说是深刻指出了《宋史》的弊病。后来，柯维骐写了《宋史新编》，沈世泊写了《宋史就正编》，都纠正了《宋史》中的一些错误。《四库提要》列举了其中纪传与志书不一致的地方、传记前后矛盾的地方，共有十多条。赵翼的《陔余丛考》和《廿二史札记》也指出了《宋史》中叙事混乱、疏忽检查、错误百出、遗漏重要信息、自相矛盾的地方，各有十多条；还指出了列传中掩饰真相、牵强附会、颠倒是非、判断失误的地方，共有一百多条。由此可见，这本书的价值便可大概了解了。而在所有的错误中，最为严重且几百年来都无人站出来纠正的，莫过于关于王安石的记载。

《宋史》是由元朝人编纂的。元朝人在编纂过程中并没有掺杂个人的喜好或偏见，只是因为他们缺乏辨别史料真伪的能力。所以，如果想要评判《宋史》的优劣，首先应当辨别它所依据的原始资料。考察宋朝时修撰的《神宗实录》，当时争议极大，多次发生牢狱之争。在元祐初年，范祖禹、黄庭坚、陆佃等人共同参与修撰。陆佃多次与范祖禹、黄庭坚发生争辩。黄庭坚说："照你这么说，这岂不是成了一部谄媚的史书吗？"陆佃反驳道："照你这么说，这不就是一部诽谤之书吗？"陆佃虽然曾师从王安石，但他并不支持新法，如今他的这番言论，已经表明最初版本的《神宗实录》中已经有了很多歪曲事实的言辞，这是显而易见的。这是第一次修撰《神宗实录》。等到绍圣年间改元，三省共同呈上台谏官员前后上奏的章疏，指出实录院前后修撰的先帝实录中，很多都附会了奸臣的言论，诋毁熙宁、元丰年间的政事。而国史院又调取了范祖禹、赵彦若、黄庭坚等人提供的文字材料，他们都声称自己没有其他确凿的依据，只是听了一些传闻。皇帝说："文字记录应当准确无误，史臣怎敢如此荒诞不经、傲慢无礼。"章惇说："不仅很多内容都声称是听来的传闻，即使是从臣僚家中取得的文字材料，也不可轻易相信。但他们竟敢用这些传闻来修史，真是荒谬至极。"安焘说："自古以来，史官从未有过这样的行为，这也是朝廷的不幸。"这些话虽然出自反对元祐党人之口，但也不是完全没有可信之处。之前蒋之奇弹劾欧阳修私生活不检点的事情，欧阳修多次上疏请求彻底追查，等到皇帝下旨责问蒋之奇时，他也仅仅是以传闻作为回应。由此可知，宋朝时官场的习惯风气原本就是这样。于是，皇帝下诏命令蔡卞等人重新修撰《神宗实录》。蔡卞呈上了王安石所著的《熙宁日录》，对元祐年间的《神宗实录》做了大量涂改，因为是用红笔抹去的，所以这个版本被称为"朱墨本"。这是第二次修撰《神宗实录》。然而，元祐年间的那些人又不断地攻击这个新版本。在宋徽宗时期，有个叫刘正夫的人，他说元祐年间和绍圣年间所修撰的《神宗实录》各自都有正确和错误的地方，应当对这些不同的说法进行折中处理，以便把真实可信的历史传承给后世。另外还有个叫徐勣的人说："神宗正史的修订工作到现在已经过去五年，但仍未能最终成书。这主要是因为元祐年间和绍圣年间的史臣们喜好和厌恶的事物不同，导致在修史时产生了分歧。范祖禹等人主要依据司马光家中收藏的记事来撰写，而蔡京兄弟则完全采用王安石的《熙宁日录》作为依据，各自为自己的说法辩护，因此议论纷纷，莫衷一是。当时的辅相家中哪家没有家藏记录？在我看来，应该把这些记录都拿出来，对它们进行比对和审定，分辨出是非真伪，然后汇编成一部大典。”朝廷于是又下诏重新修订，但还没等到修订完成，就发生了靖康之难。南渡之后，宋高宗绍兴四年（1134年），由范冲再次修订完成并呈献给朝廷。这是第三次修订《神宗实录》，后来编写的《宋史》所依据的就是这个版本。从绍圣年间到绍兴年间，元祐党人被流放、迫害，历经了三十多年的苦难，他们心中充满了深深的怨恨和愤怒。而范冲作为范祖禹的儿子，继承了他父亲的遗志，更加激烈地报复那些曾经迫害元祐党人的人。同时，王安石自己撰写的《熙宁日录》，以及绍圣年间修订的带有朱墨批注的实录都被彻底销毁了，无法再找到它们来查证历史。因此，《宋史》只能根据一面之词来编写，导致王安石的很多冤案无法得到昭雪。在史书中，那些诋毁王安石的话，如果用其他书籍来对照，可以发现其中有六七成都是诬蔑之词。近代的儒家学者李绂和蔡上翔对这些问题进行了广泛的考证和辨析，我将会挑选其中重要的部分，分别在下面的各章中介绍，这里就不再赘述了。重要的是，如果想要考察神宗熙宁、元丰年间的历史事实，那么刘正夫和徐勣所说的，元祐年间和绍圣年间因为人们喜好厌恶不同而各有得失的观点，是最为公正的。我不敢说绍圣年间修订的史书因为赞誉王安石就是可信的历史，但是如果像元祐年间和绍兴年间修订的史书那样，试图用一只手来掩盖天下人的眼睛，那么我即使想保持沉默，也是做不到的。蔡上翔所撰写的《王荆公年谱考略》中记载了靖康初年杨时的《论蔡京疏》，后面还附有一篇南宋无名氏写的评论，说：

在王安石当政的时候，国家处于全盛时期。特别是熙河之战的胜利，使国家的领土扩张了几千里，这是自开国以来百年间都未曾有过的壮举。然而，南渡之后，元祐年间那些贤臣的子孙，以及苏轼、程颐等人的门生和旧吏，因为党禁之祸而心怀愤懑。他们认为仅仅攻击蔡京还不够，于是将国家败乱的根源归咎于王安石，这些都是无稽之谈。实际上，徽宗、钦宗时期的祸乱，根源在于蔡京。而蔡京之所以能够得势，起初是得到了司马光的举荐。至于后来杨时的晋升，又是因为得到了蔡京的提拔。这一系列的因果相推，其实与王安石完全无关。至于杨时在徽宗时期不去攻击蔡京反而去攻击王安石，那是因为他感激蔡京的恩情，畏惧蔡京的权势，同时认为已经去世的王安石更容易被攻击，所以他才避开当时的朝政问题，而去追究过去的事情。(后略)

这段话最为一针见血地指出了问题的关键。王安石之所以千百年来受到诬陷而无法洗清冤屈，全都是因为元祐年间那些贤臣的子孙，以及苏轼、程颐等人的门生和旧吏编造了一些夸大其词的言论。等到程朱理学被世人尊崇后，这些流言蜚语就变成了铁定的结论。《四库全书提要》指出《宋史》出现谬误的原因是它专门以表彰古板迂腐的道德为宗旨，而对其他事情则不太在意，这确实是事实。颜习斋还曾为韩侂胄辩解冤屈，说他能够仗义复仇，是南宋的第一名相，宋朝人却杀了他去向金国谢罪，这实在是连猪狗都不如的行为。然而，《宋史》将他列入《奸臣传》，仅仅是因为他得罪了那些讲学的君子。朱彝尊和王渔洋都批评张浚误国，说他杀害曲端的行为与秦桧杀害岳飞没有什么不同，只是因为张浚的儿子讲学，并且被朱熹当作父亲一样尊敬，所以张浚就被尊崇为名臣，而编造出曲端有该杀之罪的理由，这实在是歪曲事实的说法。所有这些，都足以证明《宋史》在颠倒黑白、混淆是非方面的例子不胜枚举。而其主要都是学术上的门户之见和主奴观念在作祟，王安石不幸成为受到诬陷最严重的人。所以我先这样评论，我的话是否可信，就等待有识之士来判断了。

第二章　王安石的时代（上）

自从有史书记载以来，中国国力衰弱没有比宋朝更严重的了。宋朝之所以衰弱，原因到底是什么呢？起初源于宋太祖的猜忌多疑，中途又因为宋真宗、宋仁宗的懈怠松弛而加剧，最终因为朋党之争的排挤打压而彻底衰败。王安石不幸正好生活在这个时期，他竭尽全力，坚定志向，与时代潮流抗争，但最终还是没能战胜这些困难。明白了这一点，我们就可以讨论关于王安石的事情了。

宋太祖赵匡胤拥有天下，实际上开创了历史上前所未有的局面。为什么这么说呢？以往那些拥有天下的人，有的是从藩王的地位起兵，有的是从民间草莽起家，有的是通过征战讨伐获得，有的则是通过篡位夺权。在周秦以前，那些成为天子的人大多数与前代君主一样，南面称王，共同治理国家数百年之久，这就不必多说了。至于汉朝和唐朝的兴起，都是在经历大乱之后，经过无数战斗消灭群雄才得以建立，他们取得天下非常艰难，花费的力气也非常巨大。次一等的，像曹操、刘裕这样的人，先前就已经有功于天下，成为民众所期望的领袖。即便是稍差一些的，如萧道成、萧衍等人，他们也在朝廷中长期任职，多年处心积虑地谋划这个皇位，等到羽翼丰满，才一举获得成功。只有宋朝不是这样，赵匡胤仅仅是一个殿前都检点，从一开始就没有立下过什么显赫的功劳，也不敢怀有非分之想或图谋不轨。在陈桥兵变时，他酒醉未醒，黄袍就已经被披在身上，从孤儿寡母手中夺取了国家，太阳还没落山事情就已经完成了。所以他在最初对将领们发誓时说："你们贪图富贵，立我为天子，我有命令，你们能遵守吗？"这是因为他内心深感畏惧而说的话。由此看来，以前那些拥有天下的人，都是通过自己的努力取得的，只有宋朝是依靠别人的力量取得的。能够依靠别人的力量从别人那里取得天下给我，那么也将能够依靠别人的力量从我这里夺走天下给别人。宋太祖一生中最担忧的事情，就是这件事；而宋朝长期积弱，也都是基于这一点。

将士拥立天子的情况，是从宋朝开始的。而将士劫持天子并拥立主帅的情况，不是从宋朝开始的，而是从唐朝开始的。唐朝各藩镇实行由子弟或亲信继承其职位的做法，实则是陈桥兵变的先声，而陈桥兵变不过是把唐朝藩镇所习惯的行为加以强化罢了。将士们废立天子，这种情况最为可怕。即便不是废立天子，将士们如果常常有机会通过拥兵来劫持天子，那么宋朝建立之后，自然也不能马上安定下来。宋太祖对此有所警觉，所以在篡夺后周政权以后，他没有做其他的事情，只是致力于削弱军队的实力和将领的权威。藩镇割据对天下的危害持续了将近两百年，要摧毁并清除它们，谁说不是正当之举呢？然而，明智的君主制定这样的制度必定会有一定的道理，最初设置节度使，是为了加强边境地区的防御，使它们成为国家的屏障。古今中外拥有国家的君主，没有听说过因为军队强大而感到担忧的。宋朝却不一样，它急于削弱全国百姓的力量来强化君主一人的力量，却不曾思考如果全国都变弱了，君主又能用什么方法来使自己强大呢？宋太祖曾说："我的卧榻之旁，岂容他人鼾睡。"他却没有考虑到，在寝室之外，还有很多人在图谋着他。宋太祖的见识只局限于自己的卧榻，这就是宋朝成为宋朝的原因。

汉朝和唐朝在开国之初，它们的君主都有着统一天下、澄清四海的远大志向。宋朝又怎么样呢？五代十国时期，那些割据一方的藩镇，大部分是被周世宗平定削弱的，宋太祖只不过是坐享其成罢了。剩下的江南、四川、南粤，它们的君主和大臣们沉迷于舞文弄墨、嬉戏游玩，有的甚至荒淫暴虐，导致民心离散，大军一到，这些地方就像是随风而倒的草木，迅速被征服。它们其实是自己走向灭亡，而不是宋朝有能力灭亡它们。同时，在宋朝的北方有辽国，西方有西夏，这两个国家成为宋朝长达百年的边患，宋太祖却从未对此给予过足够的关注。要说这是他的智慧不够吗？恐怕不是这样，他当时正急于削弱中原地区的其他势力，哪里还有多余的精力去顾及这些呢？

自从石敬瑭为了讨好契丹割让了燕云十六州，这便成了我国历史上前所未有的耻辱。到了周世宗时期，几乎就要洗雪这个耻辱了。显德六年（959

年），后周军队先后攻打下益津关、瓦桥关、淤口关，吓得契丹人魂飞魄散，如果上天能给世宗再多一年的寿命，那么完全收复燕山也是意料之中的事情。即使是在陈桥兵变时，起初的打算也是北伐，当时的将士们商量着要先拥立赵匡胤为天子，然后再出征。如果赵匡胤能趁着契丹国势衰败、人心惶惶的时候，用后周那些身经百战的军队去攻打他们，那么像刘裕、桓温那样的功绩，也是不难达成的。但他没有这么做，后来曹翰献上攻取幽州的计策，又因为赵普的一句话而搁置了。这并不是说幽州不应该取或不能取，而是担心取了之后会重蹈唐朝的卢龙、魏博等藩镇割据的覆辙。从此以后，契丹就自以为是，像对待奴仆一样对待宋朝人。宋太宗北伐时，几乎动员了全国的兵力，但死伤过半，他自己也中了流箭，两年后伤口恶化而死。于是宋朝更加致力于停止战争，只是收敛锋芒，恭顺地拿出一部分赋税用作每年供给辽国的岁币。宋真宗时期的澶渊之战发生时，王钦若建议逃到江南，陈尧叟建议逃到四川，如果不是有寇准坚持抗战，那么宋朝的南迁，哪里会等到绍兴年间呢？然而即使有寇准这样的忠臣，宋朝最终还是不得不签订了城下之盟。到了宋仁宗时期，给契丹的岁币比以前又增加了一倍，契丹就是这样削弱宋朝的。

从唐朝开始，李氏家族就世代统治着银州和夏州，成为这一方的割据势力，他们生活所需多依赖中原地区，长期以来都渴望成为中原王朝的臣属。等到河东地区被攻下后，李继捧就归顺了宋朝，宋朝接受了他，并让他镇守彰德。如果当时能趁这个机会更换四州的统帅，选拔勇猛的大臣去镇守安抚，激励那里的官吏和士兵，并重用他们，那么既可以切断契丹的右臂，又能让那些长期任职的部属和崇尚武力的边疆百姓发挥他们的才能和勇气来谋求功名，宋朝从此就可以没有西顾之忧了。然而，宋太宗和赵普沿袭了宋太祖的老办法，坚决不愿意把肥沃的土地、丰富的盐池，以及精壮的兵马交给那些有才能的大臣，结果导致李继迁反叛并归附了契丹，又放纵李继捧回到了他原来的领地，这样做只是助长了敌人的气焰并显示了自己的虚弱。所以李继捧向北归附了契丹，李继迁则假装投降来麻痹敌人。等到李元昊崛起后，他自立为王，肆虐于西部地区，不仅牵制了宋朝的力量，使宋朝不得不屈服于北方的夷狄，还敢于援引先例来索取岁币，而宋朝对此无可奈何。大国讨好小国，这是古今中外历史上从未有过的。西夏就是这样削弱宋朝的。

在宋朝刚建立的时候，辽国已经逐渐走向衰弱，而西夏还未完全强大起来。如果宋朝的军队稍微有足够的实力，那么像用鞭子抽打一样对付辽国和西夏，按理说应该不是难事。然而，宋朝却像养着一个毒疮一样，让这个隐患存在了数十年，最终因为这个隐患而自我衰败。这主要是宋朝开国皇帝赵匡胤特有的治国策略造成的，他刻意削弱军队、将领和百姓的力量，这种策略被后代继承下来，作为固定的国策，士兵和百姓逐渐习惯了这种局面，变得懦弱无能，缺乏勇气，这成了整个宋朝的风气。到了真宗、仁宗时期，人们已经习惯于忍受屈辱，认为这是理所当然的事情，这种情况已经持续很久了。而神宗和王安石就是在这样国家极度衰败的背景下，肩负着沉重的国仇国耻，毅然决然地站出来，想要振兴国家。

我所说的宋朝开国皇帝的政策，是指他通过削弱军队、将领，以及百姓的力量来稳固统治，为什么这么说呢？招募士兵这种不太好的制度，虽然起源于唐朝，真正确定下来却是在宋朝。宋朝的制度是把全国的军队都集中在京城，招募士兵入伍，主要是收留国内那些粗犷好斗、失去职业的人，把他们圈养起来。每当遇到灾荒年份，就招募饥民来增加军队名额。史书上称赞这种做法，说这是为了平息那些好斗强悍之人，消除社会动乱的深远考虑。说白了，其实就是想让除天子亲卫以外的全国范围内，没有一个强有力的人存在，这就是所谓的削弱百姓。对于那些边防重镇，需要军队防守的，都从京城派遣士兵前往，各州的军队也都轮流戍守边疆，将帅大臣们都要入宫朝见皇帝，士兵没有固定的统帅，统帅也没有固定的士兵。史书上赞美这种做法，说这样上下互相维系，内外互相制约，等级互相压制，即使有残暴凶狠的人，也没有机会在其中捣乱。说白了，这是为了让将领和士兵之间互不熟悉，以防止晚唐五代时期藩镇拥有自己的军队的弊端再次出现，这就是所谓的削弱将领。削弱百姓和削弱将领是宋朝开国皇帝的本意，而削弱军队则未必是他的本意。然而如果按照这种方式来执行，军队的势力必然会变得衰弱。聚集了数十万粗犷强悍、无赖的民众，由国家供养，让他们整天游荡，多年不接触武器和战斗，那么他们必然会变得懒惰无能，毫无用处，这是很容易明白的事理。更何况宋朝的制度又沿袭了五代时期朱全忠所建的后梁王朝惩罚盗贼的陋习，给士兵文面刺字，使他们不能与普通百姓相提并论，导致那些乡里善良的百姓都以当兵为耻。既然上面已经把他们当作不肖之徒对待，又怎么能指望他们为君主和国家献身尽力呢？这就是所谓的削弱军队。既然已经把全国所谓的强壮之人都招募到军队中，军队却如此衰弱，根本靠不住，将领的衰弱也就更是严重。用这样的军队去战场作战，即使是五岁的孩子也知道他们没有获胜的希望。一旦烽火报警，想要让普通百姓拿起武器保卫国家，更是没有指望了。国家长期积累下来的衰弱已经到了这种地步，想在两种憾事之间选一种，最后不得不厚着脸皮屈膝请求别人容忍我做这个君主，这也是理所当然的。然而，试问稍有血性的男子，谁能坐视这种情况而安心地度过一天呢？

国家的大事，主要是军事和财政。宋朝的军队都像这样，那么它的财政状况又是怎样的呢？由于宋朝把大量军队集中在京城，全国的山泽之利都收归国库用来供给军队的粮饷和赏赐，而外州几乎没有留下什么财富。在开国之初，养兵的数量仅二十万，其他的额外开支也不算太多，所以国库常常有盈余。到了宋太祖开宝末年（976 年），兵籍达到了三十七万八千人。到了宋太宗至道年间，又增加到六十六万六千人。宋真宗天禧年间，更是增加到九十一万二千人。宋仁宗庆历年间，更是激增到一百二十五万九千人。在宋英宗治平年间及宋神宗熙宁初年，数量大致相当。士兵数量每天都在增加，国家竭尽民脂民膏来优待他们，每年还要更换戍守地点并就地取粮，供应的费用没有限度。宗室成员和官吏等领取俸禄的人每年都在增加。还有每三年一次的郊祀，赏赐的费用常常达到五百多万贯。景德年间郊祀的费用达到七百多万贯，东封泰山的费用八百多万贯，在汾阴祭祀后土又花了一百二十万贯，到明堂祭祀的费用更是增加到了一千二百万贯。大概在宋太祖开宝元年（968 年）以前，每年的收支账目无法详细考察，但是到了宋太宗至道末年（997 年），年收入达到了二千二百二十四万五千八百贯，还有盈余。然而不到二十年，到了宋真宗天禧年间，总收入就达到了一万五千八十五万一百贯，总支出达到了一万二千六百七十七万五千二百贯。到了宋英宗治平二年（1065 年），总收入为一万一千六百十三万八千四百贯，总支出为一万二千三十四万三千一百贯，而临时费用又增加了一千一百五十二万一千二百贯。宋朝的百姓并没有比过去更富裕，但在二十年间，他们所缴纳的赋税增加了十倍，他们如何维持生计呢？更何况，从嘉祐、治平以来，每年的支出常常超过预算两千多万贯。等到王安石开始执政的时候，宋朝的政府和百姓已经离破产不远了。当时那些号称贤士大夫的人，却喋喋不休地指责王安石谈论财利，试问，如果没有王安石的理财措施，宋朝还能维持多久？

当时国内外的形势都非常紧迫，已经到了上面所说的地步，那么宋朝的君主和大臣们是如何应对的呢？宋真宗奢侈无度，消耗了国家的元气，这一点就不用多说了。宋仁宗虽然被称为贤明的君主，但如果按照《春秋》中对贤人严格要求的标准来衡量，那么说宋朝的衰败是从仁宗时期开始的，也是可以接受的。王船山说得好：

宋仁宗在位四十一年，他让天下百姓得到休养生息。让百姓休养生息是正确的，但过度地解散军队和放松管理，就达到了松弛的极限，给后来的继承者留下了很大的难题。每年还要向辽国输送五十万两银，并且俯首自称这些进贡是给友邦的礼物。对李元昊父子则以礼相待，还送上丝绸财物来乞求暂时的安宁，仁宗对此却没有深思。朝廷中的宰相、执政大臣、侍从、台谏官员，无论是在朝还是在野，都纷纷议论不休，为了争论一个官职的得失而争吵，却把西北边境的敌人放在一边，好像那是天造地设、不可侵犯的一样。国家已经因此变得衰弱了，还好幸运的是，没有遇到像耶律德光、李继迁那样勇猛强悍的敌人，还可以暂时通过贿赂来避免灾难。如果不是这样，刘六符仅仅靠虚张声势来恐吓，我们的士气就已经丧失了，如果敌人迅速起兵，席卷河朔地区，直逼开封和洛阳，那么宋朝皇帝恐怕就会像后晋的石重光一样，面临亡国的危险了。

公正地评价，宋仁宗算得上是历代君主中比较善良的人，如果他能得到一些有作为的大臣来辅佐，宋朝本来是可以振作起来的。当时朝廷里的宰相和执政大臣，史书上称赞他们多为贤才，但仔细考察实际情况，可以看到其中大多是平庸之辈，真正出类拔萃的人才几乎绝迹。在这些大臣中，只有范仲淹一个有识之士，明白治理国家的道理，并有改革图新的志向。但若论志向和谋略，他尚且比王安石低几个等级。然而，就连范仲淹也因为未能得到完全的信任被离间而辞官。其他比较著名的大臣，如韩琦、富弼、文彦博、欧阳修等人，他们的道德、学问和文章都足以光耀千古，但在朝廷任职时，他们虽然对于调和宫廷矛盾、弥补制度漏洞方面有一些值得称道的表现，却没有从根本上解决问题，只是治标不治本。在这个内忧外患特别紧迫的关头，他们对于振兴宋朝长期衰落的局面，使国家长治久安，都没有能够胜任的能力。从高官显贵到普通官员，他们都沉浸在太平盛世的享乐之中，不再知道天地间还有所谓的忧患。这就像贾谊所说的，把火种放在堆积的柴草下面，自己睡在上面，火还没有烧起来，就自以为很安全。在这个时候，像王安石这样的人站出来，打扰了他们的美梦，所以他们联合起来仇视他也是理所当然的。王安石刚开始侍奉神宗皇帝时，神宗询问他本朝能够享国百年而天下无事的原因，王安石退朝后写了奏章来回答，他说：

（前略）然而，我们本朝历经多代，一直沿袭着乱世的陋习，缺乏与亲友群臣之间的深入讨论和商议。皇帝每天接触的人不过是宦官和宫女，外出处理政务时，也不过是一些官府的小事，从未像古代那些有作为的君主那样，与学士、士大夫一起探讨先王的治国之法，并将其付诸实践。一切都顺其自然，缺乏主动作为的精神；对于名与实的关系，也缺乏深入的思考和辨析。君子虽然受到尊重，但小人也能混迹其中；正确的观点虽然被接受，但邪说有时也能得到传播。选拔人才只看重诗赋记诵，却没有设立学校来培养和教育民众；朝廷的职位晋升只依据科名和资历，却没有通过官员考核来评定能力的方法。监察官员没有得力的人去监督，守将也不是经过精心挑选的，官员调动频繁，难以考核政绩，而那些空谈误国的人趁机混淆视听。那些结交私党、培养声望的人往往能够获得高官厚禄，而那些独立工作、尽职尽责的人可能受到排挤和阻挠。因此，上下级都养成了偷懒懈怠的习惯，只求取悦上级，即使有能力的人在职，也与平庸之辈无异。农民因沉重的劳役而困苦，却得不到特别的救助和抚恤，政府也没有设立专门的官员来兴修水利，改善农业生产条件；军队中混杂着年老体弱的人，却没有得到严格的训练和整顿，也没有为他们选拔优秀的将领，长期保持边疆的稳定。宫廷侍卫中聚集的是一些无赖之徒，却没有改变五代时期那种姑息纵容、笼络安抚的陋习；宗室成员缺乏教育和选拔的实际措施，也没有按照先王规定的亲疏远近来给予不同的待遇。在理财方面，大体上没有明确的方法。所以，即使皇帝节俭节约，百姓也不富裕；即使皇帝忧国忧民、勤奋努力，国家也不强大。幸好不是异族势力强盛的时期，也没有像尧、汤时代那样的大水、大旱等自然灾害，所以天下太平无事，超过了百年。这虽然说是人为努力的结果，但也得益于上天的庇佑。（后略）

关于当时国家的形势，他的分析可以说是既全面又深刻，同时也明确指出了朝廷不得不进行变法的原因，这些在他的《上仁宗书》中也有所体现：

陛下难道能长久地依赖上天赐予的好运，而不担心有一天会遭遇灾祸吗？想当年汉朝的张角，三十六万人同一天起义，各地的郡县都无法察觉他们的阴谋。唐朝的黄巢，更是横行天下，他到达的地方，将领官吏都不敢与他对抗。……然而如今朝廷中的公卿大夫，没有一个肯为陛下的长远未来考虑，为宗庙社稷的万世之基打算，这让我感到非常困惑。从前，晋武帝只图眼前的享乐，不为子孙后代做长远打算，当时在位的大臣也都苟且迎合，以求自保，结果导致社会风气败坏，礼义丧失，法制废弃，上下都失去了准则，没有人认为这是不对的。有识之士早就预见到国家必将陷入混乱。后来果然发生了全国性的大乱，中原地区被外族统治了二百多年……我恳请陛下借鉴汉、唐、五代之所以乱亡的教训，警惕晋武帝苟且偷安、因循守旧而造成的祸患……

宋仁宗在位的时候号称是宋朝的全盛时期，全国上下都沉浸在欢乐之中。然而王安石的忧患意识竟如此之深，他不惜用晋武帝来比喻当今的皇上，担心中原地区会沦落到外族之手，难道王安石真的是杞人忧天吗？其实，靖康之变的灾难，王安石早就预见了。

第三章　王安石的时代（下）

王安石所处的时代，虽然极其艰难困苦，但凭借他那超凡脱俗的才华，加上遇到了大有作为的君主，按道理说，他想要拨乱反正、恢复秩序应该易如反掌。然而，他的成就未能如他所期望的那样，这是为什么呢？原因是被朋党之争拖累。宋朝的朋党之祸，虽然是在王安石之后达到高潮，实际上它的根源却远远早于王安石之前，这一点我们不得不追溯并讨论。政党这个东西，是政治进化到一定阶段的产物。一个国家有政党，并不是什么值得哀叹的事情，反而是值得庆祝的。当然，政党也有它的定义和界限。第一，政党只能存在于立宪政体之下，与专制政体是不相容的；第二，作为政党，要坦然接受结党的事实，不应该忌讳“结党”这个名头；第三，政党所争论的问题，应当专注于政治问题，而宫廷问题、个人私德问题、学术观点异同等问题，都不应该掺杂在其中。（以上只是大致列举了几个要点，并未详尽无遗，因为本文的目的并非专门讨论政党理论。）如果把宋朝所谓的“党”拿出来说事，那还真不能称为政党，所以我仍然按照老规矩，称之为“朋党”算了。中国历史上之前的党祸，比如汉朝的党锢之祸，唐朝的牛李党争；之后的党祸，比如明朝的东林党、复社，都可以说是小人陷害君子。唯独宋朝不一样，它的性质复杂而且极其模糊，不管是聪明还是愚蠢，贤能还是不贤能的人，都纷纷跳进了这锅滚烫的乱汤里。简单来说，就是士大夫们因为意气之争而互相争斗。追溯宋朝朋党之争特别盛行的原因，一是重文轻武，二是中央集权过度。宋朝的开国政策致力于打压臣子，使他们不能通过武功来显露自己，那些有才华、有能力的人，势必全部走向从政这条路。而兵权和财权，都集中在中央，管理百姓和地方的官员往往被当作贬谪的职位，或者是优待老臣的地方，不像汉朝的郡国守相，能够施展自己的抱负，有所作为，而且宋朝对官员的考核升降非常严格，让人不得不努力提升自己。所以，那些想要建功立业的优秀人才都纷纷聚集到京城。而当时的京城，不像现在的立宪国家有国会，能让众多人才有施展才华的空间，能够参与国家政务的只有两三个宰相而已。其次就是少数在馆阁任职和担任台谏的官员，这些是宰相晋升的阶梯。以一个国家之大，人才之多，却只有这么极少数、这么狭窄的位置，可以作为建功立业的依靠，那他们争相竞争，也是理所当然的。所以，宋朝的历史，可以称之为争夺政权的历史。不贤能的人固然会为了私利而争斗，即使贤能的人也会为了实现自己的志向而争斗，争斗得急了，意气之争就自然产生了，彼此互相诋毁，再冠以朋党的名头，于是党祸就与宋朝相伴始终了。

宋朝的朋党之争，虽然在元祐、绍圣年间达到了顶峰，但实际上其根源可以追溯到宋仁宗、宋英宗两朝。这场纷争的起始，是宋仁宗时期的范仲淹与吕夷简之间的争斗，而将其扩大化的，则是宋英宗时期的濮议之争。起初，范仲淹因为得罪了吕夷简而被放逐，士大夫们各持己见，争论两人的对错，相互指责对方为朋党。等到吕夷简辞官后，范仲淹担任宰相，石介写了一首诗说："众贤之进，如茅斯拔。大奸之去，如距斯脱。"而孙沔读到石介的诗后说："祸患从此开始了。"范仲淹担任宰相几个月的时间里，史书上记载他裁撤冗员、考核官吏，日夜筹划，一心想要实现国家的太平。然而，他改革力度过大，步伐过快，规模宏大，有议论者认为这些措施难以实行。等到负责考察的官员外出后，许多人被举报弹劾，人心开始不满。自从任命官员的恩泽减少，考核升迁的制度变得严格后，那些想靠侥幸心理升职的人觉得不方便了，于是对范仲淹的诽谤逐渐增多，朋党之争的言论也渐渐传到了皇帝那里。反对派借此机会全力攻击范仲淹，导致范仲淹与杜衍、韩琦、富弼等人同时被罢免。王拱辰公然说："我已经把他们一网打尽了。"他的气焰和石介的诗简直如出一辙。后世谈论历史的人，无不倾向于范仲淹而贬低吕夷简。范仲淹志向远大，以天下为己任，确实不是吕夷简等人所能比拟的。然而，吕夷简也不过是一个贪恋高位、平庸无能的人罢了，如果把他指为奸邪之人，那么宋朝百年来像吕夷简这样的宰相比比皆是，难道都能说他们是奸邪吗？况且当时那些站在吕夷简一边来攻击范仲淹的人，也有很多是后世公认的君子，这又是为什么呢？总而言之，宋朝的朋党之争，并不是什么君子与小人的对立，纯粹是士大夫们各持己见、意气用事，相互倾轧。这种情况从庆历年间就已经开始了，这种风气一形成，到了英宗治平年间，就爆发了濮议这一大公案。

濮议是什么事件呢？宋仁宗去世后，因为没有儿子，就将他哥哥濮安懿王的儿子立为继承人，也就是宋英宗。在宋英宗治平二年（1065 年），朝廷讨论要如何追尊濮王的典礼规格，朝廷大臣们分成了不同的派别，互相争吵不休，局势紧张得就像面对大敌一样，朋党之争的祸害在这里达到了顶峰。御史台和谏官们甚至联名请求斩杀韩琦、欧阳修来向先帝谢罪，慢慢地，这种争论从公务上的分歧发展到了对个人品德的攻击，甚至有人诬陷欧阳修有不可告人的私生活丑闻。当时因为濮议而被攻击的人，像韩琦、欧阳修这些人正是后世所称颂的君子，而那些用濮议来攻击别人的人，如吕诲、范纯仁等人也是后世所称颂的君子。宋朝朋党的真实面目，在这次事件中暴露无遗。这件事虽然表面上看起来与后来王安石变法所引起的争论没有直接关联，但它们所表现出的现象极为相似。而且，那些首先攻击濮议的人，也正是后来首先攻击新法的人。因此，我不避讳可能会被认为离题万里，还是决定全文引用欧阳修的《濮议》原文，以此来展示当时所谓的士大夫中的风气竟然是这样的。由此可知，后来王安石在朝中的地位，与韩琦、欧阳修当初的情况一模一样，而新法的争议也不过是另一个濮议事件罢了。

（附）欧阳修《濮议》：

宋英宗皇帝刚即位的时候，为了庆祝这一大典，向全国广泛施恩，群臣的爵位和俸禄都得到了提升，这份恩泽甚至惠及了已故和健在的人，就连皇室中原来的各位亲王也都得到了加封和赏赐。唯独濮安懿王，他是英宗皇帝的亲生父亲，中书省认为他的情况不能与其他亲王相提并论，不能按照同样的标准来对待，于是上奏请求将此事交给有关部门商议应该举行的典礼规格。但皇帝有旨意说，应该等到为先皇服丧期满后再议，因此关于濮安懿王的封赏讨论就被暂时搁置了。

治平二年（1065 年）四月，皇帝为先皇服丧期满后，就将讨论濮安懿王封赏事宜的奏章下发给两制官员，即翰林学士和中书舍人，让他们详细商议。翰林学士王珪等人认为，给予濮安懿王高官大爵，使其尽享尊荣即可。中书则认为，如果要赠官并改封大国，就应当下旨并举行册封仪式，册封的诏令有其固定的格式，诏令应当说："某亲王，现任某官职，可赠某官职，追封为某国王。"而册书则应当说："皇帝说：咨尔某亲王，现任某官职，现在朕册封你为某官职，某国王。"然而，濮王与皇帝之间是父子关系，不清楚在制册上应该如何称呼他，以及是否应该直呼其名，于是再次将此事下议。王珪等人提出称呼濮王为"皇伯"，但不写名字。中书则根据《仪礼·丧服记》的记载："为人后者为其父母服丧。"又根据开元、开宝礼的规定："作为儿子要为生父'齐衰'一年，要为后父'斩衰'三年。"这说明无论是所继还是亲生，都称为父母。而古今的典礼制度中，都没有将生父改称为"皇伯"的规定。又考察了历史上以藩侯身份入继大统的君主，他们大多遭遇衰乱之世，不可以作为典范。只有汉宣帝和光武帝是德高望重的君主，他们都称呼自己的父亲为"皇考"。"皇伯"这一称呼，既不符合典礼规定，又缺乏依据，因此不可施行。于是，有关部门大致梳理了古今典礼制度，以及汉宣帝、光武帝的先例，并将关于"皇伯"称呼的讨论记录下来，分别下发到三省，集合三省官员与御史台官员共同详细商议。但还没等到集合商议，皇太后就亲笔写信责备中书不应该称呼濮王为"皇考"。中书详细解释了这样称呼的原因，但皇帝看到皇太后的亲笔信后，感到十分惊骇，立即降下手诏停止讨论，追封的事也就被搁置了。过了几天，礼官范镇等人坚决请求讨论"皇伯"的问题。他们的奏章被留在了宫中，没有立即得到处理。随后，御史台的官员也各自发表了意见。皇帝已经因为皇太后的缘故，下定决心停止讨论，所以凡是提出这个议题的奏章，都被留在了宫中，没有进一步处理。皇帝天性聪明睿智，英明果断，明察秋毫。对待臣下时，礼仪极其谦恭，但并不会纵容姑息。御史台官员所议论的关于濮王奏章的事情，皇帝已经全部留在宫中，没有立即处理，而他们提出的其他不可行的建议，也大多被搁置没有实行。御史台官员因此心生积怨，口出怨言，并且愤怒于中书没有执行他们的建议。中书也曾上奏说："近日御史台官员愤恨朝廷不采纳他们的意见，认为我们中书阻塞了言路，致使陛下成为拒绝纳谏的君主，他们请求陛下至少实行一两件他们提出的建议。"皇帝说："朝廷应当以公正无私的态度对待天下人，如果御史台官员所说的可行，就应当全部按照道理去实行，哪里只是勉强实行一两件呢？如果所说的难以实行，难道应当为了迎合人情而去做吗？把不可行的事情勉强去实行，岂不是会坏事吗？"中书认为皇帝的话切中要害，符合事理，不敢再有所请求。皇帝接着问道："难道有可行的建议而还没有实行吗？"韩琦等人相视而答："确实没有。"于是皇帝说："这样的话，那就没有了。"

这时，有几位新近被提拔任用的杂端御史，他们锐意进取，急于求成，一心想要迅速获得声誉，看到事情就立即发表意见，不再深入思考自己的职责和分寸。因此，他们提出的建议大多荒谬错误，无法实行。当时，京城大雨倾盆，官家和私人的房屋倒塌无数，军营中的情况尤为严重。皇帝因为军士们在风雨中露天受苦，内心非常焦虑。而中书省和枢密院的大臣们也都忧虑担忧，日夜操心竭虑，分头处理各项事务，各自都有详细的计划和安排。这个时候，范纯仁刚被任命为御史，他第一次上殿奏事，朝廷内外都紧张地听着他会说些什么。然而，他的第一份奏章是催促修建军营房屋，责备中书省为何不迅速完成，并请求每座军营都派遣一名监官来监督，由中书省负责考察。在京城倒塌的军营有五百二十座，如果按照范纯仁的请求，就需要派遣五百二十名监官，每名监官还需要四名士兵值勤。这在国家事务繁多、人手紧缺的时候，会白白浪费两千名士兵作为值勤人员，同时还需要五百名监官，然而没有砖瓦木料和篱笆箔片等建筑材料，无法一并开始修建。他的建议如此狂妄草率、疏漏谬误。所以在中书省集体商议时，我不禁笑了起来，而御史台内部也自觉其建议不妥。过了几天，吕大防再次上言，请求两座军营共派一名官员监督。他所说的烦琐琐碎、不识大体、不可实行的言论，大多像这样。而御史台官员不自知他们的建议不可实行，只是怨恨朝廷阻挠不施行。因此，吕大防又说："今后御史台官员的建议如果不被施行，请求中书省说明为何不施行，并报告给御史台。"他们如此愤懑不平，怨恨愤怒的话语渐渐在士大夫之间传播开来。御史台的亲朋好友中有人戏谑并激怒他们说："近日御史台官员的建议，中书省都全部批转呈报给皇帝了，外面的人都说御史台成了进呈院了。"这句话非常流行，朝中的士大夫都把它当作笑话来传。

御史台官员更加郁郁不乐、惭愧愤怒，于是开始计划是走是留。他们认为因为进言而获罪，还能博取美名。但当时皇帝圣明有德、恭敬节俭，行为没有差错失误，中书省和枢密院的大臣们也都各自没有大的过错，没有事情可以让他们决定去留。只有关于濮王的称呼和封赏问题还没有确定，御史台官员们就说这是一个好题目，正所谓"奇货可居，不可错失"，于是他们一起极力进言。然而，当时皇帝已经下了手诏停止讨论，关于"皇伯"和"皇考"的称呼都还没有确定下来，其他关于追尊濮王的礼仪细节也还没有讨论过。朝廷在处理濮王问题上并没有过失，所以进言的大臣们只是请求早点实行“皇伯”的称呼而已。中书省认为，前代讨论礼仪问题连续多年没有决断的情况很多，这件事关系重大，况且皇帝已经表现出谦抑的态度，停止讨论，没有什么过失可以指责，于是就把这些建议搁置不问。御史台官员们成群结队地来到中书省，扬言说：“宰相大人应该早点了结这件事，不要让别人钻了空子。”皇帝已经下定决心停止讨论，所以尽管进言的人很多，但皇帝一概不听。因此，御史台官员们更加羞愧难当，既然无法阻止讨论，而他们本来又打算通过进言来得罪朝廷以博取名声，所以他们的言论就更加肆无忌惮，无所顾忌，并且肆意诬陷欺骗，多次引用董宏、朱博等人的事例，来暗指某位大臣是首先提出这个议题的人，并肆意诋毁他。

起初，翰林学士等两制官员因为朝廷没有采纳他们的建议，心中已经有些不平。等到御史台官员也开始发表意见，他们便自然而然地联合起来，形成了一股力量。而那些庸俗、见识浅薄的人，不懂得礼仪，也不明白圣人重视不绝人嗣的道理，凡是没有儿子的人都明确允许立后，这是最公正的道理。但他们只习惯于看到民间那些过继儿子、收养异姓义子等粗俗的做法，这些人因为害怕被人知道，都忌讳提及自己的亲生父母，认为这是理所当然的，于是他们便认为称濮王为“皇伯”的建议是正确的。御史台官员既然得到了两制官员的支持，而外面的舆论又如此，他们便开始用言论蛊惑人心，说朝廷背弃了仁宗皇帝的恩德，过分尊崇濮王。那些庸俗、见识浅薄的人甚至相互传说：“等着把濮王请进太庙，换掉仁宗皇帝的牌位。”朝廷内外人心惶惶，无法向他们解释清楚。而那些有见识的人，虽然知道称“皇伯”的议论是错误的，但只要稍微为朝廷说一句话，就会被指责为奸邪之人。太常博士孙固曾经建议让皇上称亲，但这个建议还没来得及上报，就被御史台官员用文章弹劾了。因此，那些有见识的人都闭口不言，害怕惹祸上身。时间长了，中书省的官员们商量着要共同制定一个适中且能让各方都接受的方案，以此来平息各种议论。于是，他们大致草拟了一个方案呈递给皇帝，请求按照这个方案颁发诏书。诏书内容大致是：“濮安懿王是朕的亲生父亲，群臣都请求对他进行封赏尊崇，但按照礼法，儿子不能给父亲封爵。因此，应该命令中书门下省，将濮王的墓地改为陵园，并在园内建立庙宇，让濮王的子孙后代按时祭祀。礼仪规范就只有这样了。”这是在那一年的九月份。皇帝看了这个方案后，没有丝毫为难的神色，说：“就这样极好，但是必须禀告过太后才能施行，稍微等待一下吧。”

当时，南郊祭祀的日子渐渐临近，朝廷的事务繁多，御史台的议论也渐渐平息了一些。皇帝又没有空闲时间去禀告太后，中书省也就不再议论这件事了。南郊祭祀结束后，到了第二年的正月，御史台的议论又开始了。中书省再次将之前草拟的方案呈递给皇帝，请求颁发诏书。皇帝说："等两三天，禀告过太后就可以施行了。"没想到，就在当天晚上，皇帝突然派遣高居简到曾公亮的府邸，传达了皇太后的手谕："允许皇帝称濮王为亲。"又说："濮王应该称皇，三个夫人应该称后。"这与中书省之前呈递的诏书草案内容大相径庭，特别是关于称"皇"称"后"的两件事，皇帝之前也从未有过相关的宣示。当初中书省呈递诏书草案时，只是请求皇帝直接颁发诏书施行，从未提及皇太后。而皇帝也只是说："想要禀告过太后再施行。"也没有说要请太后降下手书。这些事情都不是皇帝和中书省的本意。这天，韩琦因为祭祀活动而斋戒，只有曾公亮、赵概和我在垂拱殿的门阁子里，我们相视愕然，因为事情出乎意料，不知道该怎么办，于是大家派人到斋戒处找韩琦，一同请示皇帝的旨意。不一会儿，韩琦到了，我们来不及多说，就一起上殿。韩琦上前奏道："臣有一个愚见，不知是否可行。"皇帝问："怎么说？"韩琦说："今天太后手书的三件事中，称'亲'这一件可以奉行。但称'皇'称'后'，请求陛下推辞免除。另外颁发手诏，只称'亲'。然后，把我们之前呈递的诏书草案中关于将墓地改为陵园、在园内建立庙宇、让濮王的子孙后代奉祀等事项，直接记载在手诏中施行。"皇帝欣然同意道："很好。"于是按照这个意见颁发了手诏并施行。起初，朝廷内外的人都被御史台官员的言论所迷惑，说朝廷尊崇濮王是想夺取仁宗皇帝的正统地位，所以人心惶惶。但看到手诏所规定的内容只有这样，大家都认为朝廷的处理是恰当的，于是再也没有异议了。只有那些坚持称濮王为"皇伯"的议论者，仍然认为称"亲"是不对的。

此时，吕诲等人已经被贬，闭门不出，知道形势已不能阻止，他们便专门指责称"亲"的做法是错误的，更加肆意地诬陷和诽谤，说韩琦勾结宦官苏利涉和高居简，迷惑扰乱皇太后，导致她降下手书。他们还专门指责我是首先提出这个议题的人，请求皇帝将我诛杀以向祖宗谢罪。他们的奏章正本呈递给皇帝，副本则交给进奏官，让他们传播出去。吕诲等人既然想要通过获罪来离开这里，所以每次面见皇帝时，所说的话都悖逆傲慢，唯恐皇帝不发怒。皇帝也多次对中书省的官员说："吕诲等人对待君主，已经没有君臣之礼了。"然而，皇帝天性仁慈宽厚，不想因为濮王的事情而驱逐进言的大臣，所以一直委屈自己，包容他们，持续了很长时间。到了这个时候，皇帝知道他们绝对不能再留在朝廷了，但还是多次派遣宦官，到他们家去宣召他们回朝。但他们坚决不肯出来，于是皇帝只能各自以他们原来所任的官职调任到外地任职。关于濮议这件事，从中书省最初提出建议，到称“亲”立庙，皇帝从未有过一句想要如何追尊的话，只是虚怀若谷，恭敬地把自己放在一边，完全交给大臣和有关部门去处理，只遵循典礼的规定而已。不称“皇伯”而想称“皇考”，这本来是中书省的坚持，皇帝也没有什么固执的偏见。等到吕诲等人多次议论，久久不能决定的时候，大概是因为皇帝性格严肃庄重，不能轻易改变主意，认为已经降下手诏停止讨论，所以无论是称“伯”还是称“考”，都一律搁置不谈，并不是心中有什么固执的偏见。皇帝曾经对韩琦等人说：“从前汉宣帝即位八年，才开始议论追尊他的亲生父亲。近来中书省的奏章为什么这么急促呢？”由此可见皇帝是多么慎重，不敢轻易议论，哪里是想要过分地追尊呢？至于中书省，在称号上只是不敢使用没有根据的“皇伯”的说法，想要完全遵循先例罢了。其他关于追尊的礼仪细节，都还没有来得及讨论，因为“皇伯”和“皇考”的称呼还没有决定下来就突然停止了讨论，所以还没有顾得上讨论追尊的礼仪。后来所讨论的，只是关于在陵园里建立庙宇的事情，像吕诲等人广泛引用汉哀帝和汉桓帝的事情来大肆诬陷的情况，都还没有讨论到。起初，吕诲等人已经下定决心要辞官，皇帝委屈自己挽留他们，但也无法改变他们的决定。赵瞻是这几个人中最为平庸无能的，完全不懂得事情的轻重缓急，于是向别人炫耀说：“昨天皇上只是没有下跪挽留我罢了。”他以此自夸有德。而吕诲也对别人说：“如果朝廷对御史台官员所说的事情，能实行十之三四，让我们有个台阶下，也不至于坚决辞官。”由此说来，朝廷在处理濮王的事情上，难道有过分之举吗？驱逐御史台官员难道是皇帝的本意吗？而吕诲等人坚决辞官，难道仅仅是为了濮王的事情吗？士大夫们只看到吕诲等人所诬陷的话，却不知道濮王事情的来龙去脉，也不去探究吕诲等人的用心，只是认为因为进言而被罢黜便是忠臣，于是争相赞美他们。结果果真像吕诲等人所预料的那样，他们确实因此得到了虚名，而推荐吕诲等人的人又想要借此来出名。宣扬君主的过失来彰显自己的善行尚且不可，更何况是诬陷君主来获取虚名呢？唉！如果吕诲等人的心迹不被揭露，而他们的诬陷也不被澄清，先帝的意愿就不能被后世所理解，这便是我们做臣子的罪过啊。因此，我如实记录这些事情，以备史官采纳。

读了欧阳修的这篇文章，就能想象到当时发表议论的那些人的价值究竟如何了。那些人的本意不过是想借此机会树立自己的名声。他们只求因发表言论而获罪，因为这样反而能使他们的名声更高，这是他们唯一的目的。至于国家的利益得失，他们压根儿就没放在心上。因此，他们每天只知搜罗好的话题，把这些话题当作奇货可居的宝贝，一旦有机会，就摇唇鼓舌，煽动那些朝廷中不得志的人，与他们相互勾结；无知的百姓也跟着起哄，声势愈发浩大。如果有人站出来反对他们，他们就把对方指责为奸邪之人，一定要压制别人的言论才肯罢休。如果争论不过，他们就恼羞成怒，转而诬陷别人的私德，甚至说韩琦结交宦官，欧阳修与外甥女乱伦。仔细考察当时攻击韩琦和欧阳修的那些言论，有的说他们乱了人伦，灭了天理；有的说他们让活着的人都愤怒痛心；有的说他们是奸邪之人，为了博取恩宠和地位，只顾自己，损害道义，伤害孝道；还有的说他们千方百计地寻找借口，刻意掩饰，欺骗皇上，搪塞谏言者。然而，韩琦和欧阳修这两位先生为人处世、尽忠君主的节操，是光明磊落、众所周知的，哪里像那些攻击者所说的那样呢？如果真像他们所说的那样，那么这两位先生的罪过就不在于施政不当，而在于心地不善，这样的话，他们确实无法在天地间立足了，但事实又怎么会是这样呢？如果不是这样，那么那些攻击他们的人，他们的用心又究竟何在呢？濮议不过是皇室内部的一件私事罢了，根本与国家的重大决策无关，即使在皇室私事中，也算是非常琐碎的小事。然而，当时那些所谓的士大夫，为了沽名钓誉和发泄私愤，却推波助澜，无中生有，不惜混淆天下人的视听，把攻击的矛头集中在那一两个负责处理此事的人身上。更何况王安石的变法，其事业的重要性远远超过这件事千万倍，所以当时有一个人狂吠反对，全国的人就跟着附和，这也在情理之中。在濮议之事中，韩琦和欧阳修所做的事情没有丝毫违背义理的地方，即便如此，那些议论者还是指责他们乱了人伦、灭了天理，是为了博取恩宠和地位而刻意掩饰、欺骗皇上。那么，后来把这些种种恶名加在王安石身上的言论又怎么能相信呢？以韩琦的耿直，却被诬陷为结交宦官；以欧阳修的高尚，却被诬陷为玷污他的外甥女，那么后来所有诋毁王安石私德的说法又怎么能相信呢？区区一个濮议，其是非对错本来可以一句话就断定，但仅仅因为有一个孙固想要与那些人唱反调，他的奏章还没上交就已经被众人指责为奸邪之人。那么后来，凡是为王安石新法辩护的人也都被一律指责为奸邪，难道我们不应该用更全面的眼光去看待这些事情吗？濮议一案，因为有了欧阳修的这篇文章，其是非曲直还能够大致流传到后世。而熙宁、元丰年间的王安石变法，因为王安石的《熙宁日录》被毁，后世只能看到片面之词，于是这段历史就像长夜一样黑暗，真是可悲啊！

还有一件特别值得注意的事情，那就是在治平年间攻击濮议的人正是后来在熙宁年间攻击王安石新法的人。王安石刚开始推行新政时，第一个用十件事来弹劾他的人，实际上是吕诲。而这个吕诲，正是最坚决反对濮议的结果，第一个上交辞呈的人。攻击新法最有力的人还有范镇和范纯仁。到了元祐初年，担任执政并破坏新法的人是司马光、吕大防。而范镇、范纯仁、司马光、吕大防，都是与吕诲沆瀣一气的人。（欧阳修关于濮议的文章没有提到司马光，但当时第一个提出异议的人实际上是司马光，满朝大臣只是跟着附和他罢了。等到吕诲等人被贬黜时，司马光上书请求留下他们但未被允许，于是请求与他们一同被贬，也没有得到允许。这些都是历史明确记载的事实。）他们后来攻击新法，自认为有不得已的理由，而后世读史的人也以为他们确实有不得已的理由。然而，在濮议这件事上，他们难道不也自认为有不得已的理由吗？但如果我们根据事实来考察，情况又是怎样的呢？

在当时，朋党之见如此严重，士大夫之间的意气之争如此激烈，作为执政者，只有能装作没有原则、四面讨好的样子，什么事情都不做，一味媚俗取巧，或许才能保全自己。如果有所作为，无论做的是好事还是坏事，都足以给那些人提供攻击的话题，让他们把这些话题当作奇货可居，就像欧阳修在《濮议》中所说的那样。然而，王安石毅然决然地独自承担起责任，对沿袭了百年的苟且之法进行变革，因此他将天下的诽谤都集中在自己身上，这也是理所当然的。范仲淹所改革的，不过是裁减因恩荫而得的官职这一陋习，严格考察官吏的典章制度，以及修补当时社会的一两个弊端而已，然而这已经让满朝大臣争吵不休，他仅在位三个月就无法继续下去了，这也幸亏仁宗皇帝没有专任他一人。如果宋仁宗能像宋神宗对待王安石那样对待范仲淹，那么王安石所背负的恶名，范仲淹早就已经承受过了。所以，我们可以说范仲淹不能成为王安石，王安石则能成为范仲淹。根据当时的形势，不变法是绝对不行的，但根据当时的风气，变法又是万难实现的。对于王安石，我不得不敬佩他的志向，同时又为他的遭遇感到悲哀。

第四章　王安石小传

宋朝的太傅、荆国公王安石，字介甫，是临川人，也就是现在江西省的抚州市。他的父亲是王益，母亲姓吴。王安石在宋真宗天禧五年（1021 年）出生，小时候随父亲在韶州做官的地方生活，十六岁时又随父亲到京城任职。十九岁时，他的父亲去世了。到了二十一岁，王安石考中了进士，被任命为淮南判官，这是宋仁宗庆历二年（1042 年）的事情。按照过去的制度，判官任期满了之后，可以呈献文章来争取担任馆阁职务，但王安石没有这样做。二十七岁时，他被调任为鄞县的知县，在鄞县任职四年，任期结束后回到家乡。第二年，他又被任命为舒州的通判。中书省发来文书召他去参加馆阁职务的考试，但因为他的祖母年纪大且家里贫穷，他没有去。到了宋仁宗至和元年（1054 年），王安石三十四岁，被任命为集贤校理，但他还是没有去上任。到了宋英宗嘉祐元年（1056 年），王安石三十六岁，担任了群牧判官。第二年，他出任常州知州，后来又调任为江东刑狱提点。再过一年，他出使归来向朝廷复命，并上书给宋仁宗谈论国事。嘉祐四年（1059 年），他再次担任江东刑狱提点。嘉祐五年（1060 年），王安石被召入朝廷担任三司度支判官。嘉祐六年（1061 年），他四十一岁时，被任命为知制诰。他一共担任知制诰三年。到了治平元年（1064 年），王安石四十四岁，因为母亲去世，他在江宁（今南京）守丧。治平四年（1067 年）正月，宋英宗去世，宋神宗继位。这年三月，王安石被起用为江宁府知府。九月，他又被任命为翰林学士。第二年，即熙宁元年（1068 年），王安石四十八岁，四月时，他以翰林学士的身份破格被召入宫中面见皇帝。熙宁二年（1069 年）二月，王安石被任命为参知政事。到了熙宁四年（1071 年），他更进一步，成为同中书门下平章事。熙宁七年（1074 年），他多次上疏请求解除政务职责。六月，他以观文殿学士的身份出任江宁府知府。熙宁八年（1075 年）二月，他又被召回朝廷，再次担任同中书门下平章事。六月，他被任命为尚书左仆射兼门下侍郎。熙宁九年（1076 年）十月，他被罢免首相职务，以使相的身份兼任江宁府知府，这时他五十七岁。从熙宁元年入朝面见皇帝后，王安石一共执政了九年，从此之后他就称病不再出山。元丰元年（1078 年），王安石五十八岁，特别被授予开府仪同三司的官职，并被封为舒国公，同时担任集禧观使。元丰三年（1080 年），他被授予特进的官职，并改封为荆国公。元丰八年（1085 年）三月，宋神宗去世，宣仁太后临朝听政，王安石被晋升为司空。第二年，即元祐元年（1086 年）四月，王安石去世，享年六十六岁，被追赠为太傅。王安石罢相后在江宁居住了九年。绍圣年间，他被追谥为“文公”。

第五章　执政前的王安石（上）

古代那些天赋异禀、品德高尚、成就卓越的人，必定有他们独特的修养方式。通过观察他们的修养，我们可以推测出他们所能成就的事业；反过来，通过观察他们所树立的事业，我们也可以推断出他们的修养。王安石的品德、度量、气节、事业及文章都卓越非凡，超越了千古，那么他用来修养自身的方法一定是非常素朴而扎实的。因此，我特意对他少年时代那些可以考证的事实进行了简略的梳理和论述。

王安石的文集中有一首《忆昨诗示诸外弟》，这首诗大约是他在宋仁宗庆历三年（1043 年）从淮南判官任上请假回家省亲时所作。通过阅读这首诗，我们可以大致了解王安石少年时代的经历。诗的内容是这样的：

忆昨此地相逢时，春入穷谷多芳菲。
短垣囷囷冠翠岭，踯躅万树红相围。
幽花媚草错杂出，黄蜂白蝶参差飞。
此时少壮自负恃，意气与日争光辉。
乘闲弄笔戏春色，脱落不省旁人讥。
坐欲持此博轩冕，肯言孔孟犹寒饥。
丙子从亲走京国，浮尘坌并缁人衣。
明年亲作建昌吏，四月挽船江上矶。
端居感慨忽自悟，青天闪烁无停晖。

男儿少壮不树立，挟此穷老将安归。
吟哦图书谢庆吊，坐室寂寞生伊威。
材疏命贱不自揣，欲与稷契遐相希。
昊天一朝畀以祸，先子泯没予谁依。
精神流离肝肺绝，眦血被面无时晞。
母兄呱呱泣相守，三载厌食钟山薇。
属闻降诏起群彦，遂自下国趋王畿。
刻章琢句献天子，钓取薄禄欢庭闱。
身著青衫手持版，奔走卒岁官淮沂。
淮沂无山四封庳，独有庙塔尤峨巍。
时时凭高一怅望，想见江南多翠微。
归心动荡不可抑，霍若猛吹翻旌旗。
腾书漕府私自列，仁者恻隐从其祈。
暮春三月乱江水，劲橹健帆如转机。
还家上堂拜祖母，奉手出涕纵横挥。
出门信马向何许，城郭宛然相识稀。
永怀前事不自适，却指舅馆排山扉。
当时髫儿戏我侧，于今冠佩何颀颀。
况复丘攀满秋色，蜂蝶摧藏花草腓。
令人感嗟千万绪，不忍仓卒回骖騑。
留当开樽强自慰，邀子剧饮毋予违。

这简直就是王安石二十三岁以前自叙的小传啊。我们可以感受到他天性中孝顺父母、友爱兄弟的纯真与深厚，这种情感自然而然地从字里行间流露出来，而他所说的“想要与后稷、契这样的古代圣贤相比肩”的志向，原来他从小时候就已经确立下来了。

王安石学问很高，但没有听说他具体师从哪位老师，大概他是通过亲身实践、刻苦钻研，深入探索而自学到的。当然，他在求学道路上也有辅助他、与他志同道合的朋友。现在，我从《临川先生文集》中挑选出那些书信序跋、往来谈论学问和表达志向的内容，依次记录下来。通过这些内容，我们可以窥见王安石修养的一部分。

那些品德高尚的君子，即使遭遇穷困苦难、颠沛流离，也绝不轻易屈服、随波逐流来迎合时势，因为他们知道时势不能凌驾于道义之上。所以，当他们得到君主的赏识和重用时，就能轻松地顺应时势而推行自己的道义，就像翻转手掌一样简单。这是因为他们平时就不断修炼自己的本领，心中早有坚定的志向。(《送孙正之序》)

我的资质和本性本来就比古人差，学习又不够努力，还没有朋友来相互切磋琢磨以深入道德学问，我恐怕最终只能成为一个普通人了……自从我遇到了通叔之后，才知道圣人的学问之门是可以一步步走进去的。这不仅仅是通过理解他的话语来实现的，更多的是通过观察他的行为而领悟到的。(《李通叔哀辞》)

我这个人愚钝，不懂得世事的变化，只相信古人的道理。我听说古代有尧舜这样的圣人，他们的学说正大光明、至公至正，是永恒不变的道理。我得到他们的书籍后就关起门来专心研读，忘记了忧愁与快乐。我沉浸在书中，上下求索，无论是多么细微的知识点，还是多么广阔的道理，我都努力去贯通、去理解，希望彻底地探索这些道理，把它们都弄清楚。(《上张太傅书》)

现在的社会风气败坏，主要问题出在士大夫这一群人身上，他们沉迷于追求名利欲望，彼此间以夸夸其谈为能事，却不懂得如何自我约束。(《答曾子固书》)

天下的变故实在太多了，然而古代的君子，在言辞的接受与拒绝、事物的取得与舍弃方面，原则各不相同。这是因为他们内心有着坚定的信念和准则用以对待外物，而不是被外物左右。正因为不被外物左右，所以他们的行为有时看起来可能会让人产生疑虑。但因为他们内心有坚定的准则，所以他们从未后悔过自己的选择。像这样的人，又怎么会被世俗的毁誉动摇呢？像我这样的人，虽然还远远达不到这样的境界，我私下里却有这样的志向。(《答李资深书》)

如果自己的学识足够丰富，那么即使不被上面的达官贵人所了解，也一定会被下面的百姓所认识；即使不能流传于当代，也一定会流传于后世。如果不幸既不被上面的人了解，又不能流传于当代，同时也不能流传于后世，古代的君子对此也不会感到遗憾。了解我的，大概只有上天了吧。这就是《易经》中所说的“知命”。命，不仅仅是指人的贵贱生死，万物的兴衰也都是命运的安排。孟子说，君子只是按照法则行事，等待命运的安排罢了。（《答史讽书》）

君子学习，本来就有着为天下人谋福祉的志向。然而，他们总是先考虑自身的修养，然后再去考虑治理他人。当自己的修养达到了一定的境界，至于能否治理好他人，那就要看自己是否得志了。就连个人的命运都受制于天命，那么治理天下的事情又怎么可能不受天命的影响呢？孔子说：“不懂得天命，就不能成为君子。”又说：“道义的实行与否，都是天命决定的。”这就是孔子的观点。然而，有人认为孔子之学是急于忧虑世事，这其实是误解。因为对这个问题有误解，所以在进退取舍上，有人就未能遵循孔子的教导……我个人认为圣人的内心从未有过忧虑。有人质疑说：“那么圣人是不是忘记了天下呢？”我说：“圣人并没有忘记天下。”在《易经》的“否”卦中，有这样的象辞：“君子用俭朴的德行来避开灾难，不可以被利禄诱惑。”在“初六”爻辞中又说：“拔起一把茅草，因为它们的根连在一起，所以很吉利。”其象辞解释说：“拔起茅草而吉利，是因为心志在于辅佐君主。”辅佐君主，就是不忘天下。而不可以被利禄诱惑，就是懂得天命。我虽然没有忘记天下，但天命不可强求，忧虑又能使天命符合自己的意愿吗？……孔子之所以极力强调“知命不忧”，是希望人们明白治乱兴衰都有天命，进取不可以苟且，这样先王的治国之道才能得到伸张。世上有的人能理解“知命”的道理，在进退取舍上却不能慎重对待，这是因为他们的智慧虽然达到了理解天命的程度，却不能坚守仁德之心。当我初次看到你的文章时，只是因为你才华横溢而欣赏你。后来，我看到你衣衫褴褛，鞋子破旧，坐下来交谈却从未提及自己的贫困。事后询问得知，你一年到头不吃荤菜，也从不为了微薄的利益而出卖自己。世上像你这样自立自强的人又有几个呢？我认为你的智慧已经达到了理解天命的程度，并且又能坚守仁德之心，所以我把我的学问心得告诉你。（《与王逢原书》）

在《临川先生文集》中，像这样表达其思想的言论还有很多，这里不能全部摘录，只选取了一些特别显著的言论。我曾追溯过王安石一生为人处世、辅佐君王的本末原委。他进退有据，以礼而进，以义而退。早年虽然经历了贫苦和患难，但这些都没有在他的心中留下阴影，他能够卓然自立，深入研究古今学问，并将所学应用到实际中。当他得到君主的信任，能够用道义来改变天下时，他全力以赴，实现自己的志向，从未后悔。而当他作为臣子告老还乡时，又淡泊名利，仿佛与世无争，忘却了尘世的纷扰。就像古书上所说的那样，能够安于自己的本分，不追求身外之物，无论身处何地都能自得其乐，王安石就是这样的人。等到我读了这些篇章之后，才明白王安石的学问原来有着深厚的根源。他的主要思想在于知命，同时又归结为按照理法行事等待天命的安排，所以他一生的高尚节操和非凡行为都是自然而然的，不是勉强做出来的。对于功名事业，他也看作本性中必然的事情，从不掺杂一丝一毫的成败得失的杂念。这就是王安石之所以成为王安石的原因啊。

王安石坚守道义，自尊自重，并不急于追求仕途显达，但他的才华就像藏在山中的美玉一样，光芒四射，无法掩饰。贤能的士大夫们逐渐了解了他，并且乐于称赞他。在王安石的朋友中，与他交往最早的是曾巩。曾巩在《与欧阳修书》中写道：

我有一个朋友叫王安石，他的文章风格古朴，品行与他的文章相符。虽然他已经考中了科举，但在当今世上，了解王安石的人还是很少。他自重自爱，不愿意主动让人了解他。然而，像王安石这样的人，古今都不常见。现在国家急需的人才，即使没有成千上万的普通人也无妨，但像王安石这样的人才是绝对不能失去的。

而陈襄在他的推荐信中，将王安石与胡瑗等人一同举荐，称赞他才华出众，性格贤明，对古代学问有着深厚的造诣，同时他的文章和政事能力在当时已经广为人知。到了皇祐三年（1051 年），宰相文彦博也推荐了他和韩维，于是王安石得到了集贤院校理的任命。嘉祐元年（1056 年），欧阳修又将他与包拯、张环、吕公著三人共同举荐，称赞他的学问文章在当世享有盛名，他坚守道义，不苟且行事，自尊自重，议论事理通达明了，同时他还具备处理实际事务的才能，是那种无论在哪里都能表现出色的人。从此以后，朝廷多次征召他，他却安心于担任小官，不肯接受更高的职位。这并不是他故意表现得淡泊名利、谦退不争，而是他确实认同并践行了“安于本分”的道理。

（考异一）

《宋史·王安石传》提到，曾巩带着王安石的文章给欧阳修看，欧阳修对王安石的文章大为赞赏，并帮助王安石在进士考试中取得了优异的成绩。但现在根据考察，这种说法是不真实的。曾巩给欧阳修的信中提到王安石出使河北的事情，这件事发生在庆历六年（1046年）。而王安石考中进士是在庆历四年（1044年），并且信中明确提到了“王安石已经获得了科举功名”这样的话。很明显，王安石考中进士并不是依靠欧阳修的赞誉。《宋史》一开始就编造这样的谎言，怎么能让人信服呢？

（考异二）

《宋史·王安石传》又说，王安石原本是湖北人，在朝廷中还没有什么名气，因为韩、吕两家是朝中显赫的家族，他想借助这两家的声望来提升自己的地位，于是就和韩绛、韩绛的弟弟韩维，以及吕公著三人深交。这三人又不断地称赞他，他的名声才开始大起来。但我考察后发现，这又是假话。在皇祐年间，陈襄就已经称赞过王安石的文章和政事在当时已经很有名气了，欧阳修也说过王安石的学问和文章在当时是知名的。而韩维是文彦博和王安石一同推荐的人，吕公著也是欧阳修和王安石一同推荐的人。既然这样，韩、吕两家又怎么能使王安石可以倚重呢？而王安石又怎么能借助韩、吕两家来增加自己的声望呢？从皇祐年间到熙宁年间的这二十年里，王安石的声名传遍天下，像范仲淹、富弼、韩琦、曾公亮这些人都争相称赞他，这些在他的文集和其他记载中都可以清楚地查到。本传中却完全没有提到这些，甚至把文彦博、欧阳修推荐他的事情都给隐瞒了，好像这样做会损害那些君子识人的眼光，只说他是借助韩、吕两家来增加自己的声望而已。那些毁谤他的人真是无所不用其极啊。我之所以喋喋不休地辨析这些，是因为王安石的名节高于世人，即使在他去世后，与他政见相反的首领司马光仍称赞他。但如果按照《宋史》所记载的，那他就是一个追求功名利禄、不知羞耻的小人，而他平时所说的知天命、守道义，都是用来欺骗人的。这大大损害了王安石的人格，即使我不想辨析，又怎么能不这样做呢？

（考异三）

王安石年轻的时候交的朋友并不多，曾巩说他不喜欢主动让人了解自己，而王安石在给孙少述的回信中也说："我天生性格孤僻耿直，一生中所结交的人也就那么几个，兄长您一直都很清楚这一点。除了这几个人，如果还要再勉强去数，那真的是数不出来了。"由此可见，王安石交友甚少是显而易见的。但世俗的史书中记载有王安石与周敦颐有过交往的事情，这又是不能不去辨析清楚的。罗景纶在《鹤林玉露》中说：王安石年轻的时候目中无人，唯独想去拜访周敦颐，但三次到周敦颐的门前都被婉拒了。王安石很生气地说："难道我就不能自己从六经中去寻求真理吗？"于是就不再去见他。而度正撰写的《周濂溪年谱》中则说：嘉祐五年（1060 年），周敦颐四十四岁，东归时，王安石担任江东提点刑狱，三十九岁，号称精通儒学，周敦颐与他相遇，两人日夜交谈。王安石回去后深入思考，以至于忘记了吃饭和睡觉。现在我们来考察这两种说法，一种说王安石没有见到周敦颐，一种说已经见到了。这两种说法相互矛盾，难道王安石在年轻的时候因为见不到周敦颐而生气，等到自己三十九岁的时候，又跑到他的门前去求见吗？还是说周敦颐一开始三次拒绝见他，后来又自己主动去见王安石呢？这真是太可笑了。其实这两种说法都是虚假的。考察发现，周敦颐只比王安石大五岁，如果说王安石是年轻人，那周敦颐也是年轻人。即使说王安石求友心切，迫切想要见到周敦颐，但周敦颐与王安石都处于求学的时期，王安石又怎么能如此妄自尊大呢？这难道是效法孔子与孺悲的故事吗？况且周敦颐既然没有见过王安石，作为一个一直在求学的年轻人，他又怎么可能仅仅通过一张名片就知道这个人不能与他交谈呢？如果周敦颐真的这样做，那他还算是个正常人吗？况且根据他们二人的年谱来看，他们终生都没有相遇的机会。周敦颐在天禧元年（1017 年）出生于道州。天圣九年（1031 年），他十五岁时，父亲去世，他跟随母亲来到京城，投靠舅舅。所以在他十五岁以前，一直生活在道州。景祐四年（1037 年），他母亲去世，葬在润州。康定元年（1040 年），他二十四岁，开始在洪州分宁县担任主簿，这时才进入江西地区。而王安石则是在天禧五年（1021 年）出生，小时候随父亲在韶州做官，他在《忆昨书》中写到"丙子从亲走京国"，那是他十六岁的时候。第二年，他的父亲做了建昌的官吏，所以他十七岁就到了江宁。宝元二年（1039 年），他的父亲去世，他在江宁守丧，这就是他诗中所说的“三载厌食钟山薇”的原因。庆历二年（1042年），他二十二岁，考中进士，在淮南做官，而这时周敦颐已经比他早两年在分宁做官了。所以，他们在年轻的时候从来都没有相遇过，罗景纶的说法是从哪里来的呢？嘉祐三年（1058年），王安石从常州调任江东提点刑狱。嘉祐四年（1059年），他三十九岁。嘉祐五年（1060年）五月，他被召回京城担任三司度支判官，而这时周敦颐在同年六月已经辞去合州签事的职务回到京城，所以王安石已经离开了江东，并且也已经四十岁了。说他们在江东相遇，无论是从时间还是地点上来看，都不符合。那么邢恕和度正的说法又是从哪里来的呢？那些讲学的人编造这样的说法，只是想借助王安石来抬高周敦颐的地位罢了。至于周敦颐是否见过王安石，又怎么可能成为衡量王安石轻重的一个标准呢？我之所以不惜言辞来辨析这件事，只是为了让大家看到当时那些诬蔑王安石的人是多么肆无忌惮，甚至对毫无根据的事情也说得确凿无疑。那么其他不可信的事情，也都像这样；而被抹煞、无法见到的真实事情，又有多少呢？

第六章　执政前的王安石（中）

王安石早年多次被征召担任馆阁职务却不去就职，而后来任命他为翰林学士时，他一召即应。世上的评论家们常常以这一点批评他热衷于富贵，之前的不就职不过是故作姿态以博取名声，等到声望积累到一定程度后，就一跃而登上高位。唉，这些人怎么不考虑实际情况，反而像那些玩弄文字的官吏一样，编造罪名来陷害别人呢？王安石对于出仕与隐居的选择，他自我审视得非常早且成熟。为国效力固然是他的本愿，但安于现状、做好本职工作，也是他学问修养的根本。如果说他认为馆阁职务地位低微而不去做，那么州县的小官吏，其低贱的程度更甚，他又为何能安心任职呢？不仅安心，而且还主动求取呢。只是因为他家境贫寒、双亲年迈，不得不为了俸禄而做官，所以不惜玷污自己以践行他内心的安宁。等到被任命为翰林学士时，他的老母亲已经去世，家庭经济状况也稍微能够自给自足，所以他就欣然接受了任命而没有推辞，这是因为他的处境与以前不同了。因此，我评论王安石的立身行事，与其说他像伯夷那样清高绝俗，不如说他更像柳下惠那样随遇而安。然而那些厌恶王安石的人还在私下里议论他，这岂不是太过分了吗？现在我从他的文集中选取一两篇文章来证实我的说法。

皇祐三年（1051 年），他在《乞免就试状》中说：

根据中书省的公文，遵照圣旨，之前已下令让我前往京城参加考试，但考虑到我的祖母年事已高，先父尚未安葬，弟妹也到了该出嫁的年纪，家中贫困人口又多，很难在京城安顿下来。我曾以此为由，上表请求免于考试，这本是怠慢了朝廷的命令，本应治罪，但幸好得到宽赦，朝廷也恩准了我的请求。没想到，那些谦逊谨慎的臣子却认为我是因为淡泊名利才推辞，认为我不急着处理丧葬、嫁娶和奉养家人的事情，而是犹豫不决地回避，不敢接受重要的官职。虽然也可以说我这是淡泊名利，但如今我只是为了解决家中的燃眉之急，权衡利弊后做出的选择，如果称之为淡泊名利，那就不是我的本意了。此外，我辞去县令的职务，等待新的任命，至今已有两年多了，家中老小一直未能安定下来，我正打算就任新职，却又被命令前往京城，这实际上对我的家庭计划造成了妨碍。恳请陛下明察我的本意，我只是为了解决家中的困难，特请求取消召我入京考试的命令，先让我完成在外的任期。

这是王安石最初推辞朝廷征召时写的文章，因为文彦博推荐他时，提到他有淡泊名利、不愿出仕的言论，所以他才这样写。（文彦博的推荐信中说：文馆的职位，是士人们都渴望得到的，但王安石淡泊名利，坚守自己的原则，这样的人不常见。）在这篇文章之前，有庆历七年（1047 年）他写的《上相府书》，在这之后，有至和元年（1054 年）他写的两篇《辞集贤校理状》，嘉祐元年（1056 年）他写的《上执政书》《上欧阳永叔书》，嘉祐二年（1057 年）他写的《上曾参政书》，以及嘉祐三年（1058 年）他写的《上富相公书》。这些文章的措辞大多与此类似。王安石不仅在言辞中流露出深厚的孝顺友爱之情，而且他的态度也坦然无愧于古人。如果有人非要说他这是矫情，那真是太喜欢诬陷别人，以至于到了这种地步！其实，王安石并不是出于卑微的考虑才接受小官职，他已经多次说过，他是出于万不得已才这样做的。他说：

我不去考虑自己是否能胜任这项工作，而只专注于孔子的学问和品行，只希望能按照孔子的教导来端正自己的行为。做官当差役，并不是我的志向，我只是私下里把自己比作古代那些因为贫困而不得不出来做事的人。（《答王该秘校书》）

我常常认为现在的仕途晋升，大多是放弃正道而只图个人私利的人所走的，但其中也有不得已的原因。如果不走仕途晋升这条路，就无法维持自己的生活；而如果不走仕途晋升又想找到其他维持生活的方法，那可能会更加偏离正道。这正是我同样出于不得已才选择走仕途的原因。我只是曾经向那些有能力选择其他道路的人进言，劝他们如果可以选择的话，就避开仕途。但是，我从未见过真正能做到这一点的人。(《答张几书》)

由此看来，伊尹在莘国耕地，直到遇到成汤之后才崭露头角，这应该是王安石的志向吧。只是考虑到自己可能无法做到，他在世俗眼光中已经自我贬低了很多，然而后世的人还是私下里议论纷纷，这究竟是何居心啊？

孔子担任管理仓库的小官时，力求账目清楚；担任管理牧场的小官时，专心让牛羊茁壮成长。王安石也是这样，即使是他内心并不愿意接受的职位，一旦接受了，就会忠于职守，不肯有丝毫的苟且行为，这就是他学问中追求的不欺之诚。王安石在到任的地方都做出了显著的政绩，尤其在担任鄞县县令时的政绩最为突出。他的传记中提到，他修建堤堰、疏浚池塘，为水陆交通带来便利；借谷给百姓，并设定利息让他们归还，使新旧粮食得以轮换，邑中百姓都觉得很方便。这些做法其实就是他后来执政时推行的农田水利法、青苗法等在一个县的小范围尝试。《临川先生文集》中有《鄞县经游记》《上杜学士言开河书》《上运使孙司谏书》等文章，从中都可以看到他在治理鄞县时的一些政绩，这里就不一一列举了。明朝嘉靖年间，陈九川在为王安石的文集作序时说：王安石曾担任过鄞县的县令，被称为奉公守法的好官，他去世后百姓在当地为他建庙祭祀，至今仍把他当作神灵来崇拜。他让百姓怀念了数百年，由此可见，王安石的道德和政治才能确实有其独到之处。

王安石是一个注重实践的人，而不是一个空谈理论的人。他执政以前的政治观点，经常在他的文集中零散可见。现在摘录一两篇以供阅读，也可以从中了解王安石的内心想法。他在《与马运判书》中写道：

现在国家之所以贫穷困顿，不仅仅是因为花费没有节制，还因为失去了创造财富的方法。要使家庭富裕，就要依靠国家的资源；要使国家富裕，就要依靠天下的资源；要想让天下都富裕，就要依靠天地自然。就像管理家庭的人不会直接为子女创造财富一样，如果父亲严格管教，子女自身努力而生财致富，那么他们想要什么都能得到。但如果现在关起门来只和子女做交易，不让外面的资源进来，那么即使把子女的财富都拿过来，财富没有增加家庭也不会真正富裕。近代以来，虽然谈论财政的言论很好，但都只是国家索取天下财富的手段罢了，就像是只在自家门内做交易一样，这就是国家陷入困境的原因。

啊，这些话，与当今经济学、财政学的原理是多么吻合啊！王安石理财的政策都在这些言论中体现出来了。然而后世把他当作聚敛钱财的臣子来看待，这与王安石的精神是多么相反啊！《临川先生文集》中有一篇《议茶法》，论述专卖茶叶的制度应当废除；还有一篇《上运使孙司谏书》，说官卖盐的制度不可行。这些观点即使是现在的财政专家也应该采纳，评论者却把王安石与桑弘羊、孔仅等人相提并论并予以否定，这是为什么呢？

王安石有几首诗也表达了他对财政方面的看法，现在我将它们摘录如下：

先王有经制，颁赉上所行。后世不复古，贫穷主兼并。
非民独如此，为国赖以成。筑台尊寡妇，入粟至公卿。
我尝不忍此。顾见井地平。大意苦未就，小官苟营营。
三年佐荒州，市有弃饿婴。驾言发富藏，云以救鳏茕。
崎岖山谷间，百室无一盈。乡豪已云然，罢弱安可生。
兹地昔丰实，土沃人良耕。他州或呰窳，贫富不难评。
豳诗出周公，根本讵宜轻。愿书《七月》篇，一寤上聪明。

——《发廪》

三代子百姓，公私无异财。人主擅操柄，如天持斗魁。
赋予皆自我，兼并乃奸回。奸回法有诛，势亦无自来。
后世始倒持，黔首遂难裁。秦王不知此，更筑怀清台。
礼义日已偷，圣经久堙埃。法尚有存者，欲言时所咍。
俗吏不知方，掊克乃为材。俗儒不知变，兼并可无摧。
利孔至百出，小人私阖开。有司与之争，民更可怜哉。

——《兼并》

婚丧孰不供，贷钱免尔萦。耕收孰不给，倾粟助之生。
物赢我收之，物窘出使营。后世不务此，区区挫兼并。

——《寓言》

上面提到的《发廪》和《兼并》这两首诗，它们所表达的观点有些接近于现代所谓的社会主义理念，至于这些观点是否可行，我将在后面的章节中另行讨论。而这首《寓言》则是后来王安石推行青苗法、均输法等政策的思想基础。

还有一首《省兵》：

有客语省兵，省兵非所先。方今将不择，独以兵乘边。
前攻已破散，后距方完坚。以众亢彼寡，虽危犹幸全。
将既非其才，议又不得专。兵少败孰继，胡来饮秦川。
万一虽不尔，省兵当何缘？骄惰习已久，去归岂能田？
不田亦不桑，衣食犹兵然。省兵岂无时，施置有后前。
王功所由起，古有《七月》篇。百官勤俭慈，劳者已息肩。
游民慕草野，岁熟不在天。择将付以职，省兵果有年。

这是王安石对于当时的军事政策的一些看法，后来他执政时，一一按照他的这些看法去实施了。

他在《材论》中写道：

天下的忧患，不在于人才不多，而在于统治者不希望人才众多；不在于士人不愿效力，而在于统治者不让他们效力。

人才是国家的栋梁，得到人才，国家则安稳昌盛；失去人才，国家则危亡受辱。然而统治者不希望人才众多，不让他们效力的原因是什么呢？这主要有三个偏见。其中最严重的偏见是，统治者认为自己的地位可以免除屈辱和危险，终身不会遇到重大灾祸，人才的得失对于国家的治乱兴衰没有影响，所以他们安然地放纵自己的意志，最终导致国家败乱危亡。这是第一种偏见。又有人认为，自己的爵位、俸禄和富贵足以引诱天下的士人，荣辱福祸都由自己掌控，可以坐享其成地让天下的士人对自己俯首称臣，认为所有人都会争相投奔自己，但最终还是会导致国家败乱危亡。这是第二种偏见。还有人不去探求培养和任用人才的方法，却错误地认为天下确实没有人才，最终也会导致国家败乱危亡。这是第三种偏见。

这三种偏见，它们造成的祸患是相同的，但用心并非不善，还可以探讨他们的过失，只是因为他们认为天下没有人才罢了。其实他们的内心并不是不想任用天下的人才，只是不知道其中的缘故罢了。况且，那些有才能的人，他们的外表和普通人有什么不同呢？只是因为他们遇到事情能够处理好，出谋划策能够权衡利弊，治理国家能够使国家安定繁荣，这就是他们和普通人不同的地方。如果统治者不能细致地观察他们、审慎地任用他们，那么即使他们拥有皋、夔、稷、契那样的智慧，也无法在众人中脱颖而出，更何况那些才能稍差的人呢？世上那些被蒙蔽的人常说：人如果有超出常人的才能，就像锥子放在布袋里，它的尖端立刻就会显露出来，所以没有真正有才能却不被发现的人。这种看法只看到了锥子放在布袋里的情况，却没有看到马放在马厩里的情况。

劣马和好马混杂在一起，喝水吃草，嘶鸣跳跃，要找出它们的不同之处几乎是不可能的，但让好马拉着重车，走在平坦的大路上，不需要频繁地鞭打，不需要费心地驾驭，只需轻轻一拉缰绳，就能日行千里了。在这个时候，如果让劣马和好马一起奔跑，即使劣马车轮倾覆、马勒断裂，筋疲力尽、伤痕累累，不分昼夜地追赶，也远远赶不上好马。这个时候，好马和劣马的区别才会显现出来。

古代的君主明白这个道理，所以他们不认为天下没有人才，而是想尽办法去寻找并试用他们，试用的方法就是让他们去做力所能及的事情。就像南越地区制造的长箭，用精炼的百炼金制成箭头，用秋天强健的鹰羽做箭羽，安装在强弩之上，能在千步之外射穿任何凶猛的犀牛或兕牛，使它们立即死亡。这是天下最锋利的武器，也是决定战争胜负的宝贵之物。但如果用它来敲打东西，那就和朽烂的木棍没有什么区别了。由此可知，即使得到了天下最珍贵的材料和杰出的人才，如果使用方法不当，也会像这样浪费掉。古代的君主明白这个道理，于是他们仔细衡量每个人的能力，并审慎地安排他们的职位，使大才小用、长才短用、强才弱用的情况都不再出现，每个人都能够胜任自己的职责。这样一来，即使是那些愚昧粗鄙的人，也能尽自己所能去做一些小事，更何况那些贤能才智出众的人呢？唉，后来的在位者，大概从未探求过这个道理，也没有通过实际行动去验证，只是坐在那里说天下果然没有人才，这其实是他们没有深入思考罢了。有人可能会说：古人对于人才，是通过教育和培养来成就的，而你为什么只谈论寻求和任用人才呢？我说：在天下法度尚未确立之前，必须先寻求并任用天下的人才。如果能够任用天下的人才，那么就能恢复先王的法度；能够恢复先王的法度，那么天下的小事就都能像先王时期一样被妥善处理了，更何况是教育和培养人才这样的大事呢。这就是我为什么特别强调寻求并任用人才的道理。

这是王安石关于政治主张中谈论用人的部分。

以上所记录的，不过是王安石一生的理想和抱负的一小部分，但从中已经可以略微看出他后来施政的端倪了。

第七章　执政前的王安石（下）

王安石在宋仁宗嘉祐三年（1058年）时，担任江东刑狱提点。他出使归来后写了《上仁宗皇帝言事书》，这篇上疏可以说是王安石政治见解的宣言书，后世学习治国之道的人，只要稍有所闻，几乎都曾诵读过这篇上疏。现在，我不避讳它常见，将其全文摘录，并稍作疏通解释，以备那些研究古代治国之道的人参考阅读。

我愚昧无能，承蒙陛下恩典，让我担任一路提点官。现在又蒙受陛下恩典，被召回朝廷担任要职，应当将出使的情况向陛下汇报。我自知难以胜任这一职位，但还是斗胆借着出使的机会，冒昧地与陛下谈论一下国家大事。恳请陛下仔细思考并在其中选择可行的建议，这将是我的荣幸。

我观察到，陛下拥有恭谨节俭的美德，聪明睿智的才能，从早到晚勤勉不息，没有一天的闲暇，对于声色犬马、观赏游玩等享乐之事，没有一丝一毫的沉迷，而且您仁爱百姓、珍视万物的心意，已经赢得了天下的信任。此外，您还公正地选拔了天下人所期望的人来辅佐朝廷，将国家大事交给他们处理，而不受那些谗言邪说、奸诈巧伪之臣的干扰。这样的用心，即使是古代的圣明君主，也不过如此。按理说，国家应该富足安康，天下太平，但实际并未达到这样的境界。对内，我们不能不为国家的安危担忧；对外，我们不能不对夷狄的威胁感到恐惧。国家的财力日益困乏，社会风气也日益衰败，天下的有志之士都战战兢兢地担心国家长期不得安宁，这其中的原因是什么呢？原因在于我们不知道遵循法度。

现在朝廷的法律严明，法令完备，应有尽有，但我认为还是缺乏法度，这是为什么呢？因为当前的法度大多不符合先王的治国之道。孟子说："有仁爱之心和仁爱之名声，但恩泽未能施加到百姓身上，是因为治理国家没有遵循先王的治国之道。"根据孟子的观点来看，当今社会的失误正在于此。因为当今的时代距离先王的时代已经十分遥远，所遭遇的变故和形势也与先王时代大不相同，如果想要完全恢复先王的政治制度，即使是再愚蠢的人也知道这是难以实现的。然而，我认为当今社会的失误在于没有遵循先王的治国之道，而并不是说不能借鉴先王的政治制度，我们应该学习先王的治国理念。从二帝到三王，他们相隔的时间超过了一千多年，其间有治世也有乱世，经历了各种盛衰变化。他们所遭遇的变故和形势各不相同，所采取的措施和策略也都有所不同，但是他们治理国家的根本目的和先后顺序始终是一致的。因此，我才说我们应该学习先王的治国理念。如果我们能够遵循先王的治国理念，那么我们所进行的改革和变革，就不会让天下人感到震惊和哗然，也不会引起天下的非议，而实际上就已经符合先王的政治制度了。

梁按：当今世上谈论政治的人，必定会提到依法治国。确实，一个国家能够长治久安不可能抛开法律。然而，中国的儒家学者对此讳莫如深，只是以坚守祖宗传下来的成法来自我粉饰。他们所谓的祖宗成法是什么呢？不过是沿袭前代的旧制罢了，而前代又是沿袭再前代的旧制，如此千百年来都是一丘之貉，因循守旧，简陋不堪，每况愈下。那些后来以政治家闻名的人，也不过是在现有的法律框架内，综合考核名实是否相符而已。再高明一些的，也不过是修补漏洞、完善细节罢了。而在历史上，第一个提出变法主张的人，是汉朝的董仲舒，他说："琴瑟的音调严重失调时，必须改换琴弦重新调整，才能弹奏出和谐的乐曲。"这个比喻看似贴切，但仔细考察他的变法主张，却仅仅局限于改正历法、更换服饰颜色这些小事上。显然，历法和服饰颜色的改变与治理国家的根本大道并无直接关联，这是很容易看明白的。所以，董仲舒并不是真正能够变法的人。至于汉武帝，他的志向更不在此，就更不用说了。从此以后，就再也没有听说过有人能够毅然决然地承担起制定法律的重任了，这大概是因为那些真正以至诚悲悯之心忧国忧民的人本就罕见，即使有这样的人存在，他们的见识也不足以认识到变法的重要性。他们对于国家的本质，其实并不了解，认为国家就是君主一个人的，所有的法律制度都是为君主而设立的。如果法律制度真的是为君主而设立的，那么按照几千年来皇权统治的经验，这些制度应该已经日益完善了，也就没有必要进行大的变革了。啊，夏商周三代以前的情况暂且不论，秦汉以后，那些能够了解国家本质，以至诚悲悯之心忧国忧民的人，只有王安石一个。他真诚地为国家担忧，痛心疾首于国家的停滞不前、不进化，国民的贫穷憔悴、困顿疲惫，反复探寻其中的原因，就像追溯黄河源头直到找到星宿海一样。于是，他大胆地说出结论：问题在于不知道遵循法度。是啊，这话说得已经很全面了。尽管如此，还是有些评论者因为王安石推崇先王之道，就怀疑他是保守派、理想家，不了解当今的事务。但是，王安石不是说过吗，学习先王之道是要学习他们的治国理念罢了，用现代的话来解释，就是王安石所说的先王，不是具体的某个先王，而是抽象的、普遍的先王之道。换句话说，所谓的先王之意，就是政治上的大道理、大原则罢了。王安石的变法，确实不是为了震惊天下人的耳目、哗众取宠，但最终还是引起了震惊和喧嚣，这并不是王安石的罪过。

尽管如此，就当今社会的情形来考量，陛下即便想要改革天下的事务，使之符合先王的意愿，这样的势头也必定难以实现。陛下拥有恭敬节俭的美德，具备聪明睿智的才能，怀揣着仁爱百姓、爱护万物的心意，如果真心实意地去努力，那么还有什么事情做不成，什么愿望实现不了呢？然而，我还是认为，陛下即便想要改革天下的事务以符合先王的意愿，这样的势头之所以必定难以实现，原因是什么呢？这是因为当今天下的人才不够充足啊。我曾经观察过现在朝廷中任职的官员，没有比现在更缺乏人才的时候了。人才在上层缺乏，那么就会有被埋没、隐匿在民间而不被当时人所了解。我又到民间去寻求，但也没有发现太多，这难道不是培养造就人才的方法不得当而导致的吗？我认为当今朝廷中人才不足，从我出使办事所了解到的情况来看就可以知道了。现在，在几千里内，能够推行朝廷法令、明白事情的轻重缓急，并且能让百姓都尽职尽责的官员非常少。而那些没有才能、敷衍了事、贪婪卑鄙的人数不胜数。那些能够讲述先王意愿以适应当前变化的人，在整个郡县范围内，往往是绝无仅有的。朝廷每颁布一项法令，虽然其初衷是好的，但在位的官员不能很好地推行，让恩泽惠及百姓，反而一些官吏常常趁机作恶，骚扰百姓。因此我说：不仅在朝廷中任职的人才不足，就连在民间巷陌里也看不到多少人才。如果人才不足，那么陛下即便想要改革天下的事务以符合先王的意愿，即便有大臣能够领会陛下的意图并想要担此重任，但在这广阔无垠的九州大地、四海之内，又有谁能真正领会陛下的旨意，并且能够一一推行这些法令，让每一个人都受益呢？所以我说：这样的势头必定难以实现。孟子说："法律不能自行实施。"不就是说的这个道理吗？那么，当前最紧迫的事情，就是培养人才。如果能让天下的人才增多，朝廷在选拔官员时，就可以从中挑选合适的人选，确保人才充足。一旦朝廷中的官员都具备了相应的才能，再稍微观察时势是否合适，根据百姓的疾苦，变革天下的弊政，使之趋向于先王的意愿，就会变得非常容易了。

梁按：法治固然是当务之急，但执行法律的是人，制定法律的同样也是人。所以，王安石既把法律制度作为根本，又把人才看作根本的根本。毕竟，法治国家是以大多数人民作为国家活力的源泉。这就是王安石的意思。

如今的天下，也是先王时期的天下。先王在世的时候，人才很多，为什么到了现在就偏偏不足了呢？所以说，培养人才的方法不得当才是原因。商朝的时候，天下曾经大乱，在位的人贪婪狠毒、祸国殃民，都不是合适的人选。等到文王兴起，天下的人才已经很少了。在那个时候，文王能够培养天下之士，让他们都具备君子的才能，然后根据他们的才能大小来任命官职。《诗经·大雅·旱麓》中说："和乐平易的君子，怎会不培养新人。"说的就是这种情况。等到把他们培养成功，就连那些出身低微的捕兔子的猎人也都喜欢德行。《诗经·周南·兔罝》篇就是描述这种情况的，更何况那些在朝廷任职的人呢？文王正是因为能这样做，所以出征就能使敌人屈服，防守就能使国家安定。《诗经·大雅·棫朴》说："手执大圭庄严地，英俊人才任选拔。"又说："周王起兵去出征，六军前进紧相随。"就是说文王能够让文臣武将都各尽其才，没有荒废任何事务。等到夷王、厉王时期发生动乱，天下的人才又变得稀少了。到了宣王兴起的时候，能够与他一起谋划天下大事的，只有仲山甫一个人。所以诗人感叹说："德行轻如羽毛，只有仲山甫能够举起它，可惜没有人来帮助他。"这是诗人对人才稀少，仲山甫孤立无援的哀叹。宣王能够重用仲山甫，并推广他的做法来培养新的优秀士人，这样之后人才又逐渐增多。于是宣王在内修明政事，对外讨伐叛逆，又恢复了文王、武王时期的疆域。所以诗人赞美他说："到那新开垦的田地里去采集芑菜吧。"这句话是说宣王能够培养新的优秀士人，让他们成为可用之才，就像农夫新开垦田地，使田地里可以采集到芑菜一样。由此看来，人才并不是天生就有的，而是由君主培养造就的。

梁按：这个说法，近代的曾国藩先生非常推崇，并对此做了进一步阐述。他说："现在那些身居高位的人，总是说天下没有人才，他们自己高高在上，不能用自己的志向去改变世俗的风气，反而推卸责任说没有人才，这能说不冤枉吗？在一个只有十户人家的小村庄里，如果有崇尚正义的人，他的智慧足以影响十个人，那么他一定能从十个人中选拔出最优秀的人才来培养。他的智慧如果足以影响一百个人，那么他一定能从一百个人中挑选出最杰出的人才来培养。由此可见，改变世俗风气和培养一代人才，不仅仅是那些身居高位者的责任。凡是获得一定官职的人，都有责任去这样做。"曾国藩的这番话更加广博、深刻且明确。不过，王安石的这番论述，为什么只把培养人才的责任归咎于君主呢？这不仅仅是因为他与君主对话时才这么说，更因为私人培养人才的范围有限，而君主则能影响全国；私人培养人才的效力缓慢，而君主则能迅速见效。所以，如果不身处高位却勉力承担这份责任，那也只是在无法选择的情况下退而求其次，只是聊以自慰，总比没有行动要好。至于想要培养造就一个国家的人才并引领他们前进，最快捷的方式莫过于开明专制。这就是俾斯麦在造就德国时所用的方法，而曾国藩造就中国也只能做到他那样的程度了。

所谓"陶冶而成之"，到底是什么意思呢？其实就是教育、培养、选拔和任用人才都采取正确的方法罢了。那么，所说的教育之道又是什么呢？古代的天子和诸侯，从都城到乡野都设有学校，广泛设置专门负责教育的官员并严格选拔，朝廷中的礼乐、政务、刑法等事务都在学校里进行传授。士子们所观察和学习的都是先王的法度、言辞、德行，以及治理天下的思想，他们所学的知识和技能都可以用来为国家服务。如果有人所学不能为国家所用，那就不教他；如果可以为国家所用，那就没有不在学校里学习的。这就是教育的原则和方法。那么，所说的培养之道又是什么呢？就是用财富来充裕他们，用礼制来约束他们，用法律来裁断他们。什么叫用财富来充裕他们呢？

人的本性是，如果财富不足，就会贪婪卑鄙、苟且得利，什么事都做得出来。先王深知这一点，所以制定的俸禄制度，即使是普通官员，他们的俸禄也足够代替他们的耕种收入了。以此类推，每升一级，俸禄都有所增加，使他们能够保持廉洁的操守，远离贪婪卑鄙的行为。然而，先王们还觉得不够，又进一步推广他们的俸禄制度，使其惠及子孙后代，这被称为“世禄”，以保障他们的一生。这样一来，他们在世时，对于赡养父母、兄弟、妻子，以及处理婚姻、朋友之间的关系都毫无遗憾；他们去世后，子孙后代也不必为生活担忧。那么，用礼制来约束他们又是什么意思呢？如果人们的财富充足却不用礼制来节制，就会放纵邪念、奢侈无度，什么坏事都可能做出来。先王们深知这一点，所以制定了关于婚姻、丧葬、祭祀、供养、宴饮等方面的礼仪制度，以及关于服饰、饮食、器皿等日常用品的规格标准，都用礼制规定的数量来作为节制，并用法律、度量衡的标准来统一执行。如果按礼制规定可以做但财力不足，那就不要做；如果财力足够但礼制规定不能做，那就一丝一毫也不能增加。用法律来裁断又是什么意思呢？先王们对于天下的士人，用道义和技艺来教育他们，如果不遵守教育，就用流放或终身不得录用等法律手段来对待；用礼制来约束他们，如果不遵守礼制，就用流放或处死的法律手段来对待。《礼记·王制》中说：“改变服饰的人，他们的君主会流放他们。”《尚书·酒诰》中说：“如果有人报告说，有人聚众饮酒，你不要放纵，要把他们全部捉拿归案送回周都，我将处死他们。”聚众饮酒、改变服饰，这些都是小罪，流放或处死却是重刑。先王们对于用小罪施以重刑的做法，内心虽然不忍但毫不迟疑，因为他们认为不这样做就不足以统一天下的风俗，实现他们的治理目标。用礼制来约束，用法律来裁断，天下人之所以服从而没有抵触冒犯，这不仅仅是因为禁令严格、治理严密所能达到的，更是因为先王们以至诚之心、恳切之情身体力行，为天下人树立了榜样。那些在身边侍奉且地位显贵的人都顺从君主的意愿并付诸实践，如果有谁不遵从，那么法律的制裁就会从这个人开始。君主以至诚之心来推行这些制度，而显贵之人也都知道避开君主所厌恶的行为，这样一来，天下不用惩罚就能自觉守规矩的人就会很多。这就是培养人才的方法。

那么，所说的选拔人才的方法又是什么呢？先王选拔人才，一定是在乡野和学校里进行，让众人推举他们认为贤能的人，并将名单上报给君主进行考察。确认确实是贤能之人，然后根据他们的品德大小和才能高低来任命官职。所说的考察，并不是单凭君主的耳目之聪，只听信一个人的说法，而是要通过他们的行为来审察他们的品德，通过他们的言辞来审察他们的才能。审查他们的言行之后，再用具体的事情来考验他们。所以说，考察人才，就是用具体的事情来检验他们。即便是尧帝任用舜帝，也不过是这样做的，更何况其他人呢？九州之大，四海之远，官员数量众多，所需要的人才数量庞大，拥有天下的人不可能一一亲自考察他们，也不可能只依赖一个人让他们在一两天之内就试出他们的能力和品行，然后决定升降。我们已经能够识别出那些才能和品行出众的人，并让他们担任大官。接着，我们再让他们去选拔同类的人才，经过长时间的考验，将那些有能力的人上报给君主，然后君主根据他们的能力和贡献给予相应的爵位和俸禄。这就是选拔人才的方法。

任用人才的方法又是什么呢？人的才能和品德，有高有低，有厚有薄，他们适合担任的职务也各不相同。先王们深知这一点，所以让懂得种田的人管理农业，让懂得工艺制作的人管理工业，让那些品德高尚且才能出众的人担任长官，而那些品德稍差且才能一般的人则担任辅佐之职。又因为他们在职时间长久，上司就会习惯并了解他们的工作，下属也会服从并接受他们的教导。有才能的人可以把事情做成功，而没有才能的人的过失也会显露出来。所以，长久地任用他们，并用考核政绩的方法来管理他们，这样做的话，那些有智慧和才能的人就可以尽情施展才智来建功立业，不用担心事情做不完或者功劳无法达成。而那些偷懒、苟且的人，虽然想暂时讨好上司，但考虑到之后的惩罚和羞辱又怎么敢不努力呢？至于那些无能的人，他们自然知道应该推辞和避开，因为他们深知，在职位上任职时间越久，如果不能胜任，就越难逃脱罪责，所以他们根本不敢贸然上任，更不用说那些勾结、谗言、争权夺利的人了。选拔人才既已详尽，任用人才既已得当，任职时间既已长久，到了真正任用他们的时候，又给予他们充分的信任和自主权，而不是一味地用法律条文来束缚他们，让他们能够按照自己的意愿行事，尧、舜之所以能够妥善管理百官并使各类工匠欣欣向荣，就是依靠这样的方法。《尚书·尧典》中说："每三年考核一次政绩，经过三次考核后，根据成绩升降官员，使昏庸与贤明各得其所。"说的就是这个意思。然而，在尧、舜的时代，我们听到过他们罢免官员的例子，那就是所谓的"四凶"；而他们提拔的官员，如皋陶、稷、契等，都是终身担任一个官职而没有调动。这里所说的"提拔"，只是给他们加官进爵、增加俸禄而已，这就是任用人才的方法。教育、培养、选拔和任用人才的方法如果都能像这样做到位，而且当时的君主又能与大臣们齐心协力，尽心尽力、真诚地思考并践行这些方法，那么这些大臣们就会毫无疑虑地为国家效力，对于天下国家的事务，他们想要做什么就能够做成什么。

梁按：王安石所提到的应当重视教育、官员应当长期任职等观点，稍微懂得治国之道的人大概都不会提出异议，无需进一步阐述。唯独他在谈论用法律来裁断时，提到对小罪施以重刑，这可能会让一些人怀疑他是过于急切地采用了申不害和商鞅的法治思想，也和政治的基本原理差别很大。国家与人民之间，存在命令与服从的关系，国家的统治权是至高无上且不可抗拒的，这不仅仅在专制国家如此，在立宪国家也同样如此。如果某项政策不可行，那就不要制定成法令；但如果已经制定成法令却又可以不执行，那就是对国家神圣性的亵渎。后来，元祐年间的那些君子，因为阻挠新法而被贬谪调动，他们对王安石积怨已久，愤怒难平。但他们是否想过，管仲在治理齐国时也曾说："擅自修改法令的人，处死；擅自增加法令的人，处死；不执行法令的人，处死；扣留法令的人，处死；不服从法令的人，处死。"王安石之所以失败，正是因为他过于宽纵，没有能够践行管仲的这些话罢了。

如今，虽然州县都设有学校，但那些学校只不过是个空壳子，并没有真正承担起教育培养人才的职责。只有太学设有教育官员，但这些官员的选拔也并不严格。朝廷的礼乐、刑法、政务等事务，并没有在学校里进行传授。学者们也漠不关心，认为这些都是有关部门的职责，与自己无关。学校的教学内容，仅仅是讲解经文的章句而已。这种讲解章句的方式，显然不是古代教育人的正确方法。近年来，学校开始教授考试所需的文章，但这类文章如果不花大力气去广泛诵读、刻苦学习，是无法精通的。然而，即便能写得一手好文章，大的方面不能用来治理国家，小的方面也不能满足国家实际工作的需要。因此，即便有人在学校里苦读到白头，费尽心力去遵循上面的教育要求，等到让他们从政时，却往往茫然不知所措，这样的人到处都是。现在的教育，不仅不能培养人才，反而还在摧残、毁灭人才，使那些原本有可能成才的人无法成才，这是为什么呢？人的才能，是在专注中培养起来的，而在杂乱无章中会被毁掉。所以，先王们根据人们的才能，把工匠安置在官府中，把农民安置在田野里，把商人安置在店铺中，而把读书人安置在学校里，让每个人专注于自己的职业，不让他们接触其他领域的事物，是担心这些异物会损害他们的专业。对于读书人，不仅仅是不让他们接触其他领域的事物那么简单，还要向他们传授先王的治国之道，而那些诸子百家的不同学说都要被摒弃，使得谁也不敢去学习。现在读书人应该学习的，是对治理国家有用的知识，现在却全部被搁置不教，反而教他们写考试用的文章，让他们耗费精力、疲惫不堪地整天忙于这些。等到他们被任命为官时，却又把这些知识全部搁置一边，要求他们处理国家的事务。古代的人，整天专注于国家的事务，尚且有人有能力，有人没有能力。现在却把人们的精神和时间都转移到这些无用的学问上，等到需要他们处理事务时，才突然要求他们为国家所用，难怪能够有所作为的人才这么少啊。所以我说，现在的教育不仅不能培养人才，反而还在摧残、毁灭人才，使他们无法成才。

梁按：后来的评论家，有的人把八股文取士的源头归咎于王安石，并因此给他定罪，这实在是太冤枉王安石了！王安石明确表示，培养人才必须在学校里进行，他的话说得如此明白。在他执政初期，还没有废除科举考试，这是因为当时学校还没有普及，这是形势所迫，不得不这样做。关于这一点，我下面会进一步论述。

更糟糕的是，在先王的时代，士人们学习的是文武之道。他们的才能，有的可以担任公卿大夫，有的只能做一般的官吏，才能的大小和适合与否是有所区别的。但说到武事，无论才能大小，都是必须学习的。因此，那些才能出众的人，在朝中可担任中央六部的官职，在外则可成为军队的将领。次一等的，也可成为邻里乡党的教师，或者是统率百人的小队长。所以，守卫边疆和保卫宫廷这些重任，都是由士大夫来承担的，小人无法插足其中。现在的学者们却认为文武是两回事，他们只知道治理文事，至于守卫边疆和保卫宫廷这样的重任，就推给那些军人了，而那些军人往往是天下间奸诈强悍、无赖之人，只要他们的品行和能力能在乡里站稳脚跟，也没有谁愿意离开亲人去应召入伍。守卫边疆和保卫宫廷可是天下的重任，是君主应该慎重对待的。所以，古人教士人以射箭驾车为当务之急，其他的技能则根据他们各自的才能和兴趣来教授，不能勉强。至于射箭，这是男子汉的事情，除非有疾病缠身，否则没有谁是不学的。在学校里，固然要练习射箭，有宾客来访就举行射箭礼仪，有祭祀活动也通过射箭来表达敬意，辨别士人的品行和才能也通过射箭来考验。在礼乐活动中，射箭也常常融入其中，从未脱离过礼乐和祭祀的场合。《易经·系辞下》中说："弓箭的威力可以威震天下。"先王们难道认为射箭只是用来练习揖让的礼仪吗？他们当然知道射箭是武事中最为重要的一项，是威震天下、守卫国家的工具。平时用它来练习礼乐，战时则用它来征战沙场。如果士人们每天都能练习射箭，并且擅长射箭的人很多，那么守卫边疆和保卫宫廷的职位就可以从中择优选拔了。士人们曾经学习过先王之道，他们的品行和道义在乡党中得到了推崇，然后再根据他们的才能，委托他们守卫边疆和保卫宫廷的重任。这就是古代君主把武器交给士人而无需担心内外忧患的原因。然而，现在把守卫边疆和保卫宫廷这样君主应该慎重抉择的重任，交给了那些奸诈强悍、品行和能力都不足以在乡里立足的人，这就是现在常常担忧边疆安全，怀疑宫廷宿卫不足以依靠来确保国家安宁的原因。现在谁不知道守卫边疆和保卫宫廷的士兵不足以依靠来确保安全呢？但是考虑到天下的学士都以拿武器为耻，并且也没有人懂得骑马射箭、行军打仗，那么除了招募的士兵，还有谁能胜任这些任务呢？如果不严格教育、提高选拔标准，那么士人们以拿武器为耻，并且没有能骑马射箭、行军打仗的能力，就是理所当然的了。所有这些都是因为教育的方法不正确。

梁按：王安石坚持的是全民皆兵的理念，当今世界无论是东方还是西方的国家，没有不通过这条路走向强大的，而我国从秦汉到现在已经两千年了，之前的人和之后的人都没能看到并理解这一点。而且，他引导国民崇尚武勇的方式，一定是通过学校，这与现在学校特别强调体育的做法，又是多么地不谋而合啊。中国轻视士兵的情况已经很久了，从宋朝以来，这种轻视更加严重。在募兵制度下，想让士兵不被轻视，这就像是要去北方燕国却往南驾车一样。王安石所说的，把天下的重任交给那些奸诈强悍、无赖且品行才能都不足以在乡里立足的人，而天下的读书人又以拿武器为耻，这种情况现在和过去没有区别。世上如果没有王安石这样的人，那么要一下子清除这个长久存在的弊病，还不知道要等到哪一天呢。

现在官员的俸禄，大体上都很少。如果不是朝廷侍从这类高官，家里人口稍微多一些的，没有不兼营农商之业来补贴家用的。至于下面州县的小官吏，一个月的收入，多的有八九千钱，少的只有四五千钱。那些等待补缺的候补官员，往往要等上六七年才能得到三年的俸禄，这样算下来，一个月实际收入根本不到四五千钱，少的甚至只有三四千钱。即使是个仆役，这样的收入也显得捉襟见肘，而他们还要靠这些钱来养家糊口、办理婚丧嫁娶等大事。那些才能超出一般人之上的人，即使生活贫困也不会失去君子的操守；才能低于一般人的人，即使生活富足也不会成为君子，只会是小人；只有那些才能处于一般人水平的人不是这样，他们穷困时就成了小人，得志时就成了君子。我想全天下的读书人，才能超出或低于一般人水平的，千百个人里面也挑不出一两个，而穷困时是小人、得志时是君子的人，则到处都是。先王认为，不能强制要求大多数人做到什么，所以行为规范不是以自己的标准而是以一般人的标准来制定，这是为了顺应人们的欲望并用有利于道德的方式来引导他们。因为一般人能做到，那么这种道德规范就可以在全国推行，并能流传到后世。按照现在的俸禄制度，却想让官员们不丧失廉耻之心，这大概是连一般人都做不到的。所以，现在官职大的人往往通过行贿受贿、聚敛财产来背负贪污的恶名；官职小的人，则无所不为，贩卖、乞讨什么都干。读书人既然已经因为丧失廉耻而在社会上背负了恶名，那么他们就会产生苟且偷安、取悦他人的念头，自尊自强之心就会消失，这样一来，他们的工作怎么会不松懈，国家的治理又怎么能兴盛呢？更何况那些违法乱纪、收受贿赂、侵害百姓的人到处都是，这就是我所说的不能在经济上给予他们足够的支持的后果。

关于婚丧嫁娶、供养长辈、日常服饰和器用物品等方面，都没有制定制度来加以节制，而社会上以奢侈为荣，以节俭为耻。只要财力允许，就没有什么是不可以做的。官府既不禁止，人们又以此为荣，如果财力不足而不能符合世俗的流行标准，那么在婚丧嫁娶的时候，往往会在家族和亲戚中得罪人，被人视为耻辱。因此，富有的人贪婪无度，不知道节制；贫穷的人则勉强自己，尽力去追求这些，这就是读书人陷入重重困境、廉耻之心被毁的原因。所有这些，都是我所说的不能用礼制来约束他们的后果。现在陛下亲自践行节俭来率领天下人，这是陛下身边的显贵大臣们亲眼所见的。然而，在陛下的宫廷之内，有些人奢侈无度、没有节制，做了陛下所厌恶的事情，损害了天下的教化，有的人做得非常过分，却没有听说朝廷对他们进行贬谪或罢免来向天下人表明态度。

从前，周朝人拘捕聚众饮酒的人，并对他们施以死刑，是因为他们认为酒喝多了就会产生祸害，导致很多人死亡，所以严厉禁止这种祸害产生。这样做了之后，他的刑罚虽很简单，但人们陷入祸败的情况很少。现在朝廷的法律，特别严厉的唯独是对贪官污吏的惩罚。严厉禁止贪官污吏，但对奢侈靡费的行为放松了限制，这就是所说的禁止了事情的末端，却放松了事情的根本。然而，世上那些秉持正义的人认为，如今官员数量过多，朝廷的财政已经不足以供养他们，这实在是不通情理的。现在的官员数量确实过多，但是与前世设置的官员数量相比很少，而且俸禄又如此微薄，所以财政不足，大概也是有原因的，官员的俸禄哪里值得计较呢？我对于财政管理确实没有专门学过，但是私下里我也观察过前世管理财政的大概方法。那就是依据天下的力量来创造天下的财富，收取天下的财富来供给天下的开支。自古以来，治理得好的时代，从来没有把财富不足作为天下的共同忧患，忧患在于管理财政没有正确的方法罢了。如今天下没有战乱，百姓安居乐业，每个人都尽力创造财富，为何公家和私家都因为贫困而忧虑呢？大概是因为没有找到正确的方法来管理财政，而且有关部门不能根据时代的需要而变通吧。如果真能按照正确的方法来管理财政并变通应对，即使我愚钝，也知道增加官员的俸禄不足以损害国家的经费。

梁按：孔子曾说，优厚的俸禄是用来勉励士人的，后世讨论政事的人，大概也都明白这是当务之急。然而，有人对此提出异议，其中一个观点就是增加官吏的俸禄会损害国家的经费。这一点，王安石已经辩解过了。王安石关于财政的见解，在此次上疏中并没有谈到，但是他说的“依据天下的力量来创造天下的财富，收取天下的财富来供给天下的开支”，这就是财政学的基本原理，在这里已经体现得很清楚了。古今中外，无论哪个国家，无论哪个时代，官员的俸禄在国家总支出中所占的比例，通常不过百分之三四而已。如果理财得当，那么即使按照比例增加这百分之三四的俸禄，又怎么会对国家财政造成困扰呢？如果理财不得当，那么即使把这百分之三四的俸禄都裁减掉，又怎么能解决国家财政的枯竭问题呢？王安石所说的“增加官吏的俸禄不足以损害国家的经费”，确实是懂得治理国家的人才会说的话。还有一种说法是，即使俸禄增加了，也不足以止住贪腐。那些大肆收受贿赂、扰乱官场秩序的人，并不是俸禄微薄的人，而是俸禄丰厚的人。这种说法，从当今的军机大臣、总督巡抚，以及那些享受优厚待遇的官员身上可以得到验证，我似乎无法对此提出反驳。尽管如此，如果仅仅提高官员的俸禄而没有相应的法度来监督和约束他们，那么确实就像评论者所说的那样，提高俸禄也无法阻止贪腐。因此，王安石在提出增加官员俸禄的同时，也强调了要用礼制来约束他们，用法律来制裁他们。然而，如果仅仅有监督和约束的法度，而国库中的钱财不足以供养他们，那么这些法度也只是徒有虚名而已。如果有一个好的法令或美好的意图，那么必然会有其他相应的好的法令或意图来与之相配合。如果割裂开来，不成体系，那么即使像锦绣一样美丽，也不过像天吴一样罢了。就我国近年来增加部分官员俸禄的情况来看，不仅不足以损害国家的经费，反而加剧了人们为了争夺利益而奔走钻营的风气，使得人心和世风日渐败坏。然而，王安石难道说错了吗？

梁又按：警戒奢侈浪费，自古以来就是一条不变的训诫。然而近代有些人看到现在的欧美国家奢侈之风盛行，国家和民众却越来越富裕，就认为奢侈不是坏事。啊，这种看法真是太荒谬了！一个国家的经济，必须先有母财富（基础财富），然后才能在此基础上增殖出子财富（派生财富）。而奢侈就是侵蚀这些财富，使它们无法成为母财富的原因。所以，奢侈是亡国之道。现在的欧美国家是因为富裕才开始奢侈，而不是因为奢侈才变得富裕。然而，就像杜甫所说的“朱门酒肉臭，路有冻死骨”，在这些国家中，虽然大多数人生活富裕，但也有很多人生活在贫困之中，他们的贫困正是被那些奢侈的人剥削所致。因此，社会问题成了当今欧美国家的一大隐患，其未来的分裂和动荡难以预料。现在，稍微有点见识的人，无不为此感到担忧。为什么还要说“奢侈不是问题”呢？王安石的主张，是想要立法来惩罚奢侈行为，这件事固然难以实行，但他的意图中确实有值得采纳的地方。

如今法律严明，法令详尽，用来网罗天下士人的手段可以说是非常严密了。但是，我们是否曾经用道义和技艺来教导他们，并准备了对不遵从教导的人施以刑罚呢？我们是否曾经用制度来约束他们，并准备了对不遵守制度的人施以刑罚呢？我们是否曾经赋予他们职责和任务，并准备了对不履行职责的人施以刑罚呢？如果不先用道义和技艺来教导他们，那么确实不能惩罚那些不遵从教导的人；如果不先用制度来约束他们，那么确实不能惩罚那些不遵守制度的人；如果不先赋予他们职责和任务，那么确实不能惩罚那些不履行职责的人。这三点，是先王的法律中特别重视的。如今，对于这三点，我们都不能对他们进行惩罚，而对于那些微不足道的小事，虽然不是治理国家的当务之急，却制定了法禁，而且每个月、每年都在变化。因此，官吏们要记的法令多得数不胜数，又怎么能一一避开而不触犯呢？这就是法令被轻视而无法执行的原因。小人往往能侥幸逃脱，而君子可能不幸受到牵连，这就是所说的不能用刑罚来制裁他们。所有这些，都是治理国家的方法不正确所导致的。

梁按：官僚政治真的能被称为良好的政治制度吗？这个问题我不敢轻易回答。然而近代以来，自从施泰因在普鲁士实行官僚政治并取得了显著成效，俾斯麦接着在德意志推广并获得了更大的成功，各国开始逐渐对它表示羡慕。而在中国，两千年来除了官僚政治，几乎没有其他形式的政治。但官僚政治的弊端已经如此明显，难道官僚政治就绝对不可行吗？施泰因在治理普鲁士时，对官僚们的训练和监督就像将领训练和监督士兵一样严格。因此，官僚们展现出了整齐严肃的风气，并达到了如同手臂和手指般灵活使唤的效果。整齐严肃，这是官僚政治的特长，但要达到这种效果必须有一定的方法，王安石是深知这一点的。

如今选拔人才的标准，主要是看一个人能否强记博诵，对文辞稍有了解，这样的人就被称为茂才异等或贤良方正。而茂才异等和贤良方正，是选拔公卿的重要人选。另外，如果一个人的记忆力不一定很强，诵读的书籍也不一定广博，但只要对文辞稍有了解，并且学过一些诗赋，那他就可以被称为进士。进士中出类拔萃的，同样也是选拔公卿的候选人。然而，这两种科目所考查的技能，其实并不足以胜任公卿之职，这是不言而喻的。但世上的议论者认为，我们一直以来都是按照这样的标准来选拔天下的人才，而那些能够担任公卿的人才也往往出自这些科目，因此不必效仿古人选拔人才的方法也能得到贤才。这种说法实在是太荒谬了，他们被表面的现象迷惑，没有看清事物的本质。在先王的时代，尽管已经竭尽所能地采用各种方法来选拔人才，但仍然担心贤才难以被选拔出来，同时也担心不肖之徒会混杂其中。然而如今，我们却完全废弃了先王选拔人才的方法，驱使天下的人才都去追求成为贤良进士。这样一来，那些本来有才能担任公卿的人，固然有可能成为贤良进士；但贤良进士中，有时也能够选拔出有才能担任公卿的人。然而，现实是那些不肖之徒只要稍微懂得一些雕虫小技、篆刻之学，就能凭借这些晋升到公卿的高位；而那些本来有才能担任公卿的人，因为困于那些无用的学问，无法施展自己的才华，反而因此被贬谪、死于山野，这种情况大概占了十分之八九。古代那些拥有天下的人，他们在选拔人才时，主要关注的是公卿这一级别的官员。一旦公卿的位置找到了合适的人选，他们就会让这些公卿去推荐与他们类似的人才聚集到朝廷中，这样一来，朝廷的各个部门和各项事务就都能找到合适的人才来管理了。然而，如果让一些不贤能的人侥幸晋升到公卿的职位，再由他们推荐类似的人聚集到朝廷，这就是朝廷中会有那么多不贤能之人的原因。这样一来，即使有贤能智慧的人也往往因为得不到帮助而难以施展自己的抱负。再者，如果公卿本身不贤能，他们还推荐类似的人聚集到朝廷，那么朝廷也会变得不贤能。接着，这些不贤能的朝廷官员又会去推荐他们同类的人去担任各地的官职。这样一来，即使朝廷有对犯罪官员进行连带惩罚的制度，又怎么能靠得住呢？这种制度只不过是为那些不贤能的人提供了保护伞而已。接下来是九经、五经、学究、明法等科举考试。朝廷本来就已经觉得这些科目对于社会的实际用处不大，因此开始要求考生掌握一些大义。然而，这些大义所涵盖的内容并没有比以前的科举考试更好。现在，朝廷又开设了明经科来选拔精通经学的人才。然而，明经科的选拔标准也只不过是那些能够背诵经文并稍微懂得一些文辞的人就能通过。至于那些真正通晓先王思想并能够将其应用于国家治理的人才，反而未必能通过这种选拔。除此之外，还有一些因为恩泽而得到官职的子弟，他们在学校里没有接受过道德和技艺的教育，官府也没有考核过他们的才能，父兄也没有担保过他们的品行，朝廷却直接授予他们官职，并让他们担任要职。武王在列举商纣王的罪行时，提到了“官人以世”，也就是按照世袭的方式任命官员，而不考虑他们的才能和品行。这正是商纣王导致国家混乱和灭亡的原因，也是治理国家时所不应该采取的做法。

再往下说，有一种叫作“流外”的官员，朝廷已经将他们排除在正人君子之外，限制了他们的晋升通道。然而，还是让他们去管理州县的事务，站在百姓之上，这难道就是我们所说的用贤能的人来治理不贤的人吗？就我所了解和接触到的范围，在一路数千里的区域内，州县官员中出自“流外”的，确实存在不少，但能够真正担当起职责、值得信赖的，几乎寥寥无几。大多数倒要防范他们做坏事。在古代，人们有贤能和不贤能的区分，但没有流品的差别。所以，像孔子这样的圣人也曾担任过季氏的家臣，但并不妨碍他后来成为公卿。可到了后世，有了流品的差别，那些处于“流外”的人，他们从一开始就把自己置于廉耻之外，没有高人一等的心志。考虑到近代风俗的颓靡，即使是那些有才能的士大夫，原本有足够的势力去进取，朝廷也曾用礼义来嘉奖他们，但在晚年或仕途的末尾，他们往往也会因为诱惑而走上邪路。更何况那些从一开始就没有高人一等的心志，而朝廷又已经将他们排斥在廉耻之外、限制他们晋升通道的人呢？他们在管理百姓、履行职责时，放纵邪僻、奢侈无度也是理所当然的。至于边疆守卫和宫廷宿卫的人选，我之前已经说过他们的选拔存在问题了。所有这些都说明，官员的选拔并没有遵循正确的道路。

梁按：王安石坚决反对和排斥科举考试选拔官员的制度。阅读了他的《上仁宗皇帝言事书》后，我们就能明白他为什么会这样了。后来，虽然考试内容从诗赋变为了经义，但这只是为了解决当时的问题而采取的临时措施，并不是长久之计。熙宁初年，王安石在《乞改科条制札子》中说道：“自古以来，选拔官员都是基于学校教育，所以道德观念在上层得到统一，良好的习俗在下层形成，这样选拔出来的人才都能在社会上有所作为。然而，自从先王的恩泽消失后，教育培养的方法就失去了根基，士人虽然有美好的资质，却没有学校的老师和同学的帮助来成就他们，这是议论者们所担忧的。现在想要恢复古代的制度来革除这个弊端，却担心变化太大而难以实施，所以应该先废除那些注重声韵、对偶等形式的文章，让学者们能够专心研究经义，等待朝廷建立学校，研究并实行夏商周三代的教育和选拔官员的方法，然后推广到全国。”把这两篇文章结合起来读，王安石的想法不就显而易见了吗？然而后世常常把八股文毒害天下士人的罪名归咎于王安石，这是多么冤枉啊！

现在选拔人才既不走正道，任用人才时又不考虑他们的品德是否适合，而是看重他们做官的先后；不评判他们的才能是否称职，而是看他们担任过什么职位。那些因为文学才华而被提拔的人，却让他们去管理财务；已经让他们管理财务了，又转而让他们去掌管司法；已经让他们掌管司法了，又让他们去负责礼仪。这样，一个人要身兼百职，难怪人才难以找到。如果要求人们去做他们难以做到的事，那么人们能做到的事情就很少了；人们能做到的事情少了，就会相继选择不去做。所以，让负责礼仪的人去管理礼仪，他们并不担心自己不懂礼仪，因为现在负责礼仪的人根本没有学过礼仪。让负责司法的人去掌管司法，他们也不以不懂司法为耻，因为现在负责司法的人也没有学过司法。天下的人，由于长期受到缺乏教育的熏陶，被旧习俗束缚，看到朝廷任用的人不符合资历顺序，就会私下议论和讥笑。至于任用的人不符合他们的才能，却没有人去指责。而且，在位的人经常调动，不能长久地担任同一官职。所以，上面的人不能习惯并了解所任职务的事务，下面的人也不肯驯服地接受并安于所受的教诲。有才能的人无法完成他们的功绩，没有才能的人也无法显露出他们的毛病和缺点。至于迎新送旧的劳累，以及因交接而出现的文书混乱等弊端，更是其中很小的害处，不用一一列举。设置官职时，大多数情况下都应该让官员在其职位上任职较长时间，特别是对于那些管辖范围广泛、职责重大的职位，更应该让官员长期任职，这样才能期望他们有所作为。然而，现在的情况是官员很难长期任职，往往刚上任几天就被调走了。

选拔人才时不详细考察，任用他们时不得当，安排给他们的职务任职时间又不长，安排给他们的工作又很零碎，而且还用各种法规来束缚他们，使他们无法按照自己的意愿行事。因此，我深知现在在职的官员很多都不适合他们的职位，如果稍微给他们一些权力，而不一一用法规来束缚他们，他们就可能放纵自己，无所不为。如此来看，如果在职的官员都不称职，而仅仅依靠法律来治理国家，从古至今，还没有能够治理好的例子。即使在职的官员都称职，但如果一一用法规来束缚他们，使他们无法按照自己的意愿行事，那么从古至今，也没有能够治理好的例子。如果选拔时不详细考察，任用时不得当，安排给他们的职务任职时间又不长，安排给他们的工作又很零碎，，再加上用法规来束缚，那么即使贤能的官员在位，有能力的人在职，他们与那些不贤能、没有能力的人也没有什么区别。正因如此，所以朝廷即便明知某人的贤能足以胜任某项工作，但如果他的资历和顺序不符合规定，就不会让他去负责这项工作，更不会轻易提拔他。即使提拔了他，士人们还是不会心悦诚服。同样地，朝廷明知某人无能又不贤良，但只要不是因为有罪被在职者弹劾，也不敢因为他不能胜任而轻易罢免他。即使罢免了他，士人们还是不会心服口服。那些确实不贤良又无能的人，士人们为什么还是不服呢？这是因为所谓贤能的人负责工作时，与那些不贤良又无能的人并没有太大的区别。我之前提到的不能根据人的能力来安排职位，并且没有对不称职的人进行惩罚，指的就是这种情况。

教育、培养、选拔和任用人才，如果其中有一个环节做得不对，就足以毁掉天下的人才，更何况现在这四个环节都存在问题呢？这样一来，朝廷中不称职、马虎、贪婪、卑鄙的人多到数不胜数，而民间巷陌中也缺少可用之才，这就不足为奇了。《诗经·小雅·小旻》中说："国家虽大，但有的人圣明，有的人愚昧。人民虽多，但有的人明智，有的人有谋略，有的人严肃，有的人勤勉。就像那流淌的泉水，不会全部沉沦败坏。"就是对现在这种情况的描述啊。

梁按：这些话所描述的情况为什么与今天的官僚社会状况简直没有丝毫差别呢？以前有个西方人读了马可·波罗的游记，他看到书中绘制的罗盘针图样，说这个东西是中国发明的，被欧洲人学了过去，而且欧洲现在使用的罗盘针样式已经比马可·波罗游记中描绘的精细了上百倍。他猜想，既然是中国发明的，那么在中国，经过数百年的发展，这种罗盘针的改良程度应该更是难以想象。于是，他到中国游览时特意到市场上去买了一具罗盘针，结果一看，竟然与马可·波罗游记中描绘的一模一样，没有丝毫差别。他因此感到非常失望，怅然离去。我观察今天的政治状况，不禁对王安石的文章产生了深深的感慨。

不仅朝廷中缺乏人才，就连民间也很少有可用之才。这样的话，不仅仅是实行先王的政策难以实现，就连国家的安危、边疆的守卫都成问题，陛下您还能长久地依赖上天的好运而没有一丝担忧吗？汉朝的张角率领三十六万人在同一天起义，各地的郡县官府竟然没有一个能察觉到他们的阴谋；唐朝的黄巢更是横行天下，所到之处，将领官吏们没有一个敢站出来与他对抗。汉朝和唐朝的灭亡，就是从这样的祸乱开始的。唐朝灭亡后，局势逐渐衰落到五代时期，武将们掌握大权，贤能的人只能隐藏起来，被压抑而得不到重用，朝廷上下再也没有人懂得君臣之义、上下之礼了。在那个时候，改朝换代就像下棋换子一样频繁。老百姓们肝脑涂地，能够幸免于难、不死在沟壑中的已经所剩无几了！人才缺乏的危害，大概就是如此吧。如今这些公卿大夫却没有人肯为陛下的长远考虑，为国家的千秋万代着想，我对此感到非常困惑。以前，晋武帝只图眼前利益，不考虑子孙后代的长远之计，当时在位的大臣们也都苟且迎合，以求自保，导致社会风气败坏到了极点。抛弃了礼义，丢弃了法制，上下都失去了准则，却没有人认为这是错误的。有识之士早就预料到国家必将陷入混乱。而后来，果然国内大乱，中原地区被外族统治了二百多年。我想，历代祖宗的神灵将国家托付给陛下，原本是希望国家能够世代祭祀不断，永远庇护百姓。我恳请陛下借鉴汉、唐、五代之所以混乱灭亡的教训，警惕晋武帝苟且因循导致的祸患，明确诏告大臣们，思考如何培养天下的人才。要用智谋去考虑，用策略去筹划，循序渐进地实施，期望能够符合当今时代的变革，同时不辜负先王的意愿。这样，天下的人才就会用之不竭。人才用之不竭，那么陛下还有什么需求不能满足，什么愿望不能实现呢？

梁按：文章的言辞恳切直率且情感沉痛，到这种程度已经无以复加了！在国家上下都沉醉于太平盛世的假象中时，王安石却敢于说出这样毫无忌讳的言论，虽然前有贾谊痛哭流涕地进谏，又怎能超过王安石呢？只可惜仁宗皇帝没有醒悟啊！

如果用智谋去考虑，用策略去筹划，循序渐进地实施，那么培养天下的人才就会非常容易。我当初读《孟子》时，看到孟子说实行王道政治很容易，心里就认为确实是这样。但当我看到孟子与慎子讨论齐鲁两国的领土问题时，孟子认为先王分封的诸侯国大多不超过百里，他认为现在如果有王者兴起，那么凡是诸侯的领地，不论是千里还是五百里，都将被削减到只剩下几十上百里才停止。这时我就对孟子的话产生了怀疑，即便孟子非常贤能，他的仁爱和智慧足以统一天下，又怎么能不用武力胁迫，就让那些拥有数百上千里的强国一下子愿意割舍掉自己八九成的领土呢？与先王时期的诸侯相比，这简直是天方夜谭。但后来，我看到汉武帝采纳主父偃的策略，让诸侯王将自己的领地分封给子弟，并由皇帝亲自确定他们的封号和名字，使他们分别隶属于汉朝。这样一来，诸侯王的子弟们各自有了封地，而那些原本势力强大、领土广阔的诸侯国，最终也因为分封而逐渐变得弱小。这时我才明白，如果用智谋去考虑，用策略去筹划，循序渐进地实施，那么大的国家确实可以变小，强大的势力确实可以变弱，而不会导致国家颠覆、社会动荡、衰败受伤的局面。孟子的话其实并不过分，更何况现在如果想要进行改革变更，其形势并不像孟子所说的那么难。因此，我说：如果用智谋去考虑，用策略去筹划，循序渐进地实施，那么做起来其实非常容易。

然而，先王治理天下时，不担心人们不愿意去做，而是担心人们没有能力去做；不担心人们没有能力，而是担心自己不够勤勉努力。为什么说“不担心人们不愿意去做，而是担心人们没有能力去做”呢？因为人们内心所渴望得到的，是善行、美名、尊贵的爵位和丰厚的利益。先王能够用这些来激励天下的士人，而天下的士人如果能够遵循这些原则来治理国家，先王就会把他们所渴望得到的东西都给予他们。如果士人没有能力做到，那也就罢了；但如果他们有能力，又有谁愿意放弃自己所渴望得到的东西，而不去努力成为有用之才呢？所以说，先王不担心人们不愿意去做，而是担心他们没有能力去做。为什么说“不担心人们没有能力，而是担心自己不够勤勉努力”呢？因为先王制定的法则，用来对待人们的方式已经尽善尽美，除非是那种极其愚笨、无法改变的人，否则没有谁不能达到这些要求。然而，如果先王没有用至诚恻怛之心去力行这些法则，并率先垂范，那么也就没有谁能够用至诚恻怛之心去响应并实行这些法则了。所以说，先王不担心人们没有能力，而是担心自己不够勤勉努力。陛下如果真的有意成就天下的人才，那么我希望陛下能够勤勉努力就是了。

我又观察到，朝廷以前想要有所作为、进行改革时，一开始对利弊的考虑往往不是非常周全的。只是总有一些随波逐流、心存侥幸的人，他们不高兴就会反对，于是改革就因此停止，不敢再进行下去。一旦法度确立，就没有人能独自侥幸地获得好处，所以先王的政策虽然足以造福天下，但在他们接手那些已经弊病丛生、人们习惯于侥幸取巧的时代，创立新法新制，无不是历经艰难。如果创立新法新制时，天下那些心存侥幸的人也能心悦诚服地追随，没有抵触，那么先王的法度至今也会存在而不会被废除。正是因为创立新法新制如此艰难，而那些心存侥幸的人又不肯心悦诚服地追随，所以古人想要有所作为，无不是先通过征伐诛讨，然后才实现自己的意愿。《诗经·大雅·皇矣》中说：“是伐是肆，是绝是忽，四方以无拂。”这句话说的是周文王先通过征伐诛讨，然后才在天下实现了自己的意愿。先王想要立法度来改变衰败的习俗，成就人才；即使有征伐诛讨的困难，还是忍痛去做，因为他们认为不这样做就无法有所作为。到了孔子时代，他作为一个平民游历于诸侯国之间，每到一处都让那里的君臣舍弃旧习，改变常规，强化弱点，忙忙碌碌，最终还是遭到排挤驱逐。然而孔子也始终不改变自己的主张，认为不这样做就无法有所作为，他所坚守的原则大概与周文王是一致的。在上位的圣人没有谁比得上周文王，在下位的圣人没有谁比得上孔子，而他们想要有所作为、进行改革，经历的事情大概就是这样。如今陛下拥有统一天下的权势，居于先王之位，创立法制并没有征伐诛讨的困难，即使有那些随波逐流、心存侥幸而不高兴的人反对，人数也绝不可能胜过天下心悦诚服的人。只要有一两句随波逐流、心存侥幸之人的不悦之言，就停止改革而不敢进行下去，这是糊涂的行为啊。陛下如果真的有意成就天下的人才，那么我希望您能果断地做出决定。用智谋去考虑，用策略去筹划，循序渐进地实施，再加上勤勉努力去成就，果断地做出决定，如果这样还不能成就天下的人才，那么据我所闻，这样的情况还不曾有过。

梁按：读到这里，就可以明白王安石在此之后执政时，一定会受到世俗流言的牵制和阻挠。王安石早就对此有了充分的准备，他即使经历百般挫折也绝不后悔，这正是他能够践行自己誓言的体现。只可惜仁宗皇帝无法理解到这一层啊！想当初范仲淹执政期间所变革的也不过是两三件事而已，但即便如此，还是不被那些心存侥幸的人所容，仅仅在位三个月就辞官了，由此可见仁宗皇帝的优柔寡断。而王安石呢，即使他的意见不被采纳，也会反复陈说，这不就是孟子所说的“齐国人都比不上我尊敬大王”的执着吗？

然而，我的那些主张是世俗之人所不谈及的。现在的一些议论者认为这些观点过于迂腐且陈旧。我私下观察到，近年来有些士大夫确实想要竭尽全力、倾尽耳目来辅助朝廷，但他们关注的往往只是一些眼前的利害得失，认为只有这些才是当今能够实施的。士大夫们用这样的态度来迎合世俗，而朝廷选拔天下之士的标准也不过如此。至于那些关乎大的伦理原则、法律制度和礼义之道，以及先王们努力学习和坚守的东西，他们却往往无暇顾及。一旦有人提及这些，就会遭到众人的嘲笑，被认为是迂腐的。如今朝廷对眼前的利害得失倾注了极大的心力，在公文法令的字里行间下功夫已经不是一天两天了，其效果如何是显而易见的。那么，对于那些被认为迂腐且陈旧的观点，陛下或许也可以稍微留意并仔细考察一下。

唐太宗贞观初年，各种意见纷至沓来，像封德彝这类人都认为如果不将秦汉的政治制度结合起来，就不足以治理天下。而能够想到先王的事迹并启发唐太宗的，只有魏征一人。他所实施的政策，虽然未能完全符合先王的意愿，但大体上可以说是相吻合的。因此，在短短几年内，天下几乎达到了不用刑罚就能治理的地步，中原地区安宁，蛮夷之族也顺从归服。自从夏、商、周三代以来，还没有出现过如此兴盛的时代。唐太宗初登皇位时，天下的风气还像今天这个时代一样，魏征的话在当时也被认为是迂腐且陈旧的。然而，它的效果却是如此显著。贾谊曾说："现在有人说道德教化不如法令有效，为什么不引用商朝、周朝、秦朝和汉朝的历史来观察呢？"其实，唐太宗的事例也足以让我们观察到这一点了。

我有幸因职务之便回来向陛下报告，自知能力低下，无法称职，但还是敢于谈及国家的大体情况。因为我受到陛下的信任和任用，理应回报，我认为现在朝廷在位的人才不足以满足朝廷的任用之意，而朝廷任用天下之士的方式或许也不合理，导致士人无法充分发挥他们的才能。这也是我职责范围内的事情，也是陛下应该首先了解的。如果我不谈论这些，而只是琐碎地列举一两个利害关系来玷污陛下的智慧，最终对国家并无益处，那就不是我衷心侍奉陛下的本意了。希望陛下能仔细思考并选择其中的合理之处来实施，这将是天下的幸事！

梁按：这篇文章堪称秦汉以后的第一大文。稍微能与它相提并论的，只有汉朝贾谊的《陈政事疏》。然而，贾谊所讲的大部分是君主如何自保其宗庙社稷的计谋，他谈论国家事务和百姓生活时，又往往不探究事情的根本，而是只关注表面现象，哪里像王安石的这篇文章那样胸怀坦荡、大公无私，将天子视为国民的忠仆，并且正本清源，每一点都符合道义呢？李商隐的诗说"公之斯文若元气"，这足以称道王安石的文章了。在此之前，范仲淹写了《答手诏条陈十事》，他引用的《易经》中的"穷则变，变则通，通则久"非常贴切。他认为国家经历了五代时期的战乱，到现在已近八十年，国家的纲纪制度日益受到侵蚀，官员在上层形成阻塞，百姓在下层遭受困苦，不得不进行改革来挽救，他所看到的问题，大概与王安石相同。然而，满朝大臣群起而攻之，仁宗皇帝也无法支持他。这难道仅仅是仁宗皇帝的过错吗？世俗之人往往安于现状，习惯于错误的事物，即使有雷霆万钧的力量，也往往难以改变他们的想法。我曾经读过王安石的《答司马谏议书》，其中说："人们习惯于苟且偷安已经不是一天两天了，士大夫们大多不关心国家大事，只是随波逐流，一味讨好众人以求自保。"从这句话中，我们可以看出当时社会的普遍心理。但为何偏偏要责备仁宗皇帝呢？汉文帝对待贾谊，宋仁宗对待王安石，两者的情况其实非常相似。贾谊没有遇到赏识他的君主，最终抑郁而终，王安石则得到了神宗皇帝的信任和支持，所以贾谊只能以文章传世，而王安石则能够凭借自己的事业留下显赫的功绩。然而，尽管王安石遇到了支持他的神宗皇帝，但他所取得的成就竟然只是这样，之后又有如牛羊一般的人前来随意践踏，因此这些成就就像没了植物的土地一样，裸露无遗，毫无生气了。自从王安石在当时受到指责和非议以来，几百年的时间过去了，到今天也没有人为他辩白清楚。而那些习惯于敷衍了事、不关心国家大事、只会随声附和、取悦大众的人，却受到了世人的称赞和推崇。这样一来，中国就像陷入了漫长的黑夜之中，长达千年之久。王安石变法仅仅留下的这些文献，也只是成了科举考试者用来引用、解读和炫耀的知识素材，真是可悲啊！

这份奏章既然皇上没有留意审阅，到了嘉祐五年（1060 年），王安石又呈上了《上时政疏》，里面写道：

我私下里观察，自古以来那些统治国家时间很长的君主，如果没有一颗至诚悲悯、忧虑天下的心，即使没有对百姓施加暴政和酷刑，天下也往往会陷入混乱。从秦朝以后，统治时间较长的君主有晋武帝、梁武帝、唐明皇，这三位皇帝都是有才智、有作为的君主。他们统治国家的时间很长，内外没有忧患，因此就敷衍了事，苟且偷安，没有一颗至诚悲悯、忧虑天下的心。他们只图眼前安逸，不做长远的打算，自以为灾祸不会降临到自己身上，结果往往遭遇灾祸时才后悔莫及。虽然有时侥幸能够逃脱个人灾难，但宗庙已经被毁辱，妻儿老小已经陷入困顿贫穷，天下的百姓更是陷入了血泊之中，而那些活着的人也无法摆脱饥饿和束缚的苦难。作为先王的子孙后代，让自己的宗庙受到毁辱；作为百姓的父母，让百姓家家都有人死亡，这难道是仁孝的君主所应该忍受的吗？然而，晋、梁、唐的这三位皇帝之所以会安然地走到这一步，是因为他们自以为灾祸不会到这种程度，却没有意识到灾祸已经突然降临了。

天下是极其重要的器物，如果没有明确完善的法律制度就无法维持稳定，没有广泛选拔任用贤才就无法确保安全。如果没有一颗真诚忧虑天下的心，就无法去考察选拔贤才，也无法修订完善法律制度。如果贤才不被任用，法律制度不完善，那么或许能暂时侥幸平安无事，但长此以往，最终一定会陷入大乱。陛下拥有恭敬节俭的美德，聪明睿智的才能，以及仁爱百姓、体恤万物的意愿，但您统治国家的时间已经很长了。现在正是应该真诚忧虑天下，并以晋武帝、梁武帝、唐明皇为鉴戒的时候。在我看来，当前朝廷的职位安排，不能说已经选到了贤才；施行的政务，也不能说都符合法律制度。上层官员混乱，下层百姓贫困，社会风气日渐衰薄，国家的人才和物力日渐困乏，而陛下却高高在上，安然无为，没有考察研究、讲求治理的意愿，这就是我私下为陛下考虑而不得不感慨的原因。

如果因循苟且、贪图安逸而不作为，或许能侥幸应付一时，但绝不可能长久维持。晋武帝、梁武帝、唐明皇没有考虑到这一点，所以一旦灾祸变故降临，即使他们再想询问察访贤德的人才、完善法令制度以自救也已经来不及了。用古代的情况来衡量现在，那么天下的安危治乱，仍然是可以有所作为的。而有所作为的关键时刻，没有比现在更紧迫的了。如果错过了今天的机会，我担心陛下也会有来不及补救的悔恨。因此，陛下应该以至诚之心去考察选拔并广泛任用贤才，以至诚之心去研究探讨并明确法律制度，陛下在今天难道还不应该急切地去做这些事吗？《尚书》中说："如果药物不能让人头晕目眩，那么疾病就无法治愈。"我希望陛下把终身的顽疾当作忧患，而不把一时的头晕目眩当作痛苦。我既然已经蒙受陛下的提拔，担任了侍从官职，那么朝廷的治乱安危也关系到我的荣辱，这就是我不敢以逃避越职进言的罪名而放弃竭尽忠言规劝的义务的原因。恳请陛下深思我的进言，并以此作为自己的警戒，那么天下百姓就太幸运了！

《上时政疏》与《上仁宗皇帝言事书》反复陈述的是相同的意思，但言辞更加危急，情感更加悲苦。大概是因为王安石实在被当时国家如累卵之危的形势震惊，不能坐视不管，而且他认为仁宗皇帝仍然可以接受他的意见，希望事情能得到改善。然而仁宗皇帝也已经年老糊涂，更不能采纳他的建议，过了两年就去世了。

（考异四）

《邵氏闻见录》记载说：王安石担任知制诰的时候，有一天参加赏花钓鱼的宴会，内侍们各自用金碟盛着钓饵药放在桌上，王安石把这些钓饵药都吃光了。第二天，仁宗皇帝对宰相们说："王安石是个狡诈的人啊！就算不小心吃了一颗钓饵也就罢了，他竟然都吃光了，这太不合情理了！平时我就不喜欢他。"后来王安石自己写了《日录》，对祖宗多有不满，对仁宗更是言辞苛刻。蔡上翔说："臣子陪君王赏花钓鱼，天子的威严近在咫尺，朝廷官员都站在一起，内侍既然已经用金碟盛着钓饵，所有人都知道那是钓饵，哪里会被王安石误食，而且还被天子亲眼看到呢？既然天子亲眼看到了，却一定要等到第二天才和宰相们说起，难道是他对王安石有所畏惧而不敢当时就说出来吗？而且，既然仁宗皇帝平时就不喜欢王安石，又为何能隐忍到这种地步不发作呢？况且只是一盘钓饵，王安石如果知道是误食，却故意吃光来表现他的狡诈，那他的狡诈又体现在哪里呢？仁宗皇帝也必须是看到王安石吃光后才知道他的狡诈，这样的说法又怎么站得住脚呢？仁宗皇帝既然因此对自己的臣子不满，臣子又因此对自己的君王产生极大的怨恨，以至于后来撰写《日录》，对仁宗的贬低尤为严重。为什么邵伯温的造谣诽谤会如此过分呢！"蔡上翔的反驳可以说是快刀斩乱麻，一针见血。这种小事情本来不值得去辩解，我之所以记录下来，是因为王安石为人纯洁正直，而造谣者却用狡诈来诬陷他，那么即使他有很多善言善行，也都会被一个"诈"字给抹杀了，天下哪里还有公道可言呢！

（考异五）

在熙宁、元丰年间，整个朝廷都与王安石推行的新法相抗衡，但从未有人诋毁过王安石的人格。如果有的话，就是从世人所传的苏洵的《辨奸论》开始。苏洵在文中说："误导天下百姓的，一定是这个人！"他又说："这个人是王衍和卢杞合而为一了。"还说："口头上诵读孔子和老子的书籍，行动上却效仿伯夷和叔齐的节操，收罗那些喜好名声的士人和不得志的人，一起编造言论，私自树立名声。"又说："这个人阴险狠毒，与别人的志趣不同。"还说："这个人头发蓬乱，面容憔悴，却大谈诗书。"还说："不近人情的人很少不成为大奸大恶之人，竖刁、易牙、开方就是这样的人。”苏洵的言辞极其丑恶诋毁，无所不用其极。近代的李穆堂首次证明了这篇文章是伪作，他在《书〈辨奸论〉后》中说："苏洵的《嘉祐集》十五卷原本已经不可见，现在流传于世的有《辨奸论》一篇，世人都因为这篇文章称赞苏洵能预先看出王安石会误国。”这篇文章最初见于《邵氏闻见录》中。这本书是在绍兴二年（1132 年）编成的，到了绍兴十七年（1147 年），沈斐编纂苏洵的文集附录两卷，其中收录了张方平所写的《墓表》，里面提到了《辨奸论》。另外，还有苏轼写给张方平的一封《谢张公作墓表书》，专门叙述了《辨奸论》的事情。我认为这三篇文章都是伪作，因为按照当时的情况来考察，它们之间存在很多矛盾的地方。根据《谢张公作墓表书》中的记载，嘉祐初年王安石的名声开始兴盛，他的同党在当时都很有影响力，朝廷任命他为宰相的诏书中说他是自古以来少有的几个人才之一。人们编造言论，甚至认为他几乎接近于圣人。欧阳修也对他表示赞赏，并劝苏洵与他交往，而王安石也愿意与他结交。苏洵说："我已经了解这个人了，他是个不近人情的人，很可能成为天下的祸患。”而《邵氏闻见录》中叙述《辨奸论》的由来，与《谢张公作墓表书》中的记载完全相同，这是它直接引用了《谢张公作墓表书》的内容吗？如果是的话，应该明确说明是引用了《谢张公作墓表书》中的话，而不应该用自述的语气。还是说它是与《谢张公作墓表书》暗合呢？但也不应该连词句都完全相同。考察王安石在嘉祐初年还没有被朝廷重用，同党和朋友也很少。嘉祐三年（1058 年），他才被任命为度支判官，上交了长达万言的奏章，但并未被实施。第二年，朝廷命令他修订起居注，他多次推辞，上了八九次奏章才被任命为知制诰，但很快就因为得罪了执政大臣，便以母亲去世为由辞官。英宗在位期间，朝廷多次召他回朝他都没有去，所以说嘉祐初年王安石的同党和朋友倾动一时，这个错误也太大了。把王安石称为圣人的是神宗皇帝。任命他为宰相的诏书是在熙宁二年（1069 年）发布的，而苏洵在英宗治平三年（1066 年）就已经去世了，这些都不是他能听闻到的。（中略）至于说王安石收罗喜好名声的士人和不得志的人，一起编造言论，自以为是颜渊、孟轲又复活了，这在王安石的传记和全集中都没有记载。王安石执政之后，或许有一些依附他的人，但苏洵已经去世，不可能预知这些事情。如果将苏洵所能接触到的人引荐给王安石，那时他的官职卑微，地位不高，根本没有能力去收罗人才，我不知道他所说的那些喜好名声却不得志的人到底是谁。

人们做坏事，一定是有所图利。王安石一生都以皋、夔、稷、契这样的古代贤臣自居，他视千辆马车如粪土，三公的高位也不能让他心动，这是天下人都公认的，他又何必去做奸邪之事呢？他看到了宋朝积贫积弱，局势危急，不能安然度日，而公卿大臣们却像堂上的燕雀一样，安然自得地以为国家很安全。他不得不站出来担当起治理天下的重任，又幸运地遇到了一位大有作为的君主，于是毅然决然地与众人一起制定制度，改变风俗，排除众议而推行新法。所有这一切都是为了挽救国家的弊端，谋求万世的安宁，没有丝毫的自私自利之心。他的方法或许不够完善，但他的用心是好的，哪里有什么奸邪之处呢！另外，我年轻时看过世俗刻印的苏洵文集，读了其中的《辨奸论》后认为它不是苏洵所作，但有的人还是半信半疑，我想得到宋代的原本来进行参考比对，多年来一直寻求却未能得到。马端临的《文献通考·经籍考》中列出了苏洵的《嘉祐集》十五卷，但世俗所刻的版本，并不称为《嘉祐集》，书名不同，而且卷数多达二十余卷，我想其中一定有后人伪作的文章混入其中。最近我得到了明代嘉靖壬申年（1532 年）太原知府张镗翻刻的巡按御史澧南王公家藏本，其书名和卷数与《文献通考·经籍考》中的记载相同，而且在各种论文中唯独没有《辨奸论》这一篇，于是我更加确信《辨奸论》是邵氏伪作的，这一点确凿无疑。我又感叹那些造假者费尽心机却终究会被人识破，因为伪造的东西终究会有被揭穿的一天。

李穆堂的这篇文章就像是在温暖的水中照亮犀牛角，让隐藏在水中的物体无所遁形。蔡上翔对这篇文章进行了引申，写了数万言，他确凿地证明了《辨奸论》和《谢张公作墓表书》是伪作，更是让人拍手称快。由于文章太长，这里就不一一引用了。苏洵并不是圣人，就算他真的写了这篇文章来诋毁王安石，又怎么会对王安石造成实质性的伤害呢！但伪作就是伪作，不能当成真的。像邵氏这样的人，不仅诬陷王安石，还诬陷苏洵，他们这种阴险丑恶的嘴脸，我实在无法揣测，我只是遗憾后来的史书编纂者竟然把这些谎言当作实录来奉行，使得这桩冤案千百年来都无法得到昭雪，我又怎么能不说出来呢？

（考异六）

朱熹在《名臣言行录外集·邵康节传》中说：在治平年间，邵康节与客人在天津桥上散步时听到了杜鹃鸟的叫声，他听后心情凄凉，很不高兴。客人问他为什么，他说：“洛阳以前是没有杜鹃鸟的，现在它来了，这是有征兆的。”客人问：“什么征兆？”邵康节说：“不超过两年，皇上就会任用南方人做宰相，大量引进南方人，专门推行变革，从此天下就会多事了。天下将要安定的时候，地气是从北向南流动的；将要动乱的时候，地气是从南向北流动的。现在南方的地气已经来了。”这篇记载也见于《邵氏闻见录》中，朱熹竟也采用了，它的荒诞不经、粗俗浅陋，根本不值得有见识的人一笑。就算邵康节有预知未来的能力，杜鹃鸟又怎么会有呢？这大概是因为当时那些小人对王安石恨之入骨，而且他们各自都有崇拜的人，于是就假托自己所崇拜的人有先见之明的话来抬高自己。这就是王安石三次拜访周敦颐都未见面，苏洵写《辨奸论》，邵康节听到杜鹃鸟叫声预言国家将乱等事情的由来。考察《宋史·司马光传》中的记载，神宗皇帝曾经问司马光：“最近任命的宰相陈升之，外面对他有什么议论吗？”司马光回答：“闽地的人狡猾阴险，楚地的人轻率浮躁，现在两位宰相都是闽地人，两位参政都是楚地人，他们一定会援引自己的同党，这样一来，天下的风俗又怎么能变得更加淳朴呢？”这种说法狭隘、浅陋、嫉妒心重，稍微有点大局观的人都不会说出这样的话来。这果真是司马光说的话，还是造谣者假托司马光之名，我不敢妄下结论。但从这件事可以看出，当时那些目光短浅、热衷于眼前之利的儒者对南北地域的偏见非常严重。王安石作为南方人突然入朝为相，北方人对此心生嫉妒，这就是天津桥上听到杜鹃鸟叫声预言国家将乱的说法的另一个由来。这种荒谬的言论流传至今，甚至变本加厉，形成了地域歧视，妨碍了国家的统一，真是可悲啊！

第八章 王安石与宋神宗

成汤对于伊尹，齐桓公对于管仲，孟子都称赞他们在学习了相应的学问后才被君主重用。事实上，在专制政体之下，政治家们如果没有得到君主充分的信任和专权就有所作为，这样的例子我从未听说过。所以，不是秦孝公就无法任用商鞅，不是刘备就无法任用诸葛亮，不是苻坚就无法任用王景略，不是埃马努埃莱二世就无法任用加富尔，不是普鲁士的威廉一世就无法任用俾斯麦。如果君主本身没有足够的能力和作为，只是通过不正当的手段得到这些贤才，那么比较差的可能会成为像王叔文、王伾那样的小人，比较好的最多只能成为像张居正那样虽有才但难以施展的人。因此，想要了解王安石，就不能不了解宋神宗。

《宋史·神宗本纪》在“赞”词中说：“神宗皇帝天性孝顺友爱，他在侍奉两宫时，总是整天侍立在一旁，无论寒暑都不改变。他曾经和岐王、嘉王一起在东宫读书，侍讲王陶讲解经史时，他们总是相继行礼致敬，因此朝廷内外都一致称赞他的贤德。他即位后，小心谨慎，谦虚自抑，敬畏辅佐他的大臣，寻求直言敢谏的人，体察百姓的疾苦，抚恤孤寡，赡养老人，救济贫困，不修建宫殿，不热衷游玩享乐。”其实，《宋史》是由那些痛恨王安石的人编纂的，所以他们对于神宗皇帝往往有些微词。但是，就算按照他们所称赞的，神宗皇帝的德行也已经是秦汉以来很少见到的了。然而，神宗被称为“神”，还不仅仅因为这些，他对于国家几代以来的耻辱深感痛心，日夜勤奋努力，思考如何振兴国家，于是他以越王勾践卧薪尝胆的精神，效仿赵武灵王胡服骑射的英明决断来行事。史书上记载，宋太祖赵匡胤曾经想用二百万匹丝绸来换取敌人的首级，依照他的想法，以二十匹丝绸收购一条人命，辽兵精锐不足十万，二百万匹丝绸足够了，并将这些丝绸储存在景福殿。神宗即位后，更改了景福殿的库名，并亲自作诗挂在上面，诗中说："五季失固，猃狁孔炽。艺祖肇邦，思有惩艾。爰设内府，基以募士。曾孙守之，敢忘厥志。"于是，设立了三十二座库房来储存物资。后来物资积累得越来越多，又写诗挂在上面，诗中写道："每虔夕惕心，妄意遵遗业。顾予不武姿，何日成戎捷？"

从这些事情来看，神宗皇帝内心的隐痛和他的远大志向，不是已经很明显地展现在天下后世的人们面前了吗？王夫之的评论真是深刻啊，他说："神宗有不能公开说出来的隐痛，而当时掌权的大臣们没有能够理解他的意图并妥善谋划的人。神宗刚刚即位时，对文彦博说：'养兵备边，府库不能不充实。'这并不是王安石引导他说的，而是他早就下定的决心。（中略）神宗就像是处在荆棘丛中，内心充满了无法抑制的伤痛，他奋起而想要有所作为来振作国家。然而他不能在众人面前公开说出这些，以免激起强敌的警觉，只能说'养兵备边'，希望朝廷大臣们能够默默理解。作为宰相和执政大臣，怎么能不与他共同分担焦虑，并思考如何妥善处理这些问题呢！"他对神宗的评价可以说是深刻洞察到了神宗内心最深处的隐秘。像神宗这样的皇帝，确实是王安石所说的那种有着至诚忧国忧民之心的人，而不是那种因循守旧、苟且偷安、只图眼前安逸的人。他以终身的疾病为忧，而不以一时的痛苦为苦。凡是王安石期望仁宗皇帝能够做到而没有做到的事情，到了神宗这里都得到了实现。而神宗也环顾朝廷大臣，觉得没有一个人可以和他交谈心事，直到遇见了王安石，才像是得到了左右手一样，他们之间配合默契，成为两千年来难得的佳话，这难道是偶然的吗？

王安石既以他的君主未能成为像尧、舜那样圣明的君主而感到羞耻，同时宋神宗也坚定地以学习尧、舜之道，以成为那样的君主为己任。因此，可以说王安石所从事的事业，也就是宋神宗所追求的事业，这部分内容就不一一赘述了。这里只摘录王安石的一两篇奏议，来彰显他作为宰相的勤勉。其中有一篇叫作《进戒疏》，内容如下：

我认为，陛下您已经结束了为先帝服丧的守制期，这符合古代圣贤所规定的礼仪。现在正是群臣向您进谏劝诫的时候，而我作为您的近臣，职责上应当率先向陛下进言。我听说孔子谈论治理国家时，首先提到要禁止郑国的淫靡之音，然后才说到要远离奸佞之人。仲虺在称赞汤的德行时，也是先说不沉迷于音乐女色，不追求财货利益，然后才说到任用贤能的人如同对待自己一样深信不疑。这大概是因为，只有不沉迷于那些能满足耳目之欲的声色，不玩物丧志，才能专心致志；能专心致志，才能明察事理；能明察事理，才能识别人才；能识别人才，那么奸佞之人就可以被疏远，而忠臣贤士及有道德的正人君子就能在这个时代被选拔出来，为国家竭尽忠诚。这样一来，推行法度、形成良好风俗就变得非常容易了。如果君主虽然有超人的才能，但不能及早地克制自己对耳目之欲的追求，以至于放纵过度，扰乱了内心的思考，那么就会用心不专；用心不专，就会不明事理；不明事理，那么邪说就会流行，奸邪之人必定会趁机窥探时机，制造祸乱，那么国家达到危乱的地步还会难吗?

臣想，自从陛下即位以来，外面没有听说过陛下沉迷于声色、玩物丧志的时候。然而，即使是像孔子那样伟大的圣人，也还自认为要等到七十岁之后才敢随心所欲地行事。现在陛下正值年轻力壮、精力旺盛的年华，享受着天下最大的供养，能够诱惑、转移陛下视听的东西可不少。因此，我所预先担忧的，也是陛下应该深刻警惕的，就应该是这些方面。上天降生圣人时是非常吝啬的，而人们能遇上圣人当政的时代也是非常难得的。既然上天已经把圣人般的资质赋予了陛下，那么人们也期望在这个时代能够享受到圣人的恩泽。臣恳请陛下自爱以成就高尚的德行，自强不息以建立伟大的功绩，让后世不失去圣人的名声，让全天下都能沐浴在陛下的恩泽之中，这难道不是我们共同期盼的事情吗!

他在《论馆职札子》第一篇中说：

（前略）从尧、舜、周文王、周武王开始，历代君王都喜好向人请教以探求事理，选择人才并授予官职来辅助自己。他们认为，君王的职责在于讨论大道、阐述义理，而不在于亲自处理琐碎事务；在于选拔人才并任用他们，而不在于凡事都亲力亲为。希望陛下能够以尧、舜、周文王、周武王为榜样，那么圣人的功绩必然会在天下显现。至于那些官府日常琐碎的事务，恐怕不值得陛下花费时间和精力去亲自过问。（中略）自从我担任政府官职以来，政府的各部门每次觐见陛下所谈论的都是那些琐碎的事务。至于国家的大政方针，虽然也略微有所涉及，但总是因为时间紧迫，很快就不得不告退。然而，就当前的国家大事而言，如果不广泛讨论、详细说明，使陛下对于所要改革实施的各项措施，包括它们的本末先后、大小详略等方面都了然于胸，然后再依次执行，那么治理国家的大政方针终究无法贯彻实施。既然如此，像我这样的人，如果没有陛下赐予的从容时间，那么我的想法又怎能尽情表达呢？自古以来，那些大有作为的君主，没有不是从忧勤开始，而以逸乐告终的。现在陛下具备仁圣的资质，这是秦汉以来的君主所无法比拟的。对于国家大事，陛下也并非不忧勤，但所把握的或许不是关键之处，所施行的或许没有找到正确的方法，那么我怕陛下最终难以实现逸乐无为而天下大治的理想。

读了这两篇奏议，就可以看出王安石是如何启发和劝导他的君主了。他所说的“不沉迷于声色、不玩物丧志，然后才能专心致志；能专心致志，然后才能明察事理；能明察事理，然后才能识别人才”，这不仅仅是对君主品德的要求，凡是致力于学习、治学或者处理事务的人，都应当铭记在心并付诸实践。他提到的“对于改革实施的各项措施，包括它们的本末先后、大小详略等方面，都应该广泛讨论、详细说明”，这实际上是事业成功的根本所在。也正因如此，后来宋神宗才能对王安石深信不疑，不被那些众口铄金的流言蜚语迷惑，这其中的原因是有迹可循的。

他在《论馆职札子》第二篇中说：

陛下自从即位以来，因为在职的人中或许缺乏才能，所以提拔任用的大多是有点小才能但品行道义不佳的人。这类人一旦得势，社会风气就会变坏，社会风气一旦变坏，那么陛下身边朝夕相处的人都会怀着谋取私利的心思来侍奉陛下，这样就不能公正地评判朝廷事务的对错；被派遣到各地的人也都会怀着谋取私利的心思来侍奉陛下，这样就不能了解天下的利害关系。这种弊端在之前已经显现出来了，恐怕不能不去审察啊。要想解决这种弊端，关键在于亲近忠良之人。

啊！我读到这里才明白，熙宁、元丰年间任用人才有不当之处，责任并不完全在王安石身上。神宗皇帝急于求治，而能够顺应他的美德、助他一臂之力的君子又太少，所以在用人方面好像来不及仔细挑选。这是神宗皇帝的遗憾，同时也是王安石的遗憾啊。

第九章　王安石的政治手段和策略（一）总论

世人评价王安石，往往只着眼于他推行的变法。因此，讨论王安石的功绩与过失，也就仅仅局限于他所变革的那些法律制度上。我固然是王安石的崇拜者，但是，史家的职责不允许我因为个人的喜好而有所偏袒。在这里，请允许我仔细考察当时的历史事实，结合古今中外的各种学说，以公正的心态来评论他。

从元祐年间开始，人们把所有王安石变革过的法律都称为恶法。这种做法显然是出于意气用事，过于偏激，这一点无需多言。然而，王安石变革的法律真的都是好法律吗？这也是我不能立刻就认同的。我常常说，天下有绝对的恶政治，却没有绝对的良政治。如果施政的初衷是为了谋求国家和人民的福祉，那么大体上就可以称得上是良政了。然而，即便是有了好的初衷，如果实施得当，结果才会是好的；如果实施不当，那么即使初衷再好，结果也可能非常糟糕。所以，对于同一种政策，往往在这个国家实施得到了极好的结果，在另一个国家实施却可能得到极差的结果；在这个时代实施得到了极好的结果，在另一个时代实施却可能得到极差的结果。那么，这种政策到底算不算是好政策呢？其实无法一概而论。能够评判的，只有这种政策是否适合当前的实际情况。

对于王安石变革的法律，我想找出其中哪一条是绝对不好的，但找不到，因为这些法律的初衷都是为了谋求国家和人民的福祉。然而，由王安石来推行这些法律，适合与不适合的情况大约各占一半。王安石推崇夏、商、周三代的制度，认为这些法律都是三代已经实行过并且有效的。但三代已经十分遥远，而且古籍的记载也不能完全相信，这些法律是否真的实行过，我不敢断言。尽管如此，王安石确实曾在一个郡或县小规模地试验过这些法律，并且确实取得了效果。不仅如此，就我所见闻的，现在欧洲的许多国家，他们的制度和措施往往与王安石的不谋而合，尤其是新兴的德意志帝国，他们的成绩非常显著。既然是这样，王安石也采用了同样的方法，并且以极其真诚和忧国忧民的心态来推行，效果却并不显著，这是为什么呢？他没有考虑到，三代以前的政治家所经营的不过是千里之内的王畿之地，或者只是几百里的诸侯封地。而现在欧洲的许多国家，大的不过相当于我们的一两个省，小的甚至只相当于我们的一两个县。所以，三代以前实行过并且有效的法律，或者现在欧洲各国实行过并且有效的法律，在王安石治理鄞县时实行，其效果应该与那些地方相等，这是可以断言的。但是，当他治理整个国家时实行这些法律，其效果能否与那些地方相等，这是我不敢断言的。

我阅读国史，发现了几位成功的政治家，他们是管仲、子产、商鞅和诸葛亮。仔细考察他们所处的时代，都是封建时代或者割据时代；他们所统治的地域，也就相当于现在的一个省或者几个州县。至于在大一统的时代，综合整个大禹治水所留下的广阔疆域来治理，想要找到那些精心运筹、有宏伟规划，能让全国百姓都受益，如同前面提到的那几位政治家一样的人，几乎还没有出现过。如果说有这样一个人，那就是王安石了，而他的成就定然会让后人瞠目结舌。于是，我怀疑，我国的政治家可能更适合治理小国，而不适合治理大国。接着，我又环顾我国以外的那些后世闻名的政治家，比如来喀瓦士是什么人？梭伦是什么人？他们相当于我国的一个乡村管理者罢了。士达因是什么人？加富尔是什么人？俾斯麦、格莱斯顿又是什么人？他们也就相当于我国的一个巡抚或总督罢了。至于罗马帝国的鼎盛时期，以及现在的俄罗斯，想要找到能与前面提到的那几位政治家相提并论的人，也是寥寥无几。我深入思考后找到了原因。所谓的大政治家，无非让国民整齐划一，使他们朝着同一个目标前进，从而增强国内国力并在国外彰显国威。想要让国民整齐划一，那么采取的方法必然是干涉。现在世界上能够不通过干涉而是通过放任来治理好国家的，只有英国、美国等两三个国家罢了。然而他们所说的放任，已经不是我们所理解的放任了，更何况在此之前，这些国家也都曾经历过极大的干涉，才有了今天的局面。除了这几个国家，其他国家无不是采用干涉的方式来治理的。不仅现在的东西方各国是这样，就连我国古代也是这样。管仲、商鞅、诸葛亮都是通过干涉国民来实现国家治理的。《周官》这本书是否是周公所著，我不敢确定；它是否曾经被实行过，我也不敢确定。但如果这本书真的是周公所著，且真的被实行过，那么周公是对国民干涉得最为严密的人了。根据这些情况来看，干涉是政治家唯一的手段，这是显而易见的。而这种手段，在小国实行起来比较容易，在大国实行起来就比较困难。小国实行这个手段，利大于弊；大国实行这个手段，弊大于利。因此，从前治理大国的办法，只有两种：一是威逼胁迫，二是放任自流。威逼胁迫的，简直可以称为民贼，这种人根本谈不上是政治家。而放任自流也绝对不能称为政治家的作为，没有听说过有哪个政治家是躺着就把国家治理好的。况且，既然说是放任自流，那么任何人都能做到，就连用泥塑、木雕的做成的人偶也能做到，那又哪里用得着这种政治家呢？我国几千年的历史中，每当一个新的朝代兴起时，必定采用威逼胁迫作为政策，比如汉高祖、宋太祖的时代就是这样。经过几代之后，就必然会转为放任自流作为政策，比如汉文帝、汉景帝，以及宋真宗、宋仁宗的时代就是这样。放任自流久了就会产生混乱，混乱就会导致灭亡，灭亡之后就会有新的朝代兴起，新的朝代兴起后又会采用威逼胁迫的手段，等到威逼胁迫的手段用腻了，就又会回到放任自流，如此循环往复，就像同一类人似的。这就是政治家不能在其中产生的原因。尽管如此，我对这种情况并不感到奇怪。除了威逼胁迫和放任自流，坚持中庸之道的只有干涉这一条路，但大国干涉起来困难重重，而且弊大于利，就像前面所说的那样。所以，我认为对于太大的国家来说，有利于那些气势汹汹的武夫作为施展才华的舞台，有利于那些平庸无能的人作为藏身之地，却最不利于那些奋发图强、刚毅果决、精通文治武略的伟大政治家。从今以后，随着交通日益发达，大国将变得像过去的小国一样易于治理，那么政治家要取得成就也会相对容易一些。然而在过去，治理国家可以说是最为艰难的事业。以王安石所处的时代和地点来说，他想要实现的志向，其难度之大，不仅超过了周公、管仲、商鞅、诸葛亮这些古代的政治家，也超过了来喀瓦士、梭伦这些外国的政治家，还超过了士达因、加富尔、俾斯麦、格莱斯顿这些近代的政治家。难度如此之大，而他所能取得的成就也就仅仅如此，这是很自然的。尽管难度如此之大，但他所取得的成就还能达到这样的程度，那么王安石在古今中外众多政治家中的地位，也就可以想象得到了。

而且，同样是干涉政治，其程度也有深浅的不同。程度浅的干涉实施起来比较容易，程度深的干涉实施起来比较困难。王安石干涉政治的有些措施是立宪国家能够实行的，但在专制国家极难推行，甚至有些措施接近于国家社会主义，是当今许多立宪国家都还未能做到的。对于几千年都未经干涉的民众，突然之间对他们实施这样的干涉，他们群起反对也是情理之中的。那么，王安石的方法到底是好还是不好呢？我最终也无法给它下个定论。除此之外，还有导致王安石变法失败的一个原因，那就是他任用的人不合适，这一点是大家都能说出来的。然而，我对于这一说法，与过去那些评论者稍有不同，下面我会详细阐述我的观点，这里就先不展开了。

第十章　王安石的政治手段和策略（二）民政和财政

一般庸俗之士谈论王安石，大多把他和那些搜刮民财、聚敛钱财的官员等同看待，这是非常错误的。王安石的事业诚然有很大一部分是在理财方面，但是他理财的目的并不仅仅是增加国家的年收入，他实际上是想要解救国民的困苦并增加他们的财富，然后从他们的财富中取出一部分作为国家行政的费用。所以，发展国民经济实际上是他的第一目的，整顿财政则是他的第二目的，他所制定的各项法令都与这两个目的有关系。因此，不把它叫作“财政”，而把它叫作“民政和财政”。

第一，设立制置三司条例司

“制置三司条例司”是王安石所创立的财政机构。王安石曾说：

西周时设置了泉府这个官职，用来管制和限制富人的兼并行为，均衡救济贫困的人，调剂天下的财富。后世只有桑弘羊、刘晏两人的做法大致符合这个意图。学者们不能推究阐明先王的法度和意图，反而认为君主不应该与百姓争夺利益。现在想要理财，就应当恢复泉府的做法。

熙宁二年（1069 年）二月，朝廷设立了这个机构。宋神宗下诏说：

我认为想要使天下达到治理的目的，必须先让百姓富裕起来，然后才能有所作为。现在朝廷的经费不够用，百姓的财富也大大缩减，所以特别下诏给辅政大臣们，在内朝设立这个机构来革除这些弊病。如果事情由熟悉它的人专门负责，就能查明得失的原因。现在将掌管天下财富的重任交给有关部门，有关部门如果熟悉自己的工作，那么他们处理得就会很精细，他们提出的建议就会很通达，财物聚集起来就能满足需求，这是使我的百姓富裕起来的办法。至于那些苛刻的言论，剥削下面的人而在上面积聚怨恨的，我是不采取的。应该命令三司判官、各路监司，以及朝廷内外的官员，在接受诏令后的两个月内，各自上报财政上的利弊情况。

这个机构成立后，由王安石和陈升之共同领导。当时陈升之担任宰相，王安石则是参知政事。在当今的立宪国家中，往往由总理大臣兼任财政大臣，因为财务是各种政务的根本，王安石深知这个道理。

王安石的志向在于控制富人的兼并行为，救济贫困的人，调剂天下的财富，使百姓富裕起来，从而达到治理天下的目的。制置三司条例司的职责就在于此，后来制定的法律也都是基于这个意图来施行的。历史上记载，王安石曾与司马光在朝廷上辩论理财的问题，司马光说："善于理财的人，不过是巧立名目、搜刮民财罢了。"王安石说："不是这样的，善于理财的人，不增加赋税就能使国家的财政充足。"司马光说："天下哪有这样的道理？天地所创造的财富不是在百姓手里就是在官府手里，你设法从百姓那里夺取，这种危害比增加赋税还要严重。"两人争论不休，司马光的话真的符合事理吗？那些财富真的是天地所生且永远不变的吗？还是由人所创造，并且遵循一定的方法可以使之增加的呢？财货百物，固然有既不在百姓手里也不在官府手里的，它们被遗弃在地上。但如果能够增加，那么它既可以在百姓手里，同时也可以在官府手里。当今欧美的国家就是明显的例证。王安石想要整顿财政，而以发展国民经济作为着手的方法，这正是孔子所说的"百姓富足了，君主怎么会不富足呢"。中国自古以来谈论理财的人，他们的见识没有能达到这个高度的。

王安石认为，国民经济之所以日益衰落，是因为国民不能充分发挥自己的能力去从事生产。而国民之所以不能充分发挥自己的能力去从事生产，是因为富人的兼并行为。国家中富人少而贫民多，而富人又习惯于奢侈浪费，不把他们所得的作为资本去增值，而贫民那点微薄的资本又在逐年耗尽。这样一来，整个国家的资本都匮乏了，百姓的生活就无以为继，于是人们绞尽脑汁寻求拯救之道，其中最迫切的就是要抑制兼并行为。而能够抑制兼并行为的，只有国家。王安石想要把所有的财政大权都集中在国家手中，然后由国家根据各地的贫富情况来调剂，使全国的百姓都能有所依靠，从而从事生产。他的诗中写道：“三代子百姓，公私无异财。人主擅操柄，如天持斗魁。赋予皆自我，兼并乃奸回。奸回法有诛，势亦无自来。”他的青苗法、均输法、市易法等法令都是基于这个意图而制定的。这种思想在近几十年来在欧美两洲大为盛行，被称为社会主义。社会主义的主张是把国家当作大地主、大资本家、大企业家，而人民不能有私有财产，就像王安石所说的“赋予皆自我，兼并乃奸回”。欧美的学者们往往把这种思想当作大同社会的最高标准，但有见识的人又认为这件事情关系重大，不经过几代人的努力是不能实现的。欧美现在都还没有实现的事情，王安石却想在数百年前的中国实现它，这怎么行得通呢？虽然他的出发点没有社会主义那么宏大，他的条目没有社会主义那么详尽，他的程度没有社会主义那么极端，但是他最终不能完全适应所处的时代和环境，这是可以断定的，王安石的问题就在于这一点。至于他的学识之精深卓越，思想之宏伟远大，心地之仁慈善良，那真的是千百年来无人能及的，司马光又怎么能理解呢？

社会主义难以实行的原因不止一个，而为国家分管理财机构的人很难挑选，他手中的权力越重越容易滋生弊病，这是其中显著的原因。那些在西方所倡导的社会主义，即使是在立宪政体确立之后实行，都还被认为是很困难的，更何况在专制时代呢？本意是想通过抑制兼并行为来改善民生，但万一实行得不好，国家反而成为兼并行为的罪魁祸首，那百姓还能向谁申诉呢？更不用说那些贪官污吏会趁机谋取私利了。王安石的政策虽然在财政上取得了较为丰厚的收益，但在国民经济上取得的收益却很少，原因就在于此。

宋朝财政的困窘在仁宗皇帝晚年时达到了极点，这点我之前已经说过了。神宗皇帝即位后，首先命令翰林学士司马光等人成立一个专门机构，来仔细审查并裁减国家的开支制度。他要求参考庆历二年（1042 年）的开支数据，与现在的支出进行对比，找出不同之处，并详细分析上报。过了几天，司马光说国家财政困难，主要因为开支过于奢侈，赏赐没有节制，皇室成员众多，官职设置冗余且滥用，军队战斗力不强。他认为，这需要皇帝与中书省和枢密院的大臣们，以及三司的官员们共同深入思考解决财政困窘的办法，并且需要长时间的努力才有可能见效，这不是我这个愚钝的臣子一朝一夕就能裁减解决的。后来，成立了制置三司条例司这个机构，考察了三司的账簿记录，研究哪些开支项目应该长期保留或废除。每年各项开支以及郊祀等大项费用，都制定了固定的标准，总共裁减了大约四成的冗余开支。

财政的困窘已经到了那个地步，如果不谈如何开辟新的财源，只从节省开支入手，能使国家安宁吗？司马光并非不知道这一点，他却含糊其辞，说这需要长时间的磨合，不能迅速减少开支，只是想把解决难题的责任推给皇帝，他怎么这么不负责任呢？况且司马光所说的不能迅速减少开支，为什么王安石却能迅速裁减掉十分之四的开支而没有引发其他变故呢？数十年来一直沿袭下来的年度开支，能够迅速减少十分之四，这确实是天下最难办到的事情。制置三司条例司刚成立就奏报了这样显著的成效，那么掌管这个机构的人，他忠于职守、勤奋努力，他才识卓越、思维敏捷，他魄力宏大、意志坚定，这些都是可以想象得到的。（当时裁减的大多是宫廷开支，如果不是神宗皇帝的贤明，王安石也不能实现他的志向。）与那个不负责任的司马光相比，他们是多么的不同啊！（根据《宋史》的记载，神宗命令司马光和王安石裁减开支，似乎是在王安石入朝为相之前。当时两人都是翰林学士，应当一同接受了这道命令，但司马光只是敷衍了事地回应了皇上的命令。宋神宗不喜欢与这种不负责任的大臣来共同治理国家大事，不也是理所当然的吗？）然而后世评论王安石的人，对于他这样的伟大功绩却避而不谈，这究竟是什么心态呢？

历史上所说的"编著定式"，也就是现代实行立宪制度的国家所说的"预算案"。历史记载还提到，三司上报了新增官吏俸禄的数额，京城每年新增了四十一万三千四百多缗的开支，而地方监察机构请求从六十八万九千多缗的冗费中节省下来，以增加官员的俸禄，这确实是整顿行政体制的根本啊！当时制置三司条例司所推行的善政可能还有很多，但由于历史记载缺失，无法考证，但从这些零星片段来看，已经远远超出了普通流俗所能达到的水平了。

《文献通考》第二十四卷中引用了元祐元年（1086年）苏辙的奏折内容，他说道：在熙宁初年，从三司调取全国各地上报的账目档案来看，有的竟然在到达官府后二三十年都没有被打开过。益州各郡上报的账目档案，每份都伴随着贿赂，而且都有固定的数额。如果贿赂达到了这个固定数额，那么这些账目档案就不会被打开审查。一旦贿赂不足，就会百般刁难，直到满足要求才肯罢休。由于这个原因，还特别设立了账司来暗中修改账目档案。此前财政机关的腐败程度，由此可见一斑。

第二，推行青苗法

青苗法很像由官府开办的劝业银行，是王安石推行的一项惠民政策。《宋史·食货志》第四卷中记载了青苗法的起源，内容大致如下：

熙宁二年（1069年），制置三司条例司上报说：各路的常平仓和广惠仓储存的钱和粮食，大致估算起来总计可以达到一千五百万贯石以上。但是，这些钱粮的收放并不合理，所以产生的利益并不广泛。现在打算用现有的粮食，在粮价高的时候，适量减少市场价格出售；在粮价低的时候，适量增加市场价格收购。这样可以与转运司的田赋税收以及钱粮的转运相互协调，对于方便交换的，也允许进行兑换，同时还会以现金的形式，按照陕西青苗钱的例子，对于希望提前借贷的百姓给予支持。百姓可以随着税收缴纳粮食，一半作为夏税，一半作为秋税。如果有人请求缴纳本色粮食（即未加工的原粮），或者在缴纳时因为市场价格高而愿意缴纳钱财的，都按照他们的意愿来办理。如果遇到灾害导致收成不好，可以允许他们推迟到下一个丰收季节再缴纳。这样不仅可以应对饥荒等灾害，而且百姓既然已经借贷，那么那些兼并土地的大户就不能趁着青黄不接的时候来索取高额利息。另外，常平仓和广惠仓的物资，如果长时间储存不用，必然要在年景不好、物价上涨的时候才出售，但这样只能惠及城市中那些不劳而获的人。现在我们要让全路的物资互通有无，在物价高的时候出售，在物价低的时候收购，以此来增加储备，稳定物价，让农民们能够按时耕作，而那些兼并土地的大户也不能趁机压榨他们。所有这些措施都是为了百姓，官府并不会从中谋取私利，这也是先王们通过散发恩惠、兴办利事来补助百姓耕作和收获的意图。打算根据各路钱粮的多少，分别派遣官员来管理，每个州选一名通判或幕职官来负责钱粮的转移和出纳，并且先从河北、京东、淮南三路开始实施，等到有了头绪后，再推广到各路。广惠仓除留下一些粮食给年老、有病、贫穷的人之外，其余的都按照常平仓的转移办法来处理。朝廷下诏同意了这个方案，后来条例司又制定了具体的实施办法，常平仓和广惠仓的条例先在河北、京东、淮南三路试行，并且向民间征询意见，大多数人都支持借贷，于是请求朝廷下令各路转运司都按照这个方案来实施。

这就是青苗法的大致内容和它得以实施的缘由。之所以命名为“青苗”，是因为当时陕西转运司的李参由于辖区内驻军多而粮食储备不足，就下令让百姓自己估算麦子和谷子的收成，先借钱给他们，等谷物成熟后再还给官府，这种钱就被称为“青苗钱”。经过几年的实践，仓库里有了多余的粮食，到了这个时候，朝廷就仿照李参的做法推行了青苗法，因此沿用了这个名字。王安石对这项政策早有考虑，他在年轻时所写的《寓言》诗中就已经表达了这种意图，后来他担任鄞县县令时，又推行了这项政策并取得了成效。等到他成为国家的主要领导时，就打算把这项政策推广到全国。我曾经分析过，无论哪个国家，无论哪个时代，那些辛勤劳作的农民，如果他们能够一年四季都勤劳耕作，只要不是遇到水旱灾害，他们的收入通常都足够养活自己。如果赶上几年有好收成，他们肯定还能有一些盈余用来应对婚丧嫁娶等人生大事。然而，事实往往并非如此，原因是他们最初的本钱不够充裕，购买耕牛和种子的资金，以及在青黄不接时口粮的需求，让他们不得不向地主或富户借贷。如果遇到局部灾害、婚丧嫁娶等需要花费的场合，他们又得借贷。而地主或富户就趁机利用他们的困境来控制他们。这样一来，农民一年到头辛苦劳作所得的收入，大半都被利息所侵蚀。到了第二年，他们还是不得不像往年一样借贷。债务越来越重，利息也越来越高，农民们终年辛劳，最终只是为地主或富户做牛做马罢了。这就是百姓日益贫困，国民经济日益萎缩的原因。在古代西方的希腊和罗马，富人常常把钱粮借给贫民，后来贫民负债越来越多，无法偿还，就只好卖身为奴。西方古代奴隶众多，大概就是从这个时候开始的。历经数千年，这种制度始终没有得到改变。从公元1500年以来，各国政府纷纷通过法律来规定借款利率，超过规定利率的要受到惩罚，但是仍然无法禁止高利贷的存在。直到近代银行制度兴起，这种弊端才开始有所缓解，但是农民并没有从中受益太多。近几十年来，出现了所谓的劝业银行、农工银行、信用合作社等机构，带来的利益逐渐广泛，但仍然没有让所有人都能享受到其中的好处。因此，贫富不均这个问题，实际上是数千年来全世界都感到苦恼却最终未能解决的一个老问题。要想解决这个问题，就必须由国家来发挥关键作用。要想得到圆满的解决，就像我国古代所说的井田制，或者近代西方所说的社会主义那样，让人们不得拥有私有财产。如果不能圆满解决，退而求其次，国家可以设立贷款机构是首先要办的事，让地主或富户无法利用贫民的困境来榨取利益，王安石所策划的青苗法就是这样做的。我国在王安石之前也有人尝试过这种做法，比如齐国的景公、郑国的子皮、宋国的司城子罕，他们都凭借这种方法赢得了百姓的拥护，而王安石则是效仿了他们的做法。

当时，苏辙也曾著文论述说："天下的人，没有田地可以务农，没有钱财可以经商，如果禁止他们借贷，他们就只能在沟壑中悲惨死去。如果让富人来放贷，那么就会使用不仁不义的方法，收取高额的利息，否则，百姓只能典当家里的财产或衣物。百姓因此陷入困境，朝廷也享受不到其中的利益。按照周朝的做法，对于需要借贷的百姓，官府应该与他们一起评估物品的价值，然后以国家所定的标准来收取利息。现在可以让郡县都进行借贷，并委托当地的百姓来管理。"据考察，苏辙的这一观点正好与王安石推行的青苗法相吻合，不知道苏辙是曾经听闻过青苗法的部分内容，还是他自己的独立见解。然而，苏辙后来以反对青苗法为由，自己请求罢官，难道文人墨客所说的，并不是他们真正想要去实践的吗？

王安石想要实施青苗法，但是实施这个方法需要有一定的资本。如果从国库中拨款作为资本，国家的财力又有所不足。恰好各个路和州县都设立了常平仓和广惠仓这两个机构，但它们所储存的物资实际上都被闲置了，没有多少用处。王安石于是就把这些无用的物资变成有用的，利用它们作为实施青苗法的资本。他考虑得如此周全，眼光又如此敏锐，真是令人佩服。然而，司马光说常平仓是夏商周三代的好制度，发放青苗钱的危害小，废除常平仓的危害大。但是，常平仓实际上并没有给百姓带来什么实惠，就像条例司原来的奏折中所说的那样，司马光又能为它辩护什么呢？那不过是强词夺理罢了。

青苗法一经实施，整个朝廷都为之哗然，纷纷起来反对，情况复杂难以一一追究。那些反对的人及他们的言论在这里就不详细叙述了。从王安石的《答司马谏议书》中可以看到当时议论的一部分情况，同时也能看出王安石坚持推行青苗法的原因。

昨天承蒙您来信指教，我认为，我们交往相处已经很久了，但是议事时常常意见不合，这是因为我们所持的政治主张和方法大多不同的缘故。虽然我很想再三向您陈述我的观点，但终究还是不会得到您的理解和接纳，所以只是简单地给您回信，不再一一为自己辩解了。但是，考虑到您一直以来对我的看重和优待，我在回信中不应该过于草率，因此现在详细地说明我之所以这样做的理由，希望您或许能够宽恕我。大凡读书人争论的问题，特别注重名和实是否相符，名和实的关系一旦明确，天下的道理也就清楚了。现在您用来指教我的，是认为我侵夺了官吏们的职权，制造事端，争夺财利，拒绝接受正确的批评和意见，因而招致天下人的怨恨和指责。但我认为从皇帝那里接受命令，在朝堂上公开议订法令制度并在朝廷上修改，然后把它交给有关部门官吏去执行，这不是侵夺官权；实行古代贤明君主的政策，用来兴办好事，革除弊端，这不是制造事端；为天下治理整顿财政，这不是与民争利；驳斥错误的言论，责难奸佞小人，这不是拒不接受他人的批评和意见。至于说到招来怨恨和众多诽谤，那是本来早就预料到会这样的。人们习惯于苟且偷安已经不是一天两天了，士大夫们多数把不顾国家大事、附和世俗、向众人献媚讨好当做好事，陛下才要改变这种风气，而我不去估量反对者的多少，想拿出力量帮助陛下对抗这股势力，那么那些人又为什么不大吵大闹呢？盘庚迁都的时候，连老百姓都抱怨，并不仅仅是朝廷上的士大夫而已。盘庚不因为有人怨恨就改变自己的计划，他考虑到迁都是合理的，然后坚决行动。认为对就没有什么可以懊悔的，所以能成就他的事业。如果你责备我因为在位时间长，没能帮助陛下干出一番事业，使老百姓得到好处，那么我承认自己是有罪的；如果说现在应该什么事都不做，墨守前人的陈规旧法，那就不是我所敢领教的了。由于没有机会与您见面交谈，因此只能在这里表达我深深的仰慕之情。

这封信虽然文字简练，但是王安石对事业的坚贞不屈和自信坚定却跃然纸上。千年之后读这篇文章，就像看到了王安石的精神风貌，可以激励人心。当时的制度规定，借青苗钱的人，官府会收取二分利息，所以那些议论王安石的人就指责这是搜刮民财的依据。王安石在《答曾公立书》中说道：

您在信中提到了青苗法的事情。每当国家走上兴盛的道路，那些心怀不轨的人就会不满，他们一提出不同的论调，那些盲目跟风的人就会跟着起哄，其实他们的本意并不在于法制的好坏。孟子讨厌那些只谈利益的人，是因为他们只关心自己或自己国家的私利。但是，当看到狗猪吃人食的时候，我们会去制止；当田野里有饥民的时候，我们会开仓赈济。这才是真正的政事。政事的目的就是理财，而理财本身就是一种道义。整部《周礼》中，有一半的内容都是关于理财的，周公难道是为了私利而理财吗？那些奸邪之人，他们利用名实相近的借口，企图混淆视听，迷惑上下。但他们怎么能改变民心所向呢？起初，他们以为朝廷不会同意实施青苗法，但朝廷同意了，他们就无法阻止了；最后，他们以为朝廷不会采纳他们的意见，但朝廷采纳了，他们也无法拒绝了。其实，朝廷只是根据百姓的利益来制定政策，这是不得已而为之的。虽然二分利息比一分利息高，一分利息又比无息贷款高，无息贷款又比直接赠送好，但是，如果不收取二分利息，那么未来的持续性就无法保证。不能持续的话，那就是施惠而不懂治国之道，不是既施惠又不耗费资源的办法。因此，必须贷款并收取二分利息。然而，还有官吏的俸禄、运输的费用、水旱灾害导致的拖欠、鼠雀等造成的损耗，如果朝廷只是等待百姓饥荒不足时才直接给予援助，那么不收取二分利息可以吗？其实，二分利息是常平仓制度中的公正合理之处，怎么能轻易改变呢？您如果再与那些更懂治国之道的人讨论这个问题，就会发现我所说的没有一个字不符合法制，而那些在社会上吵吵嚷嚷的人，根本就不值得与他们争辩。

这封书信几乎可以被称为专门解释为何要实施青苗法而做的。当时整个朝廷都动荡不安，除了与王安石共同处理政事的少数人，几乎所有人都对青苗法持反对态度，弹劾的奏章堆积如山，几乎可以埋没一个人。但王安石始终没有动摇，神宗皇帝也没有动摇，这不仅仅是因为王安石有着坚定的自信，得到了皇帝的充分信任，更重要的是，当时那些反对青苗法的人实际上没有一句话能够击中青苗法的要害。

反对者都指责青苗法是剥削百姓、聚敛财富、损害下层利益来增益上层利益的行为，但王安石制定青苗法的初衷与这些指责完全相反。他立法的本意是为了惠及百姓，没有一丝一毫想借此来充实国库的心思。条例司原奏中的那些话，并非文过饰非之词，而是真实的情况。然而，那些评论家把他的用心与桑弘羊、孔仅相提并论，这简直是无的放矢。难怪王安石不敢苟同，神宗皇帝也只是暗中嘲笑这些言论罢了。

王安石对于名实之辨的坚持，不就是为了澄清这些误解和歪曲吗？他说新法一旦实行，那些心怀不轨的人就会感到不利，于是提出不同的论调，但他们的本意并不在于法令本身的好坏。

啊！这句话真是一针见血，说出来真是让人痛心疾首啊！想当年，罗马的伟大人物格拉古在执政时提出了限制民众拥有土地数量的制度，全国百姓欢呼雀跃，但议院里几乎全体反对，最终格拉古在议院中被众人殴打致死。这也是因为有些人的利益会受到损害，从而不利于国家治理的兴盛，但他们的本意并不是针对法令本身。

王安石在刚执政时裁减了四成的冗费，而那些朝廷大臣中大半都是依赖这些冗费来维持生计的，他们对此早已心怀不满。而青苗法的本意是为了抑制豪强地主的兼并行为，但那些朝廷大臣又都是豪强地主，他们有足够的实力进行土地兼并，所以他们反对青苗法也是情理之中的事情。当时那些群情激愤、为难王安石的人，谁又能保证他们不是怀着这样的心思呢？即便是少数几个贤臣，也未必没有这样的想法，但他们也只是盲目跟风罢了。更何况那些所谓的贤臣都习惯于苟且偷安、懒惰懈怠，把惹事生非当作大忌，不管事情的好坏利弊，只要稍有变动就感到惊恐并加以反对，这也难怪他们与王安石和神宗皇帝格格不入了。然而，几百年后的今天，社会的状况竟然与王安石那时如出一辙，而王安石的话语仿佛就是针对今天发出的，真是可悲啊！

青苗法立法的初衷是那么美好和善良，那么它真的可行吗？我想，一定是不可行的。为什么明明很好却一定不可行呢？况且王安石在鄞县实施青苗法并取得了成效，但为什么还是怀疑它在全国范围内不可行呢？我想，一个县的情况不能代表整个国家。在一个县里，王安石可以按照自己的意愿去实施；但在全国范围内，他就无法完全按照自己的意愿去做了。因此，当时虽然有强迫百姓贷款的禁令，但有关部门把尽可能多地发放贷款当作自己的政绩，即使不想强制摊派也做不到。另外，虽然对于灾荒年有减免偿还的规定，但年景的好坏并不固定，而且灾荒年份特别多，有关部门就趁机从中作弊，即使不想造成多年的积压也做不到。这两个弊端，只有韩琦和欧阳修的奏议中说得最为详细，他们几乎可以称得上是王安石正直的谏臣。

有人问："韩琦和欧阳修两位先生所指出的确实击中了时弊，但王安石仍然不赞同他们的观点，虽然都说他固执己见，但是不是太过分了呢？"我想不是这样的。当时那些君子攻击新法，对有弊病的加以攻击，对没有弊病的也加以攻击，确实如王安石所说，他们的本意并不在于新法的好坏。若为王安石打算，似乎只有一件事都不做，安然地与那些人同流合污，或许可以免去他们的指责，但这样做又违背了王安石的本意。况且，青苗法本身已经完善了，如果有弊病，那不是法本身的弊病，而是执行的人的弊病。就拿青苗法来说，王安石在鄞县实行它已经取得了成效，李参在陕西实行它也取得了成效。如果每个县都能有像王安石这样的人担任县令，那么每个县都能像鄞县一样。即使不能都做到这样，如果各路都能有像李参这样的人担任转运使，并且用考核名实相符的方法来督促各县，那么各路也都能像陕西一样。根据条例司的核定，全国共设置了四十一名提举官，以当时众多贤才来看，要想找到四十一个像李参这样的人，想来并不困难。而且，王安石又不是不想与那些君子共同推行新法，只是没有那些君子罢了。然而，听说只要是王安石提出的建议，人们就捂住耳朵不听，根本不问他提出的是什么建议；看到只要是王安石起草的诏书，人们就闭上眼睛不看，根本不问他起草的是什么诏书。要求他们执行时，如果不是倚仗贤能或年长来对抗，就是投下一个弹劾他的奏折离去。

这些君子既不愿意帮助王安石，而王安石又不能忍心违背情理，什么都不做来讨好他们，更不能一个人承担天下所有的事情。那么，除在这些君子之外另外寻求帮助，还能有什么办法呢？况且，这些君子不仅不帮助他，还在旁边煽动、唆使他人阻挠，私下里庆幸它的弊病日益增多，把事情办不成当作乐事。本来青苗法是可以推行而没有弊病的，但因为这些君子的缘故，想要它没有弊病，怎么可能呢？其他事情也是如此。

由此说来，我所说的青苗法虽然好但不一定能行得通，这一点已经很明显了。如果能让每个人都像王安石一样担任县令，那么青苗法确实可以推行；但现实中找不到这样的人，所以不可行。退而求其次，如果每个提举都像王安石一样，那么青苗法或许还能推行，但同样找不到这样的人，所以不可行。再退而求其次，如果每个执掌大权的人都像王安石一样，那么在原本认为不可行的情况下，或许还能找到一些可行的办法；但还是找不到这样的人，所以最终还是不可行。

然而，青苗法的弊病真的就像当时那些君子所说的那样严重吗？王安石的良法和善意，百姓真的完全没有得到过一点好处吗？我想，不是这样的。

史书是出自那些诽谤王安石的人之手，他们的目的是宣扬恶行而隐瞒善行。凡是能够用来表彰王安石的功绩的地方，他们都尽力抹去。尽管如此，还是有些事实是他们无法完全抹去的。王安石和曾公有过书信往来，信中提到最初以为百姓不会主动申请贷款，但申请的人络绎不绝；后来对担心人们不能还贷款，结果人们都来还贷，几乎无法应付了，由此可见当时百姓对此的欢欣鼓舞。他在《上五事札子》中说道："以前，贫穷的人只能向豪强地主借高利贷；现在，贫穷的人可以向官府借贷款了，官府降低利息，百姓得以解决资金短缺的问题。"这是青苗法实施几年后取得的成效。他在《赐元丰敕令格式表》中提到："在众人之前创立新法，在异议之后收获成效。"这表明在王安石罢相之后，青苗法的效益更加显著。

或许王安石自己说的话还不能完全让人信服，那么让我们来听听旁观者的言论吧。河北转运司王广廉上奏时，称百姓都欢呼雀跃，感激朝廷的恩德。李定来到京城，李常见到他，问道："你从南方来，那里的百姓对青苗法怎么看？"李定回答说："百姓觉得很方便，没有不高兴的。"李常说："整个朝廷都在争论这件事，你不要乱说。"李定说："我只知道据实而言，不知道京城的情况。"这是当时的舆论所向，有些人甚至想封住众人的嘴巴却无法做到。然而，或许我们还可以说，这是依附于王安石以求宠幸的人说的话，不能完全相信。那么，让我们再来听听反对派的说法。

朱熹在《金华社仓记》中写道："以我观察前贤的论述，并结合今天的事情来看，青苗法的立法本意，原本并不是不好的。"程颐也谈论过青苗法，但对自己过于偏激的言论感到后悔。这表明程颐晚年认识到自己当初猛烈抨击青苗法是错误的。而朱熹甚至对青苗法表示了赞颂。苏轼在《与滕达道书》中写道："我们这些人，在新法刚开始实施时，总是固执己见，以至于产生了不同的意见。虽然我们忠心耿耿，都是出于忧国忧民之心，但所说的话中很少有合乎道理的。现在圣上的德行日新月异，各种政策都取得了显著的成效，回头看看自己过去所坚持的观点，更加觉得疏漏百出。"这是苏轼晚年深深的自我反省，并对政策取得的显著成效表示赞叹。他的话与王安石所说的"在异议之后收获成效"相吻合。所谓的"众化"，大概是指所有新法的实施，青苗法肯定是其中之一。

像程颐和苏轼这样当时反对最强烈的人都持有这样的看法，如果不是青苗法确实取得了成效，又怎么能得到他们的认可呢？由此推断，与程颐和苏轼持相同观点但言论没有流传下来的人又该有多少呢？不仅如此，元祐初年，朝廷废除了所有新法。元祐元年（1086年）二月，废除了青苗法。但到了三月，范纯仁因为国家财政困难，又请求恢复青苗法。八月，司马光上奏说，发放青苗贷款原本是为了造福百姓，只是应当禁止强制摊派。这些都是记录在奏章和正史中的。

司马光、范纯仁难道不是当时首先攻击青苗法，并且攻击得最猛烈的人吗？为什么他们在十八年之后又如此津津乐道地谈论青苗法的好处呢？由此可见，当时的青苗法确实取得了显著的成效，百姓长期受益于它，即使有人想强行抹杀它的好处也是不可能的。那么，之前那些喋喋不休的攻击究竟是为了什么呢？俗话说："百姓不能与他们一起考虑事情的开头，但可以与他们一起享受成功的果实。"那么，那些君子难道也只是普通的百姓吗？以我们今天的立场来看，仍然觉得青苗法难以推行到那种程度，但王安石在当时推行它，虽然无法避免一些弊病，但它的成效也是显而易见的。我因此更加感叹王安石的才华无人能及，而对于当时那些将奉行新法的人都称为小人的说法，我始终不敢轻易相信。

更客观地来说，青苗法其实不过是一种银行业务罢了，想要靠它来打击和抑制土地兼并，其效果可以说是非常微小的。银行业务的性质更适合由民间来办理，而不适合由官府来办理。只要国家能够详细制定相关条例，让贷款者和借款者都能从中受益而不会相互损害，同时国家再设立一个中央银行，作为各私立银行的中心枢纽，而不必直接与百姓发生借贷关系，那么青苗法的实施方式就对了。王安石推行青苗法，可以说是代替高明的工匠去砍木头，容易伤到手。尽管如此，这是站在今天的立场来说的。如果在当时，百姓没有设立银行的能力，全国也没有一个金融机构，各行各业因此衰败。王安石能够察觉到衰败的根源，并创立青苗法来救治，这不是有过人的见识和魄力才能做到的吗？自古以来，知道金融机构是国民经济命脉的中国人，只有王安石一个。

后来有暗中窃取青苗法的实质却表面上避免使用其名的人，朱熹的社仓法就是这样一个例子。社仓法的利息是二分，夏天放贷冬天收回，这与青苗法有什么不同呢？朱熹在崇安县实施社仓法取得了成效，并想要将其推广到全国，这正如王安石在鄞县实施青苗法取得成效后，也想要将其推广到全国一样。朱熹平时对王安石多有痛斥，说他急于追求钱财利益，让天下百姓都失去了对生活的热爱和向往。但当有人质疑社仓法时，朱熹愤慨地说："王安石只有散发青苗这一件事是做对了。"那么，王安石真的急于追求钱财利益吗？王安石做对的事情真的只有青苗法这一件吗？他说你对便对而已。

第三，实施均输法

均输法是一种政策，旨在畅通天下的货物流通，通过灵活调整物资的收购、储存、销售和运输等手段，既方便物资的输送，又促进物资的流通和交换，可以说是一种惠及百姓的政策。熙宁二年（1069年）二月，王安石在《乞制置三司条例》中写道：

我观察古代圣王制定的法则，在王城的周边地区，税收的精细与粗疏程度，按照距离王城的百里为单位来划分等级差异，而王城之外的各个诸侯国，则各自根据自己所拥有的特产来进贡。此外，还制定了管理经济、流通财富的方法以促进物资的交换流通。对于市场上货物的生产与供应，如果某种货物短缺，就设法使之充足；如果某种货物有害于民用，就采取措施消除其危害。市场上卖不出去、积压在民间的货物，官吏会负责收集起来，以备不时之需，等待那些需要购买的人。所有这些做法，并不是为了独占利润。

因为聚集天下之人共同生活，不可能没有财富，而管理天下的财富又不可能不讲道义。如果用道义来管理天下的财富，那么物资的运输劳役的轻重，就不能不做到均衡；国家开支的多与少，就不能不做到相互协调沟通；货物财宝的供应与需求，就不能不加以调控；关于征收、减免、积聚、发散等权力的运用，就不能不讲究方法策略。

如今国家的财政状况十分紧张，没有多余的财力。负责管理财政的官员们被陈旧的法规束缚，朝廷内外无法相互了解财政的实际情况，盈余和短缺也无法相互补充。各地每年向朝廷上供的财物都有固定的数额，在丰收的年份，即使交通便利可以多运一些，也不敢多运；而在歉收的年份，物价昂贵，难以筹备足够的财物，却又不敢少运。远方的百姓要缴纳比平常高出数倍的赋税，而在京城中，这些货物的价格只是半价出售。三司转运使只是按照账簿文书催促期限，对于其中的增减并无决定权。每当遇到军队、国家祭祀等需要大量开支的时候，朝廷就派遣使者去各地搜刮财物，几乎把各地的储备都搜刮一空。各部门的财政事务往往因为害怕被追责而隐瞒不报，以备不时之需。又因为担心年度预算不足，就经常采取支移折变等手段来筹集资金。

百姓缴纳的租税，有时甚至要超过原本数额的数倍，而朝廷所需的物品又常常向不产这些物品的地方索取，或者在不适当的时节要求供应。富商大贾则趁机利用公私之急，掌握了物资收购、储存、销售和运输的权柄。

我们认为，发运使负责总管六路的赋税收入，其主要职责是管理茶、盐、矾等税收，军队储备和国家开支大多依赖于这些税收，因此应该借钱货给发运使，在他们资金不足时，让他们全面了解六路的财政状况，根据各地财赋的多少进行调配使用。所有出售、购买、征税和上供的物品，都可以根据价格高低和距离远近进行调配，使贵的物品到便宜的地方去卖，用近处的物品替换远处的物品。同时，让在京城的仓库每年按照固定的数额供应所需物品，并允许他们根据实际情况方便地变卖这些物品，以等待朝廷的命令。这样，朝廷可以逐渐收回物资收购、储存、销售和运输的权柄，并根据实际情况调控物资的有无，以便进行转运。这样做可以减少劳力和费用，去除重复征税，减轻农民的负担，或许可以使国家开支得到满足，百姓的财富也不会匮乏了。

《宋史·食货志》记载了均输法实施的全过程，内容如下：

王安石的《乞制置三司条例》呈上后，皇帝下诏让制置三司条例司制定具体的条例上报，并任命发运使薛向负责六路发运与均输平准事务，赐给他内藏库的五百万缗钱和三百万石上供米。当时有人担心这会干扰他的工作，但薛向接管此事后，请求设置官员和属吏来协助。宋神宗让他自行选择人选，于是薛向便选拔了刘忱、卫琪、孙珪、张穆之、陈倩等人作为属吏。他又请求有关部门提供六路每年应上供的数额、京城每年的开支，以及现有储备可以支撑多久等信息，并计算出需要筹备的物资数量，预先通知有关部门。他们都按照要求去做。后来侍御史刘琦、侍御史里行钱顗、条例司检详文字苏辙、知谏院范纯仁、谏官李常等人多次上书陈述均输法的不便之处，并弹劾薛向。但皇帝都没有听从，反而下诏嘉奖薛向。然而，均输法最终并没有能够成功实施到底。

均输法起源于汉朝的桑弘羊，到了唐朝的刘晏时期更加完善周密，王安石实际上是借鉴了这个制度，而不是自己凭空创造出来的。在古代，货币的使用并不普遍，百姓们用实物进行交易，国家征收租税也是以实物为主。因此，路途的远近不同，运输的劳苦程度也就有所不同，造成了不公平；又因为年景的丰歉不同，供求关系也就难以平衡。这样，百姓深受其害，国家也得不到应有的利益，确实像条例司在原始奏章中所说的那样。所以，桑弘羊和刘晏推行均输法，没有增加赋税却使国家财政充足，史书上对他们的做法给予了高度评价，这确实是有原因的。如今，交通的便利程度大大提高，货币的使用也更加广泛。我们读历史，看到他们不惜烦琐地推行均输法，可能会感到困惑不解，但实际上，我们并不了解当时治理国家的人们的良苦用心，他们的智慧和能力是我们远远不能及的。（看看近代的漕运就可以明白均输法的巧妙之处了。如果能用商运的方式，把京城的粮食全部折算成南方漕运的粮食，那么国库和百姓都能从中受益，每年的利益不是数以千万计吗？均输法的意图也就是这样的。漕运的粮食也是用实物来充当租税的，这是古代笨拙的制度到现在还没有完全蜕变的遗迹。）然而，当时的人们大声地攻击均输法，这是为什么呢？史书上说均输法最终没有能够成功实施，但并没有说明失败的原因，难道是因为攻击的人太多而中途放弃了吗？

第四，实行市易法

市易法，原本是汉朝的平准法，目的是控制物价的高低，使其保持平稳，并通过统一购销来实现平衡，实际上是一种专卖法。它的起源和内容如下：

熙宁三年（1070年），保平军节度推官王韶提出了在边境地区设立市易机构的建议，并请求借用官钱作为本金。皇帝下诏让秦凤路经略司用四川交子来交换货物给王韶，并任命王韶负责这项事务。王韶想要把市易司迁移到古渭城，李若愚认为应该多聚集货物来吸引西部各民族的百姓。文彦博、曾公亮、冯京、韩绛、陈升之等人却对此表示疑虑。王安石则说：“现在那些富裕的蕃户，往往积蓄有二三十万贯。他们尚且不怕被抢劫，难道朝廷的威望和力量竟然衰弱到如此地步了吗？现在如果我们想要联合西羌部落，就必须扩张我们的势力范围，拉近与他们的关系。古渭城边上的堡垒便于我们与蕃部接触，商旅也会集中到这里，居住的人越来越多，我们就可以在那里建立军队，增加兵马，选择合适的人来防守，这样我们的势力就扩张了。而且，蕃部能够与官府进行贸易，边境的百姓就不会再拖欠税款，这足以安抚他们的心。同时，我们还可以通过收取盈利，进一步开辟荒地，将来可以在那里屯兵。”

从这件事情来看，市易法的产生原本出自王安石的“殖民”政策。在边境那些尚未开发的地方，如果想要通过人力来促进其发展，使其逐渐繁荣起来，首先要从商业入手。但是，由于那些地方尚未开发，商人们往往望而却步，如果不依靠国家的力量来推动，就很难取得成功。这就是王安石能够排除众议，坚决推行市易法的原因。后来，市易法在边境地区取得了成效，于是又推广到内地。

熙宁五年（1072 年），朝廷颁布诏令，动用国库中的钱财和布帛，在京城设立了市易务这个机构。在这之前，有个叫魏继宗的人上书说：京城的商品没有固定的价格，那些富贵的大户人家，利用百姓的急需，谋取数倍的利润。财富过度集中在他们手中，国家的财政也因此受到制约。他建议借鉴官府专卖商品抽取利润的办法，设立常平市易司，挑选精通财务的官员来负责这项事务，并招募优秀的商人来负责货物的买卖。让这些商人详细了解市场上商品的价格，当价格低时就提高价格买入，价格高时就降低价格卖出，从中收取的盈余利息用来充作国家开支。于是，中书省上奏请求在京城设置市易务官员，凡是市场上可以买到的货物，以及百姓手中积压难以出售的货物，都由市易务平价收购。允许百姓用货物来换取官府的东西，如果想从官府购买货物，就估算货物的价值后借钱给他们，规定好还款期限，让他们按时偿还。借款半年的利息为十分之一，满一年利息加倍。凡是各个官府需要摊派的费用，都仰仗市易务来供给……后来，各个州也都设立了市易务。

我曾经疑惑，当时的均输法为什么只是短暂实行了一下就迅速被废除了呢？神宗皇帝和王安石都不是那种会因为别人的议论而动摇的人，而且均输法的废除是在市易法开始实行之后。市易法和均输法在立法意图上大致相同，它们的区别在于均输法主要关注的是定额的租税，而市易法则涉及一般的商业活动，所以它们的范围有宽有窄。既然已经有了市易法，那么均输法的效果其实已经可以在市易法中一并体现了。

考察王安石推行市易法的用意，大概有两个方面：一是特别注重经济学上的分配问题，用来抑制豪富，保护贫民。因为小农和小手工业者生产出来的产品或制造出来的物品，拿到市场上出售时往往会被豪富商家联手压低价格，得不到合理的报酬，这样一来，那些作为生产者的贫民就会吃亏。而那些豪商用低价买到了这些产品，等到再转手卖出去的时候，又会联合起来抬高价格，这样一来，那些作为消费者的贫民又吃亏了。王安石看到这种情况，于是想了个办法来解救他们。如果遇到有商人带着货物来，但货物卖不出去，愿意卖给官府的话，就允许他们到官府设立的机构中去投卖。官府会派勾行人和牙人与这些商人一起商量，公平地确定价格来购买这些货物。同样地，当官府要卖出这些货物时，也会根据当时的市场情况来估价，不会漫天要价。这一切都是为了达到分配上的公平。

另外一方面，王安石更注重经济学上所说的生产方面，他希望通过市易法让金融机构的资金流通起来，从而使本金的用途更加广泛。因为小农和小手工业者从事生产活动时的资本通常都很有限，必须等到他们生产的货物全部卖完，才能收回资本再次投入到生产中。这样一来，生产过程中的资金流往往会中断，导致生产力因此而萎缩。王安石想要找到一种方法来解决这个问题，所以他在市易法中规定，凡是能找到五个人以上作为保证人，或者用产业、金银作为抵押的人，官府都可以借钱给他们，根据借款期限的长短，收取十分之一或十分之二的利息，这一切都是为了扩大生产的资金。

市易法的立法本意就是这样，王安石对民事的尽心尽力可以说是达到了极致。然而，市易法真的可行吗？以我的观点来看，王安石提出的各项法令中，没有比市易法更难以实行的了。请让我来说明一下原因。

从后面提到的内容来看，市易务实际上就是一个银行。王安石生活在八百年前就能认识到银行是国民经济中最重要的机构，他的见识确实超越了千古。尽管如此，银行这种机构更适合由民间来办，而不适合由官府来办。即便是现代各国的中央银行，也都是通过集资股份来成立的，政府只是对其进行严格的监督，而其他的大小银行，无一不是交给民间来办理的，更不用说其他了。现在，如果政府亲自去经营这些银行，并用官吏来管理，先不说这样做琐碎且不符合治国的大体，更重要的是，这样做绝对无法把事情办好。这是欧洲各国都曾经尝试过从而证明无法实行的方法。从前面提到的内容来看，市易法变成了一种专卖制度。它立法的初衷，不过是说货物卖不出去时，官府来收购罢了。但发展到后来，必然会变成官府垄断天下的货物，所有的买卖都由官府来管理。即使不是这样，也必须由官府来评估货物的价值，因为只有这样才能达到他们所谓的平抑物价的目的。让官吏来管理天下的货物，这是近代社会主义学派所主张的一种制度，但他们的主张有其他相辅助的内容。按照他们的说法，国家是唯一的资本家，是唯一的企业家，没有其他竞争者与之抗衡，所以这样做是可行的。然而，这种做法是否真的可行，我还不敢断言。

在现在的社会制度下，想要实行这种制度，怎么可能呢？现在的经济社会，只有让供求关系自行调节以达到平衡，所谓的自由竞争，实际上是不可动摇的原则。现在，如果想要把商业运营的职责全部交给国家，先不说这肯定做不到，就算能做到，也会更加危险。因为它原本的初衷是想抑制那些兼并他人产业的人，但结果往往是国家自己变成了最大的兼并者。那些兼并者确实对百姓造成了深重的伤害，但是，如果有一个兼并者出现，就无法阻止其他兼并者不出现，他们会相互竞争，而这种竞争最终可能会逐渐趋于平衡。如果国家成为唯一的兼并者，并且没有其他力量可以与之抗衡，那么百姓的困苦又怎么能得到缓解呢？这些都是市易法不可行的理由。

而且，还有另一点要说，王安石想要通过市易法同时实现前面提到的两个目标，但他没有意识到，这两个目标不能通过同一种手段同时实现。银行的性质最不适合同时经营其他商业活动，而普通的商业活动又最忌讳用抵押的方式贷出资本。现在的市易法却同时包含了这两种相互矛盾的业务，结果只能是两败俱伤。所以在当时的各项法令中，市易法对百姓的伤害最大，而国库从中获得的利益也非常微薄。这说明王安石虽然本意是好的，但在执行的过程中没有找到正确的方法。

第五，推行募役法

募役法是将当时对百姓危害最大的差役制度改为募役制度，让百姓缴纳代替服役的税款来充作募役的费用，这实际上接近于一种人身税，而它的实施方式非常类似于现代文明国家的所得税制度，可以说是王安石为了救济时局、惠及百姓而推出的最好的政策。我们生活在今天这个时代，自从本朝康熙、雍正年间实行了一条鞭法之后，政府就再也没有让百姓服劳役的事情了。说到役法，现在的人们往往都不明白它是什么。然而，谁能想到数千年来，有多少百姓因为这种役法而痛苦不堪，甚至丧命。幸好有大政治家王安石出现，才为百姓开辟了一条重生的道路，直到今天我们还在享受着他带来的好处。

考察差役制度，它的起源非常古老，经传中提到的“有力役之征”，就是讲述先王的政策，也仅仅提到每年使用民力不超过三天。按照这个标准来说，即使是三代以前，力役的征收也从未免除过。大概是因为古代租税制度不完善，国家财政收入微薄，遇到需要兴办的事情就不得不使用民力。从人民对国家的义务角度来看，这也不算什么过分的要求。然而，君主往往滥用这种权力而没有节制，所以孟子说君主会剥夺百姓的农时，使他们无法耕种，导致百姓挨饿离散，那种水深火热的状况是可以想象得到的。从秦汉以后，这种制度一直沿用而没有改变，到了宋朝，它的弊端更加严重。现在，我列举当时士大夫所记录的事实和他们的建议，可以看出王安石的改革是顺应时势的要求，万不得已而为之，而且他的改革方法完善而周密，与之前的讨论相比也可以明显看出这一点。

宋仁宗皇祐年间，担任并州知州的韩琦上疏说："州县百姓所承受的痛苦，没有比在里正衙门服役更苦的了。自从战争爆发以来，百姓受到的剥削更加严重，甚至有的寡妇为了逃避差役而改嫁，亲族为了躲避而分居，有的人放弃田地给别人，只为了降低户等，还有的人故意寻死，只为了让家里剩下独丁，从而逃避差役。他们想尽各种办法，只为了摆脱陷入困境的危险。每个乡被派差役的疏密程度，与百姓的财产和能力高低都不均衡。比如，假设一个县有两个乡，甲乡的第一等户有十五户，总计财产为三百万钱；乙乡的第一等户有五户，总计财产为五十万钱。如果轮流服役，甲乡要十五年才能轮到一次，而乙乡则五年就要轮到一次。这样，富裕的人有足够的休息时间，而贫穷的人相继破产，这难道是朝廷作为百姓的衣食父母所希望看到的吗？"

到了英宗时期，谏官司马光说："自从设置了乡户到衙前服役以来，百姓更加贫困，不敢谋求生计，富裕的人反而不如贫穷的人，贫穷的人也不敢去追求富裕。我曾经在村落间行走，看到农民的生活用具非常简陋，询问他们原因，他们都说不敢有所作为。现在，他们想要多种一棵桑树，多买一头牛，储存两年的粮食，收藏十匹绸缎，邻里就已经把他们视为富户，点名让他们去衙前服役了，哪还敢增加田地、修缮房屋呢？我听到这些事情，心里非常难过，怎么会有圣明的皇帝在位，天下太平无事，却制定法律让百姓不敢做长远生计的打算呢？"

等到神宗即位后，担任知谏院的吴充也上奏说："当衙前被差役选中的那一天，官吏会上门来登记家中的杯盘碗盏等日常用品，会根据财产的多少来评定等级，以满足差役的需求。有的人家里财产已经耗尽，但所欠的债务还没有还清，甚至子孙都已经去世了，但邻居和保人还要被追究责任。因此，百姓为了规避这种沉重的差役，不敢多耕种土地以避免被归入更高的丁等，也不敢因为亲情而聚在一起生活，以免被归入更高的户等。他们无法维持生计，恳请朝廷早日确定乡役的利弊，并按时实施改革。”

三司使韩绛也说：“对农民伤害最大的弊端莫过于差役了。其中，衙前的差役最为沉重，常常导致农民破产；其次是州投的差役，也需要花费大量的钱财。我听说在京城的东边有父子两人都要去做衙前差役，父亲对儿子说：‘我应该去死，这样你就可以避免挨饿受冻了。’于是他就上吊自杀了。又听说在江南地区，有的人为了逃避差役甚至嫁出自己的祖母，或者与父母分家。这些行为严重违背了人伦道理，让人不忍心听闻。还有的人把田地卖给富户，虽然田地归了不用服差役的人家，但差役的负担增加到了原本应该服役的户等上。其他伤害农民的事情还有很多，不一而足。希望朝廷能让内外的官员和百姓都详细陈述差役的利弊，委派侍从、台省等官员集中讨论，参考古代的制度进行裁定，使力役的负担不再偏重，这样农民就能知道要为生活去赚钱，有安心从事农业生产的心了。”

以上所列举的，还远远没有道出当时差役痛苦的十分之一，但即便是千载之后的我们读到这些，也会忍不住感到皮肤发麻、鼻子发酸、泪流满面。那么，当时亲身经历这些苦难的人又怎能还保留人生趣味呢！这里所说的衙前服役，只不过是差役中最为辛苦和劳累的一种罢了。除此之外，还有更多种名目的差役，数不胜数。比如，衙前主要负责管理官府的财物，里正、户长、乡书手则负责督促征收赋税，耆长、弓手、壮丁负责追捕盗贼，承符、人力、手力、散从则是为官府提供差遣和服务，县曹司的押录、州曹司的孔目官，以及下面的各种杂职、虞候、拣掐等等，都无法一一记录。这些差役都是根据乡户的等级来确定的，而命官、将领、官吏、僧人、道士等人则可以免除差役。狡猾的人有的会投身到那些可以免除差役的人群中，为他们做佣人或奴仆，这样也能随之免除差役。百姓为了摆脱苦难，甚至愿意出家当和尚，而当和尚的价值甚至超过了地契。乡村中的平民百姓和地位低下的家族，需要服的差役越来越多，他们的生计也越来越艰难。从前面所记录的各篇奏议中，我们可以想象当时国民经济的困顿程度，真是岌岌可危，难以维持。然而，史书上还称赞仁宗时期百姓家家丰衣足食，这正如孟子所感叹的“尽信书，则不如无书”。而导致这种弊端产生的根源，没有比差役制度更严重的了。

在此之前，范仲淹认为天下县份太多，所以造成了差役繁多、百姓贫困的现象，他首先废除了河南府的一些县，打算以此为例逐渐推广到其他州（但他很快就被旧党攻击，所废除的县份不久又恢复了）。韩琦想要根据乡的宽窄和差役的疏密来平均分配差役，但这些都只是修补漏洞的做法，对于从根本上解决问题没有任何帮助。司马光说，衙前的差役可以实行招募制，其他的差役则由农民来承担，但这也只是五十步笑百步而已。而且招募的人必须给予报酬，这些报酬从哪里来，司马光并没有考虑到。等到神宗即位，王安石担任宰相，他们才大刀阔斧地进行改革，于是募役法就这样产生了。《文献通考》卷十二大致记录了这件事：

熙宁二年（1069年），朝廷下令制置条例司研究并制定新的劳役制度。条例司上奏说：综合各方面的意见，大家都认为让百姓出钱雇人服劳役最为方便，这符合古代先王通过征收百姓的财物来给予在官府任职的平民以俸禄的意图。我们希望能够将这些具体的条款交给被派遣的官员，让他们分赴全国各地去广泛征求民众的意见，并最终将这些意见汇总上报朝廷，得到了批准。于是，条例司详细规定了各地役法的具体内容：对于衙前这一职位的使用，根据其任务的繁重和难易程度来分配，凡是过去通过购买酒税坊场经营权来作为报酬的衙前职位，现在改为由官府自行出售，并将所得的钱款按照分数与劳役费用一起发放给相关人员。对于那些在厢镇场务等地方工作的，过去给予的奖励报酬不允许民众直接购买占有，而是按照过去规定的分数来作为投名获取职位的奖励。像是负责水路运输及管理仓库、驿站、公使库等职务，过去既烦琐又让相关人员负担沉重，现在应该简化流程，使他们无需再额外花费。那些过去因承担繁重劳役而背负债务的承符散从等人，现在应该改革法律，消除弊端，使他们不再陷入困境。所有拥有产业和财力但过去没有承担劳役的人，现在需要出钱来帮助实施劳役制度。这些都是新制定的条例。

过了很长时间，司农寺上奏说：现在制定的劳役条例所宽待、优待的都是那些居住在乡村、朴实无华且无法自己表达意见的穷苦百姓，而所削减限制的是那些做官且有能力兼并土地、能够引起人们议论的豪门大户。如果这一制度一经确定，那么衙门和县里的官吏又找不到其他方式来施展他们巧取豪夺、玩弄权术的手段了，所以，新法的推行对他们来说尤其不便。如果做事自己没有主见，一味征求别人的意见，那么最终很难成功。希望先从司农寺申明并颁发的新条约开始，选择一两个州作为试点，等这些州取得了成效后，再让其他各州府仿照执行。如果这个方法确实对百姓有利，就特别给予奖励。朝廷采纳了这个建议。于是，提点府界公事赵子几将他所管辖的府界内实行的役法条款上报给了朝廷。皇帝把这些条款交给司农寺，并下诏让司农寺的判官邓绾和曾布重新审议。邓绾和曾布上报说：在京城附近的乡村，根据农户的产业和家资的贫富程度，将他们分为五个等级。在每年的夏秋两季，按照等级征收役钱，乡村的四等户和城郭的六等户以下的农户则不需要缴纳。在两个县内有产业的农户，上等户要分别按照各自县的中等户标准，加上全县的征收标准来缴纳。对于分家居住的农户，要根据他们分家后的情况来调整等级。如果是官户、女户或者寺观中的未成丁户，则减半征收。这些征收上来的钱，将用来雇佣三等以上的税户来代替服役，并根据服役的轻重程度来制定他们的俸禄。以开封县为例，该县有两万两千六百多户，每年征收的役钱为一万两千九百贯。其中，一万零二百贯用作役夫的俸禄，剩下的两千七百贯则作为储备，以备不时之需，如遇到灾荒或歉收等情况时使用。其他各县也都仿照这个办法执行。

然而，关于缴纳钱款的计算要根据等级来决定，而每户的等级都记录在户籍中。过去因为有人巧妙地逃避导致记录不实，于是朝廷下令责成各部门和县衙进行核查。对于城市中的坊郭地区，每三年核查一次；对于乡村地区，每五年核查一次。在农闲时召集民众，核查他们的财产，考察他们的贫富状况，检查是否有欺诈行为，并根据这些情况调整他们的等级。如果有人故意虚报等级，就按照违反制度来处理。招募役法时，需要三人相互担保，担任衙前职务的人还要提供财产作为抵押。弓手要通过武艺测试，典吏要通过文书和计算的测试，这些职务每三年或两年更换一次。

法令制定完备后，先公示一个月，如果民众没有提出异议，这个法令就被正式确定下来，并在全国范围内颁布实施。由于全国各地的风俗习惯不同，劳役的轻重也不统一，民众的贫富状况也不等，所以法令允许各地根据实际情况来制定具体的实施办法。凡是应该服役的人户，都要按照等级出钱，这笔钱被称为“免役钱”。城市中的按等级划分的户，以及成年但只有一个女儿的户，还有寺庙、道观及有品级的官员之家，过去没有劳役但要出钱的，这笔钱被称为“助役钱”。凡是征收这些钱，首先要看州或县需要雇佣人员所需费用的多少，然后根据各户的等级平均征收。当雇佣的费用已经足够使用时，再按照这个数目额外征收二分以备不时之需，比如水旱灾害导致的收入短缺，但是增加的这部分不得超过二分，这部分钱被称为“免役宽剩钱”。

啊！我读了条例司及司农寺所拟定的役法条目后，不禁感叹王安石及其同僚们真正做到了思考全面、精心策划，完全可以作为立法者的楷模！差役制度对百姓的剥削已经到了难以忍受的地步，因此改革势在必行，这是显而易见的。然而，以往的差役固然有些烦琐苛刻的项目可以废除，但也有些是国家必需的，不能轻易废除。如今熙宁年间推行的新法，对于那些可以废除的差役已经废除了，对于那些不能废除的差役，既不再让百姓承担，又不能因为不让百姓承担就废弃这些事务，所以不得不由国家招募那些愿意承担的人来完成，这是很容易看明白的道理。但是，既然已经招募人来承担了，那就不再是义务性质，而是变成了双方同意的契约性质，没有报酬谁又肯去做呢？而且，国家并不像私人那样拥有自己的财产，它有所需求，就只能从百姓那里获取。这些义务，百姓们已经承担了数十年。只是因为过去的法律制定得不完善，所以那些朴实善良、软弱的人受害更深，而那些狡猾的豪强却能够幸免。如今，我们基于这些固有的义务进行了改良，将原本属于徭役性质的义务转变为了赋税性质的义务，与之前相比并没有增加百姓的负担。这就是“免役钱”之所以合理的地方。在征收“免役钱”时，会根据财产的多少来划分等级，富户征收得较重，贫户征收得较轻，而对于那些特别贫困的家庭，则完全免除他们的费用。

这与当今世界上各个文明国家征收所得税的方法正好相同。各国在征收所得税时，对于那些收入微薄、仅能维持生计的民众是不征税的，只有那些有盈余收入的人才会被征税。而且，在征税时会根据收入的等级比例来累进征税。这实际上是一种非常公平合理的税收制度，也是各国财政学家最为称道的。而王安石在数百年前，当各国还未发明这种税收制度的时候，他所制定的税收制度就已经与这种制度暗合，他提出根据产业或家庭财产的贫富程度，将其分为不同的等级，并按照等级来缴纳税款。乡村中的百姓从第四等开始缴纳，城市中的百姓从第六等以下开始缴纳。

那些豪族和僧侣，原本不承担赋税和劳役，而国家的一切负担都落在了那些弱小无力的平民身上。这是欧洲中世纪以来的一个弊政，也是法国大革命以及近百年来欧洲各国革命的主要动机之一。王安石对这些不平等的政策感到痛心疾首，他不惧怕得罪权贵，毅然决定向他们征收助役钱。这是欧洲各国经过流血牺牲才得到的成果，而王安石在朝廷中经过深思熟虑，很快就做出了决策。他制定的法律如此完善周密，但即便如此，他还不敢过于自信，于是先公示了一个月，民众没有提出异议，然后才把它定为法令。而在执行时，他又不敢操之过急，而是先在一两个州实施，等待看到成效后，再推广到各个州府。这不就是所说的"勤劳谦逊的君子最终会收获好的结果"吗？

自从这个法令实施以来，虽然后来经历了多次变迁，但终究没有被废除。直到今天，人民已经不再知道有徭役这回事，即使提到这个名字也往往不能理解它的含义，这都是王安石的功劳啊！他这一举措消除了从尧舜三代以来存在的弊政，实在是国史上、世界史上最有名誉的社会革命。我们这些生活在今天的人，已经很久没有想起这些了！试着回顾一下当时人们描述的旧社会动荡不安的情形，再考察一下欧洲中世纪和近代的历史，看看他们封建时代贵族和僧侣剥削平民的事实，两者相互印证，那么对于王安石，我们应该如何感激并崇拜他呢？然而数百年来，人们往往随波逐流，人云亦云，到现在还有人说他迂腐、固执、苛刻，甚至说他营私舞弊、奸诈狡猾。啊，我国民众对于报恩的淡薄，真是让人感慨啊！

当时的立法者说："如今得到宽待和优惠的都是那些朴实无华、无法自我表达的乡村穷苦百姓，而被裁减和征收的则是那些既做官又兼并土地、能言善辩的豪门大户。他们知道新法的实施对他们不利，所以站出来阻挠的人一定会很多。"果然，当时那些所谓的士人君子纷纷站出来攻击新法，而他们所持的理由，不外乎都是出于自私自利。现在略举一两个例子来说明：

苏辙说："乡户服劳役，就像士人当官吏一样，是必不可少的。"

苏轼说："自古以来，乡户服劳役就像吃饭必须用五谷，穿衣必须用丝麻，过河必须用船，行路必须用牛马一样，是理所当然的事情。虽然有时可能会用其他东西来代替，但终究不是长久之计。又说："士大夫们抛家舍业，背井离乡到各地去做官，是为了效力，也是为了追求快乐，这是人之常情。

如果厨房里冷冷清清，就像处在危难中的国家一样简陋，这恐怕不是太平盛世的景象。”

神宗皇帝曾与身边的近臣讨论免役法的好处，文彦博说：“祖宗传下来的制度都还在，不需要更改来失去人心。”宋神宗说：“更改制度确实会让士大夫们不高兴，但对百姓有什么不方便的呢？”文彦博回答说：“您是与士大夫一起治理天下，而不是与百姓一起治理天下。”

啊，当时那些攻击新法的人，他们的真实想法已经暴露无遗了！像苏辙和苏轼这样，认为乡民服役是天经地义、不可动摇的，这是深陷于阶级制度的陋俗之中，认为人生来就有贵贱之分。法国大革命时期的贵族，以及现在的俄国贵族都持有这样的观点来维护他们不正当的权利，没想到我国的所谓贤人竟然也如此！在当今社会，无论是中国还是外国，都已经不存在所谓的役人，也不存在必须使用乡户来服役的情况了。难道我们不用五谷就能吃饭，不用丝麻就能穿衣吗？如果苏轼看到这种情况，他又会如何辩解呢？更何况苏轼对免役法感到痛恨的仅仅是因为厨房的冷清无法满足远方做官的士大夫们的享乐需求罢了。如果按照他的说法，以此来粉饰太平盛世的景象，虽然盛世确实是盛世，但难道不记得因为这样的政策，有多少寡妇被迫改嫁，亲族被迫分居，人们为了逃避高等级的赋税而放弃田地，甚至不惜非正常死亡来使家中只剩一个成年男子吗？难道不记得因为这样的政策，百姓们连多栽一棵桑树、多买一头牛、储备两年的粮食、收藏十匹布帛都不敢了吗？仅仅为了满足少数官吏的享乐，却让大多数百姓流离失所、饥寒交迫、求生不得，这简直就是以喝人血为乐啊！这是豺狼才会说的话！稍微有点人性的人怎么忍心说出口呢？没想到那些号称贤士大夫的人，竟然会说出这样的话，而且数百年来，还有那么多贤士大夫附和这种观点！他们把所有的指责都集中在那些为百姓请命的正直贤明的宰相身上，由此可见，中国缺乏公正的舆论已经很久了！

至于文彦博所说的话更是令人震惊，他说：“皇帝是与士大夫一起治理天下，而不是与百姓一起治理天下。”如果真像他说的那样，那么任意剥夺百姓的生命财产来取悦士大夫，是否就达到天下大治的极限了呢？我要郑重地告诉后世读史的人们：王安石当时推行的新法，没有一件事不是为了百姓的利益，也没有一件事是对士大夫不利的。士大夫的利益与人民的利益本来就是相互冲突的。如今我们能够考察到的，只是当时士大夫的言论，而人民的言论则没有一条是可以考察到的。”如果只根据士大夫的一面之词就作出定论，那么他们的冤屈难道仅仅是“莫须有”的吗！免役法只是其中的一个方面而已。

当时编造言论来诽谤和讥讽王安石的情况多得无法一一记录。根据《文献通考》的记载，其中有同判司农寺曾布逐条上奏进行辩解和反驳的文章，从中我们可以看到那些诽谤者虚构的谎言，以及那些不了解实际情况而胡乱猜测的人。现在我将这篇文章的大致摘录如下：

京城附近的上等户现在完全免除了以前需要承担的衙前之役，所以他们现在所缴纳的钱与以前需要服役时相比，费用减少了大约十分之四五。中等户以前需要充当弓手、手力、承符、户长等职务，现在改为由上等户、坊郭户、寺观户中的单丁及官户来出钱资助，所以他们的费用减少了大约十分之六七。下等户则完全免除了以前那些繁重的劳役，只需要专门充当壮丁，而且还不需要缴纳一分钱，所以他们的费用减少了大约十分之八九。大体上，上等户减少的费用比较少，下等户减少的费用比较多。有人说这是对上等户优待而对下等户苛刻，因此招致了聚敛钱财的指责，这是我所不能认同的。提举司因为觉得各县上报的等级不实，所以首先制定了品量升降的法规。在开封府、司农寺正在讨论这个法规的时候，可能还不知道已经对以前的等级数字进行了增减调整。然而，以前的法令规定每三年要重新编造一次簿书，等级也常有升降变化，所以现在进行的品量增减也不能说是不合理的。况且，我们目前正在向民户进行解释和说明，如果有任何不便之处都会进行纠正和调整，所以那些增减的措施实际上还没有真正实施过。有人却认为，制定品量等级是为了多征收雇钱，通过提升等级来补足配钱的数额。至于像祥符这样的县，因为上等户数量较多，被减少到下等户却故意隐瞒不说，这是我所不能理解的。

凡是州县中的劳役，没有不能雇佣人员来完成的道理。现在，全国各地都有很多人报名愿意承担衙前的差役，他们经常负责管理仓库、场务、纲运等工作，而像承符、手力这样的职务，按照旧法也早就允许雇佣人员来担任了。只有耆长、壮丁的职务，按照现在的安排，是最轻松的劳役，所以只是轮流让乡户来承担，不再雇佣人员。有人却认为，如果专门雇佣人员来担任这些职务，就会丢失官府的财物；如果让耆长来管理，那么盗贼就难以制止。

还有人认为，如果让边境地区的奸细之人来应聘，他们可能会烧毁粮仓，或者把守城门时与外敌勾结，这也是我所不能理解的。免役法既可以缴纳现钱，也可以缴纳粮食，都是根据百姓的方便来选择的，法律能做到这一步，已经非常周全了。那些批评者却说，如果直接让百姓缴纳钱财，那么丝绸、粮食等商品的价格必然会下跌；如果改用其他物品来折价抵钱，那么又会出现挑拣、乞求、索取等弊端，反而会给百姓带来灾害。那么，到底应该怎么做才合适呢？这是我所不能理解的。以前的徭役都是由百姓来承担的，即使遇到饥荒年份，也从未停止过。现在征收的役钱，我们希望能够稍微有些盈余，以便在灾荒年份能够减免一些，其余的部分则专门用于开垦农田和增加官吏的俸禄。批评者却认为，助役钱不像税赋那样有减免的期限，我不知道以前的衙前、弓手、承符、手力等差役是否也曾有过减免的情况，这是我所不能理解的。在两浙地区，有一百四十多万户，但他们所缴纳的缗钱只有七十万贯。而在京城附近，只有十六万户，所缴纳的缗钱也有十六万贯。这意味着两浙地区所缴纳的财物只是京城附近的一半，但京城附近用这些钱来招募役夫后，所剩下的也并不多。批评者却认为，官吏们会钻法律的空子，广泛征收钱财，比如两浙地区想要通过盈余来获取好处，司农寺也想要通过超出预算来显示自己的功绩。这都是我所不能理解的。

看了这些记载，就可以知道当时那些诽谤新法的人都致力于夸大恶处而隐瞒好处，而且对于变法前后的利弊，他们从未进行过比较和权衡轻重，完全是出于个人的意气用事，而不是秉持公正的道理。免役法只是其中一项改革措施而已。等到神宗皇帝去世，司马光执政，他首先废除了募役法，恢复了差役法。而在此之前，攻击新法最有力的范纯仁则认为，差役的事情应该仔细研究，否则会给百姓带来更大的危害。在此之前，将百姓服差役比作丝麻五谷的苏轼，又极力主张役夫应该雇佣而不应该差派，他认为即使圣人再世也不能改变这个观点。他还说，农民如果被差派去服役，官吏会想出各种办法来敲诈勒索，这比雇佣役夫要痛苦十倍。同一个人，在前后十多年的时间里，言论竟然如此相反，这难道不是因为他一开始对未曾经历过的事情感到震惊，等到新法取得了显著的成效后，才不得不从心里折服吗？

俗话说：“非凡的变革，会让百姓感到害怕。”又说：“一般人只能共享成功的快乐，却难以共同思考事业的开端。”以范纯仁和苏轼的贤能，他们的见识竟然和普通百姓没有什么两样。那么，王安石将他们一概视为流俗之人，又怎能说是冤枉了他们呢？然而，范纯仁和苏轼能够认识到自己先前的说法是错误的，并果断地改正，这终究不失为君子。唯独让我感到奇怪的是，司马光在王安石没有实行募役法之前，就已经极力指出差役法的弊端，并首先提出了募役的主张。然而，当他后来继任宰相时，听从了那个反复无常的蔡京的建议，完全推翻了前任宰相王安石的做法，甚至不顾自己以前所坚持的观点。这是因为他厌恶功名不是出自自己之手，而想要通过打压别人来取悦自己、满足私欲吗？以司马光的贤能，我当然不敢这样怀疑他，但除此之外，我又无法理解他内心的真实想法到底是什么。

第六，其他关于民政财政诸法

以上提到的青苗法、均输法、市易法和募役法，都是当时王安石特别创立并涉及民政和财政的法律。除此之外，还有很多是对原有法律进行整顿和改良的，在这里简要地论述一下。

（甲）农田水利法

王安石刚开始执政的时候，就派遣各路常平官专门负责农田水利事务。官吏和百姓中如果有人懂得土地种植的方法，或者了解池塘、堤堰、沟渠等水利设施的利弊，都可以自行上报。如果实施后取得了效果，就会根据功劳的大小给予奖励。在王安石执政期间，他始终致力于这项事业，兢兢业业，不辞辛劳。据史书记载，从熙宁三年（1070 年）到熙宁九年（1076 年），京畿地区及各路共兴修了水利田一万零七百九十三处，总共增加了三十六万一千一百七十八顷的田地。

王安石开凿的水利工程数量众多，无法一一列举，其中规模较大的有疏浚黄河和清理汴河两项。在谈论疏浚黄河时，王安石说：“如果不堵塞黄河的北流，就会占据大量的公私田地，而且水流分散，时间长了会淤积堵塞。过去我们修建了两条分流河道，费用很少，但公私田地都得到了释放，以前的盐碱地也都变成了肥沃的土壤。”当时，司马光和欧阳修两位大臣都反对这个计划，欧阳修甚至说：“开凿河道就像放火一样危险，不开凿则像失火一样糟糕。与其让百姓劳苦，不如不开凿。”王安石反驳道：“让百姓劳苦以消除灾害，这是为了造福天下而百姓也愿意跟随的事情。”从这两个观点来看，一个是追求苟安，一个是勇于担当，哪个更明智是显而易见的。

关于清理汴河的提议，王安石很早就提出来了，但直到他请求退休后的元丰元年（1078年）才开始实施，用了四十五天的时间完成。对于这两项工程是利大于弊还是弊大于利，我无法做出判断。但重要的是，它们足以证明王安石在民事上尽心尽力。然而，当时苏轼上书诋毁这一做法，认为天下已经长久太平，百姓和财物都在增长，四方的潜在利益已经被发掘殆尽，现在想要凭空寻找水利资源，必然会给百姓带来很大的困扰。这些都是那些主张不做任何事情的人的论调，也是当时士人的风气。其实，中国直到今天，仍然到处都有未被发掘的潜在利益。更何况宋朝是在大乱之后建立起来的，而真宗、仁宗时期的凋敝情况又如前所述，说已经没有潜在利益可挖，这不是骗人吗！

（乙）方田均税法

方田均税法是王安石为了整顿田赋而推行的一项政策。根据史书记载，这项政策的始末如下：

熙宁五年（1072年）八月，朝廷下诏，命令司农寺将均税的条例和格式颁布到全国各地。规定以东西南北各一千步为四十一顷六十六亩，每一百六十步划分为一方。这年九月，由县令和佐官负责，分片进行土地丈量。根据土地所处的山坡、平原或沼泽地带来确定其类别，再根据土壤是红色或黑色以及废墟情况来辨别其土质。完成土地丈量和土质辨识后，结合土地类别和土质肥瘦程度，将土地分为五个等级，并据此制定税则。到第二年三月完成所有工作，然后将结果公布给百姓。如果一个季度内没有提出异议和诉讼，就将土地情况和税额登记在户帖上，连同庄帐一起交给百姓，作为土地和纳税的凭证。均税法规定，每个县都以原来的租额和税额为上限，过去那种将不足额的零头累积起来以增加税收的做法，比如不足十合的米按一升来收，不满十分的绢按一寸来收等，现在都不得再采用，以免超过原来的税额。所有超过原定税额的增加部分都是禁止的。对于那些贫瘠不长草木的土地，以及大家共同使用的山林、池塘、道路、沟渠和坟墓等，都不征税。在田地的四个角上，要立土堆作为标记，并种植适合当地生长的树木来作为边界的标志。此外，还有方帐、庄帐、甲帖和户帖等记录方式。对于分家析产、典卖土地或转移土地的情况，官府会提供契约，并在县里设置账簿，都以现在丈量过的田地为准。法令制定完毕后，朝廷任命济州钜野县的尉官王曼为指教官，先在京东路实施，其他各路也仿照执行。

这大概是当时为了调查土地和整顿赋税而制定的一项政策，虽然并非王安石独创，但也是理财者们都认为的最好的办法。方田法大概就像近代所谓的土地台账法，讨论地税的人都说这种方法是最好的，但是它每年都要重新厘定一次，未免过于烦琐，难以持久。政策规定先将结果公示给百姓，如果一个季度内没有提出异议和诉讼，就将其确定为法令，这真是一项非常仁慈的政策。方帐、庄帐、甲帖、户帖等制度，虽然它们的具体内容现在已经无法考证，但与当今文明国家的法律制度有很多相似之处。政策还严格禁止超过原定税额增加数量，豁免了贫瘠土地和公共用地的赋税，充分体现了对百姓的关怀，谁说王安石制定的法律是损害百姓利益而增益朝廷的呢！

（丙）漕运

历代朝廷都将都城建立在北方，而粮食主要依赖东南地区的供应，因此漕运实际上是国家的一项重要政策，在北宋时期尤为重要。在此之前，负责漕运的官吏和士卒常常上下勾结，共同侵吞盗窃，甚至故意让船只因风浪问题沉没以销毁罪证，导致官方物资损失严重，每年损失的粮食不少于二十万斛。熙宁二年（1069 年），王安石推荐薛向担任江淮等路的发运使，开始招募客船与官船分别运输，互相监督检查，从而消除了过去的弊端。在每年固定的漕运数量满足后，还招募商船将二十六万多石粮食运送到京城，并且这一数字还在持续增长。虽然这在王安石的事业中只是一件小事，但从这件事中我们可以看出他善于识人用人、讲究实际效果。

以上列举的都是王安石在民政和财政方面所推行的大致政策，这些政策的每一项都有明确的记载，其初衷无一不是为了造福百姓，哪里有所谓损害百姓利益而增益朝廷的作为，像那些贪婪的俗吏所做的那样呢？虽然当时在执行过程中存在不实之处，导致有些政策与立法的初衷相违背，没有达到预期的效果，这样的情况也确实存在。但我已经说过了，在交通不便的时代，想要以干涉政策来治理一个大国，本身就是一件困难的事情，因此这并不能成为王安石的罪过，更何况当时那些所谓的廉洁君子都不肯给予他支持，那么即使有用人不当的情况，其责任也应该由那些所谓的君子来分担。因此，我详细叙述了当时财政的真实情况如上，以供后世读史的人参考。

第十一章　王安石的政治手段和策略(三) 军队和国防

第一，省兵

宋朝因为供养军队而使国家财政困顿，拥有上百万的军队，每年的军费开支占据了国家财政收入的三分之二，即便如此，宋朝的军队却不能打胜一场仗。稍微有点见识的人没有不为此深感忧虑的，然而最终没有人能改变这种状况。这是因为长期的积累已经形成了沉重的负担，只有真正的豪杰之士才能够扭转这种局面。但当时的士大夫们已经习惯于苟且偷安、懒惰懈怠，没有谁的心力和能力能够担当起这个重任。现在，让我先讲述一下当时各位贤能之士关于养兵之弊的论述，然后再谈王安石省兵的策略。在仁宗嘉祐年间，知谏院的范镇上疏说：

现在土地广阔，人口却非常稀少，赋税征收得很重，国家财政非常困难，这正是因为军队人数太多的缘故。有人可能会说，这是为了防备契丹的入侵，但是，契丹已经五十年不敢南下侵犯我们了，这是因为他们从我们这里获得了丰厚的金钱和丝绸等利益。即使我们放弃这些利益，转而面临他们的威胁，那么黄河以北的妇女和孩子都可以成为守城的人，那些城市里的无赖和农田里辛勤耕作的农民，我们又何必提前养活他们，给百姓带来困难呢？从百姓中征兵就会导致百姓减少，百姓减少就会使得土地变得空旷，土地空旷就会使得赋税和劳役加重，赋税和劳役加重就会使民心离散。相反，如果让百姓平时务农，战时从军，那么百姓就会增多。百姓增多，他们就会去开垦更多的田地；田地开垦多了，赋税和劳役的负担就会减轻；赋税和劳役减轻了，民心自然就稳固了。与其让民心离散来防备契丹，结果契丹还没打来，国家的民力就已经耗尽，哪里比得上让民心稳固来防备契丹，即使契丹打来了，国家的民力也还充足，国家的储备也充足呢？这两者的利害关系就像黑白一样分明，就像一二那样清楚，而现在有人认为这是难事，这是我深感困惑的地方。从前汉武帝因为征战匈奴而使天下困顿，但他用兵征战匈奴，横扫漠北，实现了他的意愿。陛下使天下困顿却因为养兵而不是用兵，这并不是为了满足个人的私欲，那又何必这样做呢！

欧阳修也对此发表评论：

从景德年间停止大规模用兵到现在，已经过去了三十三年。那些曾经经历过战争的老兵几乎都已经老死，后来加入军队的士兵从未听过战鼓声，也不了解战场的形势，他们生活在和平的环境中，衣食无忧，这样的形势下不可避免地会变得骄傲和懒惰。现在，皇宫的卫士们入宫值宿，自己连被子都不拿，而是让人帮忙拿着。禁军的粮食供应，他们自己不扛，而是雇人帮忙扛。他们骄横到这种地步，又怎么肯冒着辛苦去战斗呢？前些天，西部的将领，比如高化军的齐宗举，两次用兵都失败了，这就是骄横懒惰带来的后果啊。如果士兵能够忍受辛苦并且善于战斗，那么消耗一些农民资源来供养他们也可以理解，但现在的情况是，军队里充斥着只有虚名、实际上骄傲懒惰且毫无用处的人。在古代，所有身强体壮的百姓都在农田里劳作，农闲时则接受军事训练以备战。现在却大不相同，一旦遇到灾荒年份，州郡的官吏就会用尺子丈量百姓的身高，挑选那些高大健壮的人，招募他们成为禁军；而那些身高不够或稍微瘦弱胆怯的人，则会被登记为厢军。官吏们因为招募的人多而受到奖赏，百姓在穷困潦倒的时候则会争相投军，所以每当遇到灾荒，留在农田里劳作的只剩下老弱病残。官吏们却说，如果不把这些人招募为兵，他们就可能成为盗贼。唉，这些人只看到了眼前这些人不会成为盗贼，却不知道他们终身都会骄傲懒惰，靠国家供养白吃白喝！在古代，身强体壮的人负责耕种，老弱的人则游手好闲；而现在，身强体壮的人游手好闲，老弱的人留在农田里耕种。这是多么大的反差啊！那些在农田里辛勤劳作的百姓，有时吃的甚至连猪狗的食物都不如；而一旦被招募为兵，就可以终身安逸享乐，过着富足的生活。这样一来，农田里的百姓就不得不日渐减少了。所以说，有诱使百姓脱离农业的弊端，指的就是这种情况。

又说：

古代那些善于用兵的人，可以让他们赴汤蹈火，在所不辞；而现在，厢军和禁军的士兵，官府根本不敢随意征调他们，如果实在不得已暂时要用他们，就会说是“借调”。那些士兵之间也会互相说，我们是被官府“借”来的，而官府下发的文件上也写着“借调”。奖赏原本是用来酬劳有功之人的，但现在因为大礼，不劳而获的奖赏每隔三年就发放一次，每次都要花费八九十万，官府根本不敢拖延发放的时间。士兵们得到奖赏后，并不会因为没有立功而感到羞愧，反而还会挑剔奖赏的多少，比较奖赏的好坏，稍有不如意就会拿着棍棒大声呼喊，聚集起来想要殴打执行天子命令的官吏。在没有战事的时候尚且如此，由此可知士兵们的骄横程度。士兵们之所以敢如此骄横，是因为使用他们的方法不得当，并且相关的法制没有确立。回想前朝五代的乱世，可以说骄兵的情况已经到了极点，在五十三年的时间里，更换了五个姓氏的十二个君主，其中有八个君主亡国被杀，他们在位时间最长的不过十多年，最短的只有三四年。难道这些君主都是愚蠢的吗？难道他们的内心都乐于战乱而不希望制定长久安定的策略吗？其实并不是这样，只是他们所处的时代环境让他们力不从心罢了。当时，东边有汾州、晋州等地的割据势力，西边有岐州、蜀地等地的割据势力，北边有强大的胡人威胁，南边则有江淮、闽广、吴越、荆潭等地的割据势力，天下被分割成了十四五块，四周都是割据势力环伺。再加上中原地区还有叛将和强臣割据一方，那些统治天下的人大多在位时间不长，威望和恩德还没有深入人心。即使是那些强势的君主和武人，也只能依靠武力勉强维持自己的统治。如果不幸遇到软弱无能的子孙继位，往往一两代之后就会再次出现战乱和衰败。所以君主养兵就像是养儿子去喂虎狼一样，即使这样还生怕他们不肯为自己所用，哪里还敢指望他们去控制天下的局势呢？国家就像一座破旧的房子，修补了房屋的深处，角落却可能会倒塌；整理了房屋的椽子，栋梁却可能会倾斜。只能勉强支撑着，让房子能够存在下去，哪里还有时间和精力去按照规矩和标准来制定制度呢？现在宋朝已经建国八十年了，对外平定了僭越作乱的政权，没有能够与之抗衡的敌国；对内削弱了藩镇势力，没有强大的叛臣。国家统一，海内安定。可以说，宋朝的统治时间不算短，疆域也不算小。然而，军队不能对外显示威势，反而在内部骄横跋扈，国家的制度也不能作为万世的楷模，反而日益繁杂，一切都显得敷衍了事，与五代时期没有什么不同。这真是让人非常叹息啊！

苏轼也对此发表评论：

士兵在没有战事的时候也要吃饭，那么就不能让他们聚集在一起，让他们聚集起来，就不能让他们无事可做而白白消耗粮食，这两者是相互矛盾的，不能同时存在，这是形势使然。现在有一百顷的空闲田地，就足以放牧上千匹马，而且花费不大。但如果把上千匹马聚集起来，然后从这一百顷田地里收割草料来喂养它们，那么花费就会增加上百倍，这个道理是很容易理解的。以前汉朝的制度，有轮流服役的士兵，但没有专门耕种田地的士兵，虽然他们都出身于农民，但当他们成为士兵后，就不再从事农业生产了。因此，郡县里没有常驻的军队，京城里也不过只有南北军、期门军和羽林军这些守卫皇宫的部队而已。在边境有战事或诸侯有叛乱时，汉朝都会用虎符调动各郡国的军队，等到事情平息后，军队就会各自返回原地。虽然汉朝有军队，但由于它们并不常驻一地，所以国家并没有因为养兵而陷入困境。唐朝则设立了十六卫府兵制度，全国有八百多个兵府，其中关中地区就有五百多个。这些士兵在没有战事时努力耕种、积储粮食，不仅自给自足，还能为官府增加储备。所以，尽管唐朝的军队集中在京城，但由于他们平时都参与农耕，国家也没有因此陷入困境。然而，如今宋朝的情况大不相同。京城附近聚集了数十万不从事农耕的军队，他们都依赖朝廷供养。这样一来，宋朝既承受了汉朝和唐朝养兵的弊端，又没有享受到它们养兵的好处，可谓是择其偏而兼用之，因此同时遭受了它们的弊端，却无人能将它们分开。

全国的财富，从近处的淮河流域到远处的吴楚之地，凡是舟车能到、人力可及的地方，都尽可能地搜刮并运送到京城。国家明明平安无事，赋税却重得无法再加，即使这样，三司还是抱怨经费不足。这一切的弊端都源于军队不从事农耕却聚集在京城、靠四方贡赋供养。不仅如此，军队还在各地循环往来屯驻戍守。在宋朝建国之初，各地分裂割据，拥兵自重，不服从中央，太祖和太宗皇帝亲自披上铠甲，奋力战斗才收复了这些地方，并降服了这些割据势力的君主，得到了他们的疆土。然而，这些割据势力的旧有基础和残余势力仍然存在。先皇预见天下难以统一，担心这些残余势力再次叛乱，于是派出禁军去戍守这些地方，从大的藩府到小的县镇，往往都有京城的军队驻扎。由此看来，天下的每一寸土地都是天子亲自守卫的，这样的局势能够长久不变吗？养兵的费用是极大的，而养兵费用中最大的一项就是出征的费用。现在朝廷派出禁军去戍守各郡县，远的地方甚至有几千里。除每月的粮食供应和每年的经费外，还要每天提供草料和粮食。这些军队每隔三年就要轮换一次，去的时候熙熙攘攘，回来的时候络绎不绝，虽然每次轮换的人数不过几百，但累积起来，其消耗无异于数十万大军每隔三年出征一次，农夫的劳动力怎能不枯竭？运送军需物资的士兵怎能不疲惫？

况且现在天下并没有发生战争，这些武夫悍卒也没有什么战功可以向上级邀功请赏，然而他们都不能成为休息闲居的无用之兵，因为他们认为自己是在为天子出戍。因此，这些士兵穿着华丽的衣服，吃着丰盛的食物，朝廷还打开府库运送金银财宝给他们，好像对他们有所亏欠一样。一旦他们稍有不顺心，就想要群起而喧哗闹事，这究竟是为了什么呢！

天下已经统一，并且已经延续了几千年。百姓对君主的拥戴，无论是在海角天涯还是在京城附近都是一样的。因此，我们也不必过分怀疑四方的军队而只信任禁军。过去，蜀地有过“均贼”，近年来贝州也有王泽兵变，这些未必不是禁军造成的。我认为，对于郡县的士兵，我们可以逐渐训练他们，并暗中削弱他们的权力，这样禁军就可以逐渐减少，变得不再那么重要。天下的勇士和壮士，难道有固定的出处吗？他们受到山川环境的影响，受到风俗习惯的熏陶，四方的百姓都是一样的。过去，战国时期就经常利用各地的士兵来作战，蜀地的人被认为怯懦，吴地的人被认为身材矮小，但他们都曾与中原大国相抗衡，这哪里能说是禁军就能轻易战胜的呢？

现在的士兵之所以变得迟钝、疲软、孱弱、不振作，是因为他们看到各个郡县都有禁军，而禁军的待遇明显高于他们，所以他们自甘堕落，觉得自己就像贱隶和仆役一样，将领和官吏也从不训练他们。如果禁军逐渐减少，用节省下来的军饷和粮食来优待郡县的士兵，那么他们肯定会欢欣鼓舞，出乎意料地感激朝廷的恩德，并愿意为朝廷效力。这样，他们的战斗力又怎么会比不上禁军呢？随着士兵数量的逐渐增加，禁军的数量逐渐减少，除了天子身边的护卫和守城的军队，禁军在其他方面就没有什么用处了。这样一来，朝廷内部就没有了因屯兵而需要仰仗朝廷供养的费用，外部也没有了因军队迁徙而需要提供的庞大物资和劳务费用，节省下来的费用又能超过一半。

苏轼又说：

夏、商、周三代的军队不需要特别挑选就很精锐，这是为什么呢？因为那时的军队是从农民中征召的，有固定的数量但没有固定的人选。国家有战事需要时，就让每一户人家出一个正卒，仅此而已。因此，老年人可以得到赡养，有疾病的人可以得到休息，为官府服役的人都是身强体壮的年轻人。在没有战事时去田里劳作、山里打猎，就不会征发老弱病残的百姓；军队出征时运送粮草，也不会让无用的士兵消耗粮食。这些士兵能够轻易地克服艰难险阻，熟练地操作兵器，他们的聪明才智足以跟上战鼓和军旗的节奏，他们的强健勇猛足以让他们不畏生死、冲锋陷阵。他们是保卫国家的勇士，每个人都能自卫，因此杀人少而成功多，费用节省而士兵强大。等到后世，兵民分开，士兵不能再变回农民，于是就开始有了老弱病残的士兵。既然已经招募百姓成为士兵，他们的妻儿和家庭就已经寄托在军营之中，他们的名字也已经登记在官府的户籍上，他们既不能行商，也不能务农，而是依靠官府供养直到衰老而无家可归。因此，他们确实不能离开军队，所以即使是那些无用的士兵，虽然减少他们的军饷和粮食，但也会终身供养他们。一个人从二十岁到衰老，不过四十多年的时间；勇猛强壮、敢于冲锋陷阵的时间，最多也就持续二十多年。现在如果终身供养士兵，那就意味着一个士兵有二十年都在白白消耗官府的粮食而没有实际作用。

以此类推，如果养了十万士兵，那么其中五万都是可以裁撤的；如果屯兵十年，那么其中五年都是无谓的开支。现在朝廷招募的士兵非常多，以前陕西的战事，把平民整编为士兵，再加上明道、宝元年间，天下遭受旱灾和蝗灾，接下来近几年，青州、齐州等地又遭遇饥荒，以及河朔地区的水灾，百姓为了生计而被迫参军的人数越来越多。查阅户籍统计，近代以来，招募的士兵数量没有比现在更多的了。然而，这些士兵大多年老体弱，又没有经过训练，战斗力连古代士兵的一半都比不上，而他们所需的衣食费用，是古代的百倍，这显然不是长久之计。凡是成为士兵的百姓，他们的数量比古代多了很多，这显然也不是长久之计。而且，成为士兵的人大多数都不是良民，他们在年轻力壮的时候喜欢赌博、喝酒，不安于家庭生活，然后才选择投身军营。等到他们年老体衰、士气低落的时候，其中也有很多人会后悔当初的选择，不再愿意继续当兵。

我认为，对于五十岁以上的士兵，如果他们愿意复员成为平民，应该得到允许。从今以后，愿意参军的人，都只招收三十岁以下的，并且规定服役期限为十年，十年后除名。百姓三十岁参军，十年后复员回家，这时他们的精力和思维能力还足以维持生计，为自己的终身大事做打算。如果他们应募的时候心里就明白自己不会服役超过十年，在他们除名复员的时候也就不会有怨言了。如果用原本用来供养那些无用的、终身坐吃山空的士兵的费来作为高额招募的赏金，那么响应招募的人一定会很多。这样一来，朝廷就常常不会有老弱病残的士兵，而那些不能胜任战斗的百姓也就不会无辜地死去。因为他们都知道，自己只需要服役十年就可以重新成为平民，所以他们会爱惜自己的身体，不敢轻易犯法，也就不会因为绝望而自暴自弃，落入坏人的手中。现在天下的祸患在于百姓不了解军事，所以士兵常常骄横凶悍，而百姓常常胆小怯懦。这样一来，盗贼来攻打，百姓不能抵御；戎狄来掠夺，百姓也不能抵抗。如果现在让百姓有机会轮流当兵，士兵也有机会复员成为平民，那么天下了解军事的人就会增多，盗贼和戎狄就会有所顾忌。

读完这段文字就能明白当时养兵制度的积弊已经到了非改革不可的地步。范仲淹、欧阳修、苏轼等人提出的建议，实际上就是后来王安石所实行的政策。但为什么他们的建议一定要等到王安石来实施呢？这就说明了说起来容易做起来难，天下的大事业终究不是那些空谈理论的人所能完成的。仁宗皇帝性格优柔寡断，不能与他商讨大计。至于神宗皇帝，他天生英明果断，似乎可以辅佐他来实现这些建议。然而每当神宗皇帝一提到要付诸实践，群臣就纷纷变了脸色，没有人敢承担这份责任。其中首先阻挠新法的就是司马光，他说：

因为淘汰的人很多，人们感到惶恐不安，普遍产生了愁怨情绪。虽然国家处于太平时期，法度严明，这些被淘汰的人闹哄哄的，也成不了什么气候。然而，一旦朝廷的诏书发布出去，万一在路上流传起谣言，惊动了百姓，朝廷就是想要图省事，又把这些被淘汰的人召回，那么朝廷的威信就会立刻丧失，以后再想号令那些骄横的士兵就难了。如果坚持推行这项政策，又会触犯众怒，梁朝分割魏博的兵力，结果引发了张彦之乱，这就是一个值得借鉴的教训。

司马光的这番言论几乎可以作为当时反对派的代表了。问他反对的理由，只不过是担心骄横的士兵难以控制，一旦减少兵力就可能激起兵变，因此，他主张采取姑息纵容的态度，就像是养虎为患一样。如果不是有王安石在，这个计划可能就因为众人意见不合而在讨论中被废弃了。当皇帝和王安石讨论减少兵力的时候，皇帝说："枢密院认为这一定会引发像唐朝建中年间那样的叛乱。"王安石回答说："陛下您亲自践行德义，勤勉处理政事，上下信息畅通无阻，这种情况一定不会发生。建中年间之所以会发生叛乱，是因为德宗皇帝重用了卢杞这样的人而疏远了陆贽，没有亡国已经是万幸了。现在我们应该只凭陛下您的圣明决断，详细制定条例制度，然后逐步推行。"皇帝听了之后，心意就坚定了。

于是，在熙宁元年（1068 年），朝廷颁布诏令，要求各路监司（负责监察的官员）检查各州的军队，如果发现不符合规定的就进行惩处，那些不能胜任禁军职责的降为厢军，不能胜任厢军职责的就免除军籍转为平民。不久之后，朝廷又颁布诏令，要求挑选各路一半年龄在四十五岁以下、能够穿戴盔甲的士兵，将他们从原来的编制中升级为大分（正规军的编制），而年龄在五十岁以上的士兵，如果愿意转为平民，就允许他们这样做。按照以前的制度，士兵要到六十一岁才能免除军籍，而且还不一定会立即批准，但到了这个时候，被免除军籍转为平民的士兵数量非常多，因此，冗余的士兵数量大大减少。到了熙宁二年（1069 年），朝廷又颁布诏令，废除并合并了各路的军营，陕西地区的马步军营从三百二十七个合并为二百七十个。马军的编制定为三百人，步军的编制定为四百人。之后，对总兵力的调整和合并继续进行，马步军从原来的五百四十五个营合并为三百五十五个，而京师的军队大多被调整到京城附近的各路及厢军中，将零散的士兵都集中起来，各自确定了固定的编制名额。从熙宁年间到元丰年间，每年都有大量的军营被废除和合并，同时增设了武卫军，对他们进行严格的训练，没过几年，这些军队都变成了精兵。

对于应该裁减多余的士兵这一点，当时的人们其实都心知肚明，之所以没有人敢于提出这个问题，是因为担心士兵会因此闹事。然而，王安石毅然决然地推行了这项政策，并且没有引起任何大的动荡，那么之前人们所担忧的那些可怕后果又在哪里呢？或许是因为那些贤能的人害怕挑起事端，不愿意承担责任，也不愿意去冒可能招致劳怨的风险，宁愿眼睁睁地看着国家日益衰败，也不愿意拿自己的爵位、名誉去冒险尝试那些成败未知的事情。从他们个人的角度考虑，这样做或许是有道理的。但是，我不知道国家究竟为什么要养这些大臣。在治平年间，士兵总数达到了一百一十六万二千人，到了熙宁年间，经过裁减，减少到了五十六万八千六百八十八人。到了元丰年间，虽然稍有增加，但也仅仅只有六十一万二千二百四十三人，大约是之前的一半。

王安石刚开始执政的时候就能削减宫廷开支和其他多余的费用达到四成，执政十年间，又能逐步裁减多余的士兵达到五成。他这种魄力雄伟果敢，我们是很难超越的。而他办事的艰难、正直、辛劳，也是可以想象得到的。这两点，都是当时那些空谈家们天天挂在嘴边谈论的事情。他们谈论却做不到，王安石做到了，他们却又跟着诋毁他，真可以说是没有良心了。而那些后来写历史评论的人，对于王安石这些伟大的功绩视而不见，真可以说是有眼无珠了。王安石裁减的士兵情况，《宋史·兵志》详细列出了废除和合并的记录，将建隆年间的制度与熙宁年间的制度进行了对比。学者们如果想要了解详细情况，可以去查阅，这里就不再赘述了。

第二，置将法

王安石裁减士兵的政策并不是一种保守退缩的政策，而是一种积极进取的政策。宋朝的军队虽然人数众多却无法有效使用，原因有很多，其中最为严重的问题就是将领与士兵之间缺乏了解和熟悉。宋太祖赵匡胤借鉴了晚唐五代时期的弊端，担心将领能够私自掌控士兵，于是创立了更戍法，将禁军分派到各地戍守边疆，以此来遏制骄横跋扈的将领和士兵，这个策略确实是很好的。然而，它的弊端也很明显，不仅频繁调动士兵导致劳民伤财，更重要的是，由于将领不了解士兵，士兵也不熟悉将领，导致虽然有兵但实际上却如同没有兵一样。等到王安石执政时，他开始对各地的将领和士兵进行重新编制，让他们都隶属于禁军，使士兵知道自己的将领，将领也熟悉自己的士兵。平时进行训练和激励，减少频繁调动士兵的劳苦，只有在有战事时才派遣出征，这实际上是宋朝兵制的一大改革。考察当时将领和士兵的数量以及他们的配置地点，我将其整理成如下表格：

<table>
<tr><td colspan="2" rowspan="4">（一）守护京城周围的军队共三十七将［熙宁七年（1074 年）置］</td><td colspan="2">河北四路……自第一将以下共十七将</td></tr>
<tr><td colspan="2">府畿……自第十八将以下共七将</td></tr>
<tr><td colspan="2">京东……自第二十五将以下共九将</td></tr>
<tr><td colspan="2">京西……自第三十四将以下共四将</td></tr>
<tr><td colspan="2" rowspan="5">（二）西北边防之兵共四十二将［熙宁八年（1075 年）置］</td><td colspan="2">鄜延……九将</td></tr>
<tr><td colspan="2">泾原……十一将</td></tr>
<tr><td colspan="2">环庆……八将</td></tr>
<tr><td colspan="2">秦凤……五将</td></tr>
<tr><td colspan="2">熙河……九将</td></tr>
<tr><td rowspan="13">（三）分戍东南之兵共十三将［元丰四年（1081 年）置］</td><td rowspan="2">淮南</td><td colspan="2">东路……第一将</td></tr>
<tr><td colspan="2">西路……第二将</td></tr>
<tr><td rowspan="2">两浙</td><td colspan="2">西路……第三将</td></tr>
<tr><td colspan="2">东路……第四将</td></tr>
<tr><td rowspan="2">江南</td><td colspan="2">东路……第五将</td></tr>
<tr><td colspan="2">西路……第六将</td></tr>
<tr><td rowspan="3">荆湖</td><td colspan="2">北路……第七将</td></tr>
<tr><td rowspan="2">南路</td><td>潭州……第八将</td></tr>
<tr><td>全邵永州……第九将</td></tr>
<tr><td colspan="3">福建路……第十将</td></tr>
<tr><td></td><td colspan="2">东路……第十一将</td></tr>
<tr><td rowspan="2">广南</td><td rowspan="2">西路</td><td>桂州……第十二将</td></tr>
<tr><td>邕州……第十三将</td></tr>
</table>

将整个国家的军队划分为九十二将，另外还设有马军十三指挥、忠果十指挥、土军两指挥，共计二十五指挥，与将领并行设置，这是王安石所制定的常备兵的编制。关于一个将或一个指挥下所属的士兵数量是多少，历史上没有明确记载，现在无法考证。但我们知道，忠果十指挥每个指挥的定额是五百人，而东南各路将领所属的士兵有的在三千人以下。大概是根据屯兵地点的险要或平坦来决定士兵数量的多少，名额并不是固定的。

这里所说的“将”并不是指将帅，而是一个团体的名称，大概类似于今天新军制中的“镇”，也类似于日本军制中的“师团”。他们用“第一将”“第二将”等作为记号，也与现在的制度不谋而合。而且，在选择全国险要、扼守要害之地进行分配时，又做得非常适宜，这是现在治军的人所无法比拟的。

其中的第一项三十七将是用来保卫京城，防范契丹入侵的。韩琦曾经请求撤掉这些将领以避免契丹的猜疑，指的就是这个。其中的第二项四十二将是用来对付西夏的。王安石对于契丹和西夏这两个敌人，可以说是费尽心机地谋划对策，因此在这两个地区集中的兵力特别多。其中第三项的十三将，主要是为了维护境内的治安，所以被放置在较远的后方，兵力也仅占全国的五分之一。这种将兵制度之所以与晚唐、五代时期的制度不同，是因为它全部由禁军组成，天子亲自担任大元帅来统领，将领不能私自拥有士兵，因此就没有兵权旁落的隐患。它之所以与建隆年以来的制度不同，是因为将领与士兵相互熟悉，有实际的训练，没有频繁更换戍守地点的烦恼。在当今世界上，只有德国和日本的陆军编制法与之最为接近，至于中国现在的制度，虽然在学习，但还没有达到这个水平。啊，王安石真是太有远见卓识了！

自从元祐年间王安石新政被推翻，将兵的制度虽然没有被完全废除，但是允许州县官员也统辖兵队，与将官分享权力，导致军令不能统一，士兵的懒散和懈怠现象日益严重。渐渐地，女真族军队长驱直入，没有人能够抵挡，宋朝也因此南渡，真是可悲啊！

第三，保甲法

裁减士兵和设置将领都是王安石为了应对当时的情况而采取的权宜之计，只是暂时解决了一些弊端。但他的根本政策并不止于此，王安石实际上是一个主张全民皆兵的人，为了达到这个目的，他必须废除募兵制而实行征兵制，于是保甲法就应运而生了。

保甲法具有两种性质：一种是作为地方自治体的警察，另一种是作为后备兵和国民兵。王安石推行保甲法的初衷是想要改革兵制，但他首先是从警察制度开始入手的。让我们先来谈谈关于警察的保甲法。熙宁三年（1070年），保甲法开始颁布实施，其内容大致如下：

（一）十户人家组成一个保，五十户人家组成一个大保，十个大保组成一个都保。如果某个保中的户数不足五家，那么这些家庭就会依附到附近的地保中。如果有外来人口想要加入某个保，就会被吸纳为同保的成员，等到这个保的人数达到十户时，再另外设置一个新的保。

（二）每个保会设立一个保长，每个大保会设立一个大保长，这些职位通常由家境较好且有能力的人担任。每个都保设立一个都保正和一个副都保正，由大家公认有威望的人担任。所有担任都保正、副都保正的人都通过选举产生。

（三）如果某户人家有两个以上的成年男子，那么就需要选出一人作为保丁。对于那些依附在保中的家庭，如果也有多余的、身强力壮的男子，他们也可以被选为保丁。

（四）除了皇宫内院等禁地，允许保丁们学习和使用各种兵器。

（五）每个大保在夜晚会轮流安排五个人负责警戒，防止盗贼入侵。如果有人因为告发并成功捕获了盗贼而获得了奖励，那么这些奖励就会分给参与行动的人。

（六）如果同保中的人犯了强盗、杀人、放火、强奸、拐卖人口、传播邪教、制造毒药等严重罪行，而其他保丁知情不报，就会受到惩罚。如果有些事情不是法律允许告发的，那么就不能随意举报。

（七）如果有人窝藏了三个以上的强盗超过三天时间，那么即使邻居和保人们不知道这个情况，也会因为未能及时发现而受到惩罚。

（八）此法首先在京城附近的地区实施，然后逐渐推广到全国。

由此看来，保甲法最初的性质与现在所说的警察制度非常相似，这是显而易见的。保甲法的警察权力是委托给地方自治团体的。那么，警察权力应该集中在中央政府手中，还是应该分散到地方呢？应该由专门的官吏来担任警察职务，还是应该由人民兼任呢？这两个选择各有利弊，至今仍是政治家们争论不休的问题。在那些地域辽阔的国家，中央政府的力量很难面面俱到，细微之处难以掌控。因此，如果由官吏来负责，可能真的不如让民众自己来处理。而王安石的保甲法，正是具有地方警察的性质。王安石推行保甲法，并不仅仅是为了建立警察制度，他实际上是想改变募兵制为征兵制，而保甲法正是这一变革的起点。宋朝在当时有一种叫作“义勇兵”的军队，人数虽不少，但他们的作用并不大，和禁兵、厢兵一样效率低下。王安石想要借鉴义勇兵的形式，但改变其内在的精神实质，这才是他设立保甲法的真正意图。在保甲法初创之时，朝廷大臣们大多不认为这是个好主意，王安石与神宗皇帝及其他大臣们经过反复辩论，最终才得以实施。现在根据《宋史·兵志》的记载，摘录他们辩论的言辞如下：

皇帝说："府兵制度需要与租庸调制相互配合。"

王安石回答说："现在的义勇土军在轮流服役期间，朝廷会提供粮食等供给，所以无论贫富都可以参与守卫和出征。即使没有租庸调制，也可以实行府兵制。只是义勇兵都是善良的百姓，应该用礼义来奖励和培养他们。现在的情况却颠倒了，比如在他们的手背上刺字，耗费资财去训练他们，还让他们去运粮，这三件事都是人们不愿意做的。如果再驱赶他们去与敌人作战，更是人们所畏惧的。"

冯京说："义勇兵中也有想凭借自己的力量讨好施恩于他的人啊。"

王安石说："如果挑选勇士时只看重力气大，力气不足的人就会被排除在进取之路外，这样就会导致朝廷滥用恩赏，起初并不是为了鼓励人们崇尚武艺。现在想要安排义勇兵，就应该反过来做，让不做义勇兵的人遭受损失，而做义勇兵的人得到好处，这样风气就可以改变，大家的武艺也可以练成。我希望能够挑选乡间的豪杰来担任将校，稍微提拔他们一下，人们自然就会心悦诚服。何况现在招募的士兵都是担任宿卫的，其中有些人甚至积累军功官至刺史以上，把这些人的职位转移到义勇兵中，本来就没有什么不可以。更何况这样做不需要花费太多的官禄就足以让人们乐于参与了！陛下如果真能慎重选择身边的近臣，确保他们都有处理政务的才能，那么将来就可以让他们分别统领这些军队了。现在招募的士兵大多是无赖之徒，尚且可以担任军厢主，近臣以上级别的人难道还不如这些人吗？这是先王传下来的制度，是国家长治久安的计策啊。"

皇帝说："确实如此。"

皇帝又谈到了节约财政开支的问题。

王安石说："减少士兵数量是最为紧迫的事情。"

皇帝说："与庆历年间相比，士兵数量已经大幅减少了。"列举了河北、陕西的士兵数量为例，担心招募的士兵太少，遇到紧急情况可能会不够用。

王安石说："精心训练招募来的士兵，并激励三路的百姓习武，那么士兵数量就可以减少。我说过很多次，河北过去被武人割据，他们内抗朝廷，外敌四邻，但也有抵御奚族和契丹的时候，那时候的军备物资不需要从外部寻求就足够了。现在河北人口繁盛，全国的财物都供给那里，却常常好像不足以抵挡一面之敌，他们的管理竟然还不如武人割据的时候，那么这三路的事情有值得研究规划的话，关键就在于要充分利用当地的百姓。"

皇帝又说："边境的士兵承担不了守卫边疆的任务，白白浪费了衣物和粮食，但是为了巩固边防又不能全部减少。"

王安石说："如果现在再减少士兵，确实无法应对紧急情况；如果不减少，又会无休止地耗费国家财物，使国家陷入困境。我认为，如果不能整顿军队，稍微恢复古代的兵制，那么中国就没有富强的道理。"

皇帝说："唐朝都城在长安，府兵大多在关中，所以关中强大；现在都城在关东，而府兵强盛，那么京师反而不足以守卫四方。"

王安石说："府兵在哪里都可以发挥作用，还可以让他们进京守卫，这样就不愁京师不强大。"

韩绛、吕公弼都认为让府兵进京守卫很难。

文彦博说："像曹州、濮州的人专门做强盗，怎么能让他们守卫京师呢？"

王安石说："曹州、濮州的人难道就没有应募的吗？他们都是狡猾无赖的人，还不足以让人担忧。义勇兵都是良民，而且又任用有一定财产的农户担任将校，怎么还认为他们可疑呢？"

陈升之想让义勇兵戍守附近的州郡。

王安石说："陛下如果想要克服数百年募兵制的弊端，就应该果断行动，详细制定法制，让各方面都准备充分，否则就无法弥补了。"

皇帝说："制度可以实行在于有法律，应当预先设立条制，逐渐推行。"

文彦博等人又认为难以让士兵千里迢迢去守卫边疆。

王安石说："前代出征流求、讨伐党项，难道不是用的士兵吗？"

皇帝说："募兵专门负责作战，所以可以信赖。至于民兵，则军事、农业各占一半，可以依靠他们去作战吗？"

王安石说："唐以前没有黥兵（在脸上刺字作为标记的士兵），但也可以作战。我认为募兵与民兵没有区别，关键看所用的将帅如何。将帅并不难求，只在于君主能否明察识别并善于驾驭他们，那么人才就会出现并被任用，就不愁没有将帅。有了将帅，就不愁民兵不能作战了。"

皇帝说："从国家的长远政策考虑，一定要让百姓实行什伍之法（古代户籍和军队的编制，五家为一伍，十家为一什），这样可以节省养兵的费用，增加士兵的数量，并且可以与募兵相互配合使用。"

王安石说："想要使国家和民间的财富都不匮乏，为国家的长治久安打算，募兵之法确实应该变革。"

皇帝说：“枢密院认为一定会发生建中之变。”

王安石说：“陛下亲自践行德义，勤勉处理政事，上下通达没有隔阂，一定不会有这种事情发生。建中之所以发生变故，是因为德宗任用卢杞等人而疏远陆贽，没有亡国真是幸运。”

当时有人制造谣言，说朝廷实行保甲法，训练乡民，要将他们迁徙到边疆去守卫。乡亲们惊慌失措，有的父子抱在一起哭泣，有的自残身体以逃避被编入保甲。韩维等人请求暂停实行保甲法以安抚百姓。

王安石说：“关于现在的保甲制度，应该让每个人在自愿报名、轮流服役的文书上签字，然后再让他们服役，这样做才合乎人情，不会引起大家的惊慌和疑虑。而且现在那些窝藏盗贼或者本身就是盗贼的人，本来就不喜欢新法。陛下您看长社县这个例子，捕获了被保甲追捕而逃出京城的厉害盗贼多达三十人。这些人既不能留在京城附近，又在邻近的郡县被捕，他们走投无路，就专门去煽动不明真相的百姓的心。自古以来，做事如果不凭借权势来统率大众，是不可能让上下一心、行动一致的。如果任由他们自由来去，谁肯听从命令呢？如果用法律来强迫他们，又不是他们心甘情愿的。况且，作为一个掌管天下万民的人，如果只是按照百姓的意愿来行事，那又何必设立君主和那么多官吏来管理呢？现在应该派遣官员先去传达皇上的旨意，然后再依法推行保甲制度。”

有一天，皇帝对王安石说：“曾孝宽说有人因为保甲制度而砍断自己的手指来投诉。”

王安石回答说：“这件事是蔡驷告诉我的，赵子几已经派人去核实询问过了，原来是因为那个人在砍木头时不小心砍断了自己的手指，有好几个人可以作为证人。总的来说，保甲法上到执政大臣，中间还有中书省和门下省的官员，下到盗贼和窝藏罪犯的人，他们都不希望它实施。但是我召集了一些乡亲们询问，他们都认为这个制度很方便。虽然确实有人为了逃避兵役而砍断手指，但并不是所有人都这样做。况且保甲制度不仅仅是为了防盗，还可以逐渐让人们习惯成为士兵。一旦人人都能射箭，再通过旗鼓等信号来改变他们的耳目习惯，并且约定用免税和轮流服役来代替巡检兵，再从正长以上的官员开始，对能捕捉盗贼的人给予官职奖励，那么人们就会争相努力。之后再让他们与大部队一起作战，就可以消除招募士兵的骄傲情绪，并且节省财政开支，这是保证国家长治久安的策略啊。”

皇帝于是决定把三个地区的义勇军按照京城附近所实行的保甲法进行改造。

冯京说："义勇军已经设有指挥使了，这些指挥使就是他们乡里的豪杰，现在又要实行保甲制度，那让谁来担任大保长呢？"

王安石说："古时候，人们居住的地方被划分为乡，五家为一比，比设有比长。到了打仗的时候，五个人组成一个伍，伍设有伍司马。二十五家为一闾，闾设有闾胥。二十五人组成一个两，两设有两司马。两司马其实就是闾胥，伍司马就是比长，只是随着事情的不同而名称有所不同罢了。这是夏商周三代六乡六军的遗留下来的制度，这个制度在书中有记载，从夏朝一直到周朝都没有改变。秦朝虽然打破了原有的土地界限，但是什伍制度还是像古制一样，这就是秦朝军队众多且强大的原因。近代以来，只有府兵制度比较接近这个古制。现在如果我们放弃已经存在的、完善的制度，却守着五代时期混乱灭亡后留下的残余法律，这显然是不足以让国家安定强大的。然而，人们都对此习以为常，不把因循守旧当作值得担忧的事情，这是因为他们的见识太短浅了。"

有人说："保甲不能代替正规军轮流服役。"

王安石说："等他们训练熟练之后再让他们轮流服役。而且东部地区的士兵在技艺上也并不比义勇军和保甲军更优秀。我观察过广勇和虎翼军的情况，确实如此。现在招募的士兵大多都是懒惰狡猾、不能振奋精神的人。而那些务农的人，他们朴实勤劳，一心听从命令，所以在紧急情况下，民兵反而更可用。"

冯京说："太祖皇帝征伐天下的时候，难道用的是民兵吗？"

王安石说："太祖时期接替的是五代时期极度混乱的局面，当时的豪杰大多把从军作为获利的手段。现在百姓安居乐业，喜欢和平生活，军队里也不再像以前那样有从士兵中提拔为公侯的人了。所以豪杰不再留在军队中，而应募入伍的人都是那些懒惰不能自我振作的人罢了。"

文彦博说："用道义来辅佐君主的人不会用武力来强压天下。"

王安石说："用武力来强压天下确实不是道义之举，但是有道义的人既能够柔和也能够刚强，既能够弱小也能够强大。当他刚强的时候，就一定不会柔弱。壮大国家的军队本来就是先王所崇尚的，只是不应当只专注于武力强大罢了。"

皇帝说:“保甲和义勇军所需的粮草费用应该提前做好计划。”

王安石说:“应该用减少招募士兵的费用来供应这些费用，供应保甲的费用只相当于原来养兵费用的十分之一二。”

皇帝说:“京城附近招募士兵的数量已经比过去减少了，为了保证国家的安全，不能全部裁减。”

王安石说:“既然有了保甲来代替他们的服役，那么就不需要再招募士兵了。现在京城招募的士兵中，逃跑、死亡、停职的，一个季度就有好几千人，只要不再招募新的士兵来填补，就可以减少人数。然而现在厢军数量已经很少，禁军也不多，我希望早点训练民兵，民兵训练有素后，招募的士兵数量自然就会减少了。而且现在保甲制度已经按照技艺分为八个等级，奖励制度非常优厚，人们私下竞相练习，不必等到轮流服役后才去学习。我希望在几年之内，他们的技艺不仅能超过义勇军，也一定能胜过正规军。正规军的技艺只是为了应付官方的考核而已，并不像保甲那样每个人都有积极向上的心态。”

以上都是王安石在保甲制度初设时在朝廷上辩论时所说的话。我之所以不惧怕内容冗长烦琐而详细记录下来，一是因为这个法律体现了王安石的精神寄托，应该流传下去；二是因为《宋史》中记载的王安石的政绩往往过于简略，无法全面考察他立法的精妙之处。而在《宋史·兵志》中，对于这件事的记述稍微详细一些，便不能不把它表露出来。

啊！我读到这里，感叹王安石的见识深远，忧国忧民的真诚，以及他勇于担当的精神，这确实是古往今来无人能及的！服兵役是国民对国家最大的义务，这是天地间无法逃避的事实。所以，无论是士人、农民、商人还是工匠，都应该成为士兵，而绝不允许在士农工商之外，还存在一个所谓的“兵”的阶级。如果在士农工商之外还存在一个“兵”的阶级，那么这个阶级必然会成为藏污纳垢的地方，而其中的士兵也绝不可能有战斗力。宋朝因为招募士兵的原因，导致士兵成为一个独立的阶级，其弊端积累已久，当时许多贤人都已经详细论述过，又何必远溯到宋朝呢？就以近代的旗兵、绿营兵、防勇为例，他们的腐败迹象，我们这些人都亲眼看见了。王安石想要探究这个问题的根源，于是提出了专门使用乡民和农民的主张，这也是曾国藩、胡林翼、江忠源、罗泽南等人治理湘军能够取得成功的原因。他说:“农民朴实勤劳，一心听从命令，在紧急情况下，只有民兵才值得依靠。”试着翻阅曾国藩的书信往来，其中类似这样的话语数不胜数，大概只有那些真心实意地治理事务并且有实践经验的人才能看到并理解这一点。他们使用民兵的方法，首先是用礼义来奖励和培养他们，用名誉来鼓舞他们，曾国藩、罗泽南等贤人之所以能够建立大业，就是依靠了这个方法。日本人每天夸耀自己的民族的大和魂，正是凭借着这种精神，多次取得惊人的胜利，让世界各国瞠目结舌，惊叹不已。然而，自从秦汉以后的两千年间，中国所称的贤士大夫中，又有多少人能够明白这一点呢？那些既明白又能付诸实践的人又有几个呢？

在王安石当时推行的新法中，他对保甲法投入的心力最多，而他也因此受到了最多的诽谤和怨恨。大概其他的法律大多是为了方便百姓，所以反对它们的人只有朝廷中那些意气用事的人，百姓们并没有附和。唯独保甲法，因为它与减少募兵的政策相辅相成，所以那些被减少的募兵成为第一个怨恨它的群体。又因为保甲法负责警察职责，维护社会治安，所以盗贼和窝藏盗贼的人成为第二个怨恨它的群体。然而，这些还不足以构成保甲法的问题。问题在于，保甲法要求全国所有成年的壮年男子，无论贫富、贵贱，都要参与军事训练，遵守纪律，那些不愿意从事军事活动的人成为第三个怨恨它的群体。

通常人的本性是喜欢安逸而厌恶劳苦，喜欢放纵而厌恶束缚。更何况中国数千年来的人民已经习惯了放任自流的生活方式，尤其是在宋朝中叶，纲纪废弛，上上下下都习惯于偷懒懈怠，这已经成为一种习性。突然之间，想要把他们束缚起来，让他们劳累筋骨，增加负担，民众认为这是对他们的虐待也是理所当然的。所以，当时朝廷大臣们所听到的，说有人为了逃避兵役而砍断手指，有人聚在一起哭泣，这些情况在情理之中，未必完全是虚构或诬蔑的言辞。尽管如此，这些就足以成为保甲法的弊端吗？子产有“孰杀”的民谣流传，孔子也遭受过“麛裘”的诽谤，每当一个政党开始改革时，总会有很多人感到痛苦。如果因为这样就废除法律不再执行，那么天下还怎么能革除弊端呢？王安石曾说：“自古以来，做事没有不用权势来引导众人而能让上下一心的情况。”他又说：“如果只是想按照民众的意愿行事，那又何必设立君主呢？”这难道只是随意为法家专制而说的言论吗？其实，这是政治的基本原理。人们之所以厌恶专制，是因为它以个人利益损害民众和国家的利益。但是，如果事情关乎国家的利益和民众的福祉，而掌握主权的人强制执行，这有什么可厌恶的呢？强制国民履行服兵役的义务，正是国家应该做的事情，如果有人抗拒，那就是对国家的叛逆行为。然而，王安石当时对于这些人从未进行过惩罚或惩戒，只是反复劝导，并且提供多种途径来引导他们，让他们慢慢觉悟。我只看到了他满满的仁爱之心。而那些议论者反而认为这是束缚民众的政策，可见那些盲从者的言论根本不能用来判断是非。

《史记》中记载了训练保甲以作为民兵的过程：

熙宁二年（1069年）十一月，开始建立《府界集教大保长法》，任命王中正和狄谘兼任提举府界教保甲大保长，总共设立了二十二个县，十一个训练场地。大保长的总数为二千八百二十五人。每十个人学习一种军事技能，设置一个教头来教导。总共有禁军教头二百七十人，都教头三十人，使臣十人。弓箭技能分为三个等级，分别是能拉开八斗、九斗、一石重的弓；弩箭技能也分为三个等级，分别是能拉开二石四斗、二石七斗、三石重的弩。马射技能分为两个等级，分别是能射中九斗和八斗远的目标。在这些技能中，表现特别出众的人会被评为头等。在训练期间，每个月会给学员发放三千贯作为生活费，每天提供食物，官府还会提供武器和战袍，另外还准备了银杯和酒作为奖赏和犒劳。

到了熙宁三年（1070年），大保长们的军事技能学成之后，就开始实施团教法，让大保长担任教头来教导保丁。通常，将地理位置相近的一个都保划分为五个团，在这些团的都副保正所居住的空地集合进行训练。每十个已经学成的大保长轮流担任教练，每五天轮换一次。将保丁分为五部分，其中一部分训练骑马，两部分训练弓箭，三部分训练弩箭。开封府及其周边地区的训练方法成熟后，就推广到河北、陕西、河东三路，每路各设置一名文武官员来负责提举。河北路是狄谘和刘定，陕西路是张山甫，河东路是黄廉和王崇拯。他们支取封椿、养赡的资金来供养和维持义勇保甲的费用。这一年，开封府及其周边地区的保甲武艺学成后，皇帝亲自检阅，录用了表现优秀的人，其余的人则赐予金帛作为奖励。

熙宁四年（1071年），将五路的义勇兵改为保甲。同年，开封府及其周边地区、河北、河东、陕西各路集合起来对保甲进行校阅。总共有三千二百六十六个都保，保正、保长、壮丁总共有六十九万一千九百四十五人，每年节省了原来用于招募士兵的一百六十六万一千四百八十三贯，每年新增的费用为三十一万三千一百六十六贯。此外，团教的奖赏费用超过了一百万贯，还没有计算在内。

直到熙宁九年（1076年），义勇兵、保甲及民兵的总人数达到了七百一十八万二千二十八人。

以上就是保甲法推行的大概情况。

王安石治理保甲取得了显著的成效。保甲开始发挥其警察的作用，盗贼活动因此大大减少。在此之前，京城周边地区的盗贼频繁进行抢劫杀戮，每年多达二百起，但到了这个时候，再也没有一起了。仅仅是长野一个县就捕获了近京地区的重大盗贼三十人，这些盗贼是被保甲追赶出境的。后来，保甲又被用作民兵，刚开始训练时，舆论哗然。但等到军事技能学成后，保甲甚至超过了正规军。用于奖励和赏赐的都是从封存的资金和禁军缺额节省下来的钱中支出的，没有动用户部的一分钱。司农官亲自负责此事，监督检查得非常细致严格，对于那些强令保甲购买不合理衣装的县令都给予了处分，所以没有人敢不遵守法令。而且奖励十分优厚，官员和有钱人家的子弟都欣然前往。由此看来，王安石和神宗皇帝十多年的苦心经营可以说没有白费。但谁能想到，神宗皇帝尸骨未寒，这些良好的法律和美好的意愿就被彻底破坏了。

元丰八年（1085年），哲宗皇帝即位后，担任陈州知州的司马光立即上疏请求废除保甲法，他说：

（前略）自从唐朝开元年间以来，民兵法就已经衰败，守卫边疆、征战攻伐，全都靠招募的长期服役的士兵，民间哪里还有懂得打仗的人？我国已经有一百多年没有战乱，白发苍苍的老人都不知道战争和兵器是什么样子。突然之间，田间地头的人们都穿上了军装，手执兵器，在田野上奔跑，老一辈的人感叹不已，认为这是不祥之兆。保甲法刚开始实施时，调兵遣将没有固定的法则，家家户户都受到骚扰，没有一家能够幸免。再加上朝廷时常派遣使者，到处巡视检查，每到一处都要犒劳赏赐，耗费的钱财布帛数以亿计。这些都是从平民百姓那里一点一滴征收上来的，却又像泥土一样被挥霍掉，乡村的百姓只感到劳役的辛苦，并不感激朝廷的恩泽。农民如此辛苦，国家的花费又如此巨大，这最终有什么用呢？如果让他们去抓捕盗贼、保卫乡里，又何必招募这么多人?如果让他们去守卫边疆、征战攻伐,那么那些远方的百姓,以骑马射箭为职业,以攻战为习俗,从小到老,没有其他的事情可做。而中原的百姓,大部分都在务农种田,即使给他们兵器,教他们刺杀,在训练场上,起坐进退看似严整,但如果真的让他们与敌人相遇,战鼓一响,箭矢一交,他们一定会溃败逃跑,这是可以预料的,毫无疑问。(后略)

啊!司马光之所以反对保甲法,他所持的理由不过就是这样而已。我现在试着拿出来进行辩驳。他说百姓已经一百多年不知道军事了,所以民兵制度不可能再恢复。但人之所以高于万物,是因为人可以通过学习而具备能力。即使是以前从未经历过的事情,只要国家有奖励和教导的措施,就没有什么是不可以逐渐实现的,更何况是一百年前还留有痕迹,还没有完全消失的事情呢?如果按照司马光的说法,那么国家的一切教养大政都可以不用实施了,难道仅仅是保甲法吗?他说老一辈的人不知道战争和兵器,看到有人穿着军装、拿着兵器,就叹息认为是不祥之兆,这种说法从道义上讲是可笑的,甚至更加荒谬。大臣们为国家谋划百年大计,而他们的政策竟然取决于乡野中的老一辈人,天下的事情可想而知了!正是因为百姓不知道战争和兵器,所以执政者更应该振作起来激励他们,这是刻不容缓的,这也是神宗皇帝和王安石为什么急于推行保甲法,并约定日期来检阅军事训练成果的原因。如果按照司马光的说法,全国都忌讳谈论军事,而只是拿着冰块玩耍来欢庆太平盛世,那确实是很好的,但之后胡人的骑兵长驱直入,上百座城池都被攻陷,我又不知道这所谓的“祥瑞”体现在哪里。

他又说,保甲法在刚开始实施时,调度没有法则,每家每户都受到骚扰。事情在刚开始实施时,由于缺乏经验,举措失误是在所难免的,但也要根据实际情况来判断事情是否应该继续推行。如果事情是应该做的,那么即使多次遭遇挫折和失败也不应该突然停止。更何况在司马光提出这个建议的时候,距离熙宁年间保甲法刚开始实施已经过去了十七年。官吏们已经熟悉了这项事务,而法律也已经显现出了它的效果。现在再去追究过去的责任,难道能说是公平的吗?而且,过去因为百姓不熟悉而推行保甲法,固然会造成一些骚扰;现在百姓已经习惯了,却要废除它,这难道能说不是骚扰吗?用暴力取代暴力都是不可取的,更何况是用暴力取代仁政呢。

他说犒劳赏赐的费用耗费了国家的钱财,这一点看似有些道理,难道就没有考虑到保甲法的费用都是从封存的资金和节省下来的军饷中支出的，没有动用户部的一分钱吗？难道没有看到熙宁四年（1071 年）的统计，因为改行保甲法，每年节省了一百六十多万贯，而保甲和犒赏的费用仅有一百三十多万贯，两者相比，节省的费用还不少于三十万贯吗？为了维护国家的安全，即使需要花费也不能停止，现在世界各国不惜花费数亿来建造船队就是这个道理，更何况保甲法还能节省费用呢！司马光这番话不过只是想迷惑皇帝的视听罢了。

至于他最后所说的，认为中原的百姓，即使教他们武艺也没有什么用处，这种说法对国民来说，简直可以判以大不敬之罪了。按照他的说法，那么外国的百姓按道理就应该永远成为征服者，而中国的百姓按道理就应该永远成为被征服者。如果说百姓即使经过训练也不能打仗，那么那些招募来的士兵难道就不是百姓中的一员吗？之前招募的士兵不能抵御外侮，这是连五尺孩童都知道的事情，难道司马光会不知道吗！现在只是说保甲不能打仗罢了，却不再去寻找能够让他们具备战斗力的方法，那么按照司马光的意思，岂不是认为向北方的敌人俯首称臣是天经地义的事情，而不敢有任何背叛的念头吗？唉！在当时，那些对新法不满的贤德之人，他们的理由竟然只有这样，仅仅就保甲这一点来说，其他的也就可以推断了！

自从元祐年间废除保甲法以后，到了元符二年（1099 年），虽然有人提议恢复，但最终没有能够实施。到了徽宗崇宁年间，蔡京这个反复无常的小人假借继承神宗和王安石变法之名，又提倡恢复保甲法，但它的精神和形式都已经不再是王安石时期的样子了。高安的陈汝锜说得好，他说："宋朝是一个武力衰退、长期积弱的国家。将领的权力在杯酒之间被剥夺，导致地方军队变得弱小。天子的禁军被派去戍守边疆和准备征战，京城的军队也就变得弱小了。招募游民并进行刺字标记，既违背了依靠本地人的原则，又加重了百姓的负担，导致各地的防御军队也变得弱小。因此，当金兵入侵时，他们攻陷了朔州、代州，围攻太原，攻下燕州、蓟州，一直打到汴京，于是便有了南朝无人的感叹，而太后的手诏中也表达了人们不懂军事的遗憾。如果保甲法没有被废除，那么百姓们就能得到及时的训练，军事知识和技能日益熟练，家家户户都有防御的工具，人们也都充满了敌忾之心。即使胡人的战马在南方嘶鸣，他们又怎么能轻易地穿越数千里，而没有一座城池、一个堡垒能够抵挡他们的锋芒呢？又怎么会到了需要纷纷召集各地军队，发布哀痛勤王的诏书的地步呢？所以我认为，王安石推行保甲法训练民兵，其实已经预见到将来会有靖康之难，而靖康之变之所以会像河堤决口、鱼儿腐烂一样无法收拾，正是因为保甲法被破坏了，只保留了它的名义而丢弃了它的实质，国家的财政支出不断增加，战斗力却日益削弱。如同驱使着病弱的妇女和孩子，拿着空弓去与饥饿的豺狼搏斗，结果只能是在敌人的爪牙之下被击得粉碎。难道还要责备和谩骂王安石吗！”啊，这些话可真是说到我心坎里去了！保甲法被废除后，将领和士兵的制度又遭到了破坏，宋朝想要不灭亡，还有可能吗？那么，祸害了宋朝的到底是王安石还是司马光呢？

第四，保马法

保马法就是官府把马匹分给百姓，让百姓代为饲养，并且还鼓励百姓自己养马，等到国家有紧急需要的时候，官府就按照马匹的价值给予补偿，并收回这些马匹以供使用。马匹是战场上的一件重要武器，管理军队的人不能忽视它，所以历代都把马政作为国家的一项重要政策，即便是现在世界各国也是这样。宋代马匹非常缺乏，在此之前特别设置了群牧监来管理，常常由枢密院的大臣来兼任群牧监的长官，以此来显示这项事务的重要性。然而，官府养马存在很多弊端，花费巨大，却达不到繁殖增长的效果，直到王安石执政时，才有了保马法。

熙宁五年（1072 年）五月，朝廷下令，开封府管辖的各个县的保甲，如果有愿意养马的，都允许他们养，并且会从陕西购买来的马匹中挑选合适的分配给他们。到了熙宁六年（1073 年），朝廷又下诏司农寺制定养马法，于是曾布等人上交了相关条例。根据这些条例，五路的义勇保甲，如果愿意养马，每户可以养一匹。如果家底殷实，愿意养两匹的也允许，都会从官府监牧现有的马匹中分配给他们，或者官府给钱让他们自己去买，不得强行分配。开封府管辖的区域养马数量不得超过三千匹，五路地区不得超过五千匹。除了追捕盗贼的情况，禁止骑马超过三百里。在开封府管辖的区域内养马的，可以免除输送粮草二百五十束的义务，并且还会额外给予钱和布作为补贴。在五路地区养马的，每年可以免除折合变卖的赋税，按照等级，三等以上的十户组成一个保，四等以下的十户组成一个社，用于应对马匹病死后的补偿问题。如果是保户的马死了，养马的那户人家要独自赔偿；如果是社户的马死了，社里的成员要共同承担一半的赔偿。每年会检查一次马匹的肥瘦情况，不得私自扣留。保马法共十四条，先从开封府管辖的区域开始实施，五路地区则委托监司、经略司以及州县根据实际情况进行适度调整。

在王安石创立的各项新法中，最不合理的莫过于保马法。因为马是生物，它的肥瘦、生死往往不完全由人的意志所能决定，而让百姓去养马，一旦马有损失就让他们赔偿，这实在不是合理的政策。元祐初年，朝廷开始改革，许多建议者纷纷指出保马法对百姓造成的负担，从道理上分析，这些说法大致上是可信的，尽管王安石当时推行这项政策有他自己的原因。他最为注重的是训练民兵，也就是保甲制度，而训练民兵不能没有马匹，如果官府不提供，那么马匹就会短缺，无法满足需求；如果官府提供，又不知道从哪里获取这么多马匹，所以就想出了把马匹借给百姓饲养的办法，这一切都是为了与保甲法相互配合。然而，即便是出于这样的考虑，也有更为合理的方法。保马法在很多不应该干涉的地方进行了干涉，这可以说是他千虑中的一失。现在世界各国筹划马政的方法有很多，但由于这与主题关系不大，所以就不一一详细阐述了。

第五，军器监法

武器装备不精良就等于把士兵白白送给敌人，兵器的重要性自古以来就是这样。宋朝从仁宗皇帝开始，因为长久处于太平盛世，所以兵器都变得陈旧不堪，无法再使用。熙宁五年（1072 年），崇政殿说书王雱上疏说：

汉宣帝被称为中兴时期的贤明君主，史书上记载，汉宣帝时期的能工巧匠要比元帝和成帝时期更加技艺精良，这说明虽然这是有关部门的事务，但它与朝廷的政策息息相关。现在，我们既要抵御边疆的侵扰，又要防范国内的盗贼，然而每年各地上缴到武库的弓弩甲胄数以千万计却没有一件是坚固耐用、精良实用的。我曾观察过各州的作坊，兵匠数量严重不足，甚至要拘捕市井之人来充当劳役，他们所制作的兵器仅仅有个形状和质地而已。武库的官吏也只是统计兵器的数量并收藏起来，从不重视它们是否实用。所以，虽然积累的兵器很多，但大都是破旧不堪的。像这样治理国家，却想要彰显军威、决胜战场、外御强敌、内修政务，我看是做不到的。如果想要放松军备向天下显示太平无事，但金、木、丝、麻、筋、胶、角、羽这些材料都是老百姓辛苦劳动生产出来的，无缘无故地聚集工匠来毁坏这些材料，实在是太可惜了。不如改革制度，将几个州的制作任务集中到一个地方，就像现在的钱监一样，选择懂得工程事务的官员，让他们专门负责此事，并且招募天下的优秀工匠，分散担任匠师，朝廷内部设立工官来总管此事，检查兵器的精良程度并给予赏罚，这样一来，人人都会追求做得更好，不用多加责罚兵器也都会变得精良了。

皇上接受了他的建议。第二年，设置了军器监，统一管理朝廷内外的军器事务，设置一名判官和一名同判。在这之前，军器事务是由三司来管理的，到了这个时候就被废除了，所有的事务都统一归军器监管辖。凡是了解军器利弊的人，都可以到军器监陈述意见，因此，官吏和百姓中有很多人向军器监献上了兵器的制造方法和规格样式。

王雱是王安石的儿子，他的学问品行和才能都远超常人，只可惜很早就去世了，未能充分展现自己的才华。后来有人对他不遗余力地诋毁，即便在《宋史》中记载他的这份奏章时，也认为他是在迎合皇上的心意，妄图更改旧有的制度。然而，旧有的制度已经如此败坏，如果不进行更改，又怎么可能行得通呢？仔细看他所说的内容，与现在东西方各国的做法正好不谋而合。一个国家如果想要强兵，就必须先让武器锋利。而想要让武器锋利，就必须设立专门的机构来管理这件事。如果像宋朝以前那样，把制造武器的任务交给各州的官吏，让他们按照惯例供应，那么想要得到不腐朽、不粗制滥造、勉强能用的武器都不可能，更何况是改良创新、日新月异呢！军器监的设立，即便是对于今天的中国来说，仍然是当务之急，但执政者仍然昏庸无知，没有意识到这一点。而王雱在千年前就能提出这样的见解，他的见识不是很深远吗？根据《宋史·兵志》的记载，自从设立了军器监之后，发明的新式武器层出不穷，这足以证明鼓励工匠的效果是显著的。然而，元祐年间更改制度时，却一举废除了军器监，又把制造武器的任务交给了各路作坊，这真就是王雱所说的聚集工匠来毁坏天地间有用的材料啊！宋朝如果像这样治理，即使不想南渡，又怎么可能做得到呢？

综合以上情况来看王安石的军事政策，其大体上都是有道理的，与当今世界各国的军事政策大致相近。他想要将募兵制改为民兵制，更是治理国家的长远规划。现在的中国还未能实行这一制度，如果不能果断实行，就很难使国家变得强大起来。然而，他的保甲法完全是模仿古代的制度，不仅仅是要让每个人都成为士兵那么简单，他还想让每个人在任何时候都能成为士兵。让每个人都成为士兵，这是合理的；但让每个人在任何时候都能成为士兵，这在古代小国寡民的情况下或许可行，但在秦朝以后的大国中则无法实施。为什么呢？因为古代的部落把战争视为国家的头等大事，经济不过是用来支持战争的。但随着时代的进步和文明的发展，经济成为国家的头等大事，而战争只是保护经济的手段。如果要求每个人在任何时候都能成为士兵，那么即使说是在农闲时讲武练兵，也终究会对生产造成不小的妨碍。这是保甲法不够完善的地方之一。

另外，古代小国寡民，如果不把所有人都登记为士兵就不足以抵御外侮。后世中国统一，人口从数千万增加到数亿，如果要求每个人在任何时候都能成为士兵，但国家实际上并不需要这么多士兵，而且即使搜刮全国的财富，也不足以支付他们的费用。这是保甲法不够完善的地方之二。

所以，唐朝的府兵最终演变为彍骑，虽然可以说是执政者没有好的办法，但这也是形势发展的必然结果。然而，王安石提出的“人人皆兵”的主张真的不能实行吗？并不是。现在世界各国区分常备兵、预备兵、后备兵，用的就是这个方法。每个人都有拿起武器保卫国家的义务，但他们履行这个义务的时间，可能是一年，也可能是两年、三年，过了这个时间，他们就解散回家务农，除非有重大事件，否则不会再次被征召。这是各国已经形成的制度，即使后来有圣人问世也无法改变。有人问：以王安石的学识，为什么没有预见这一点呢？回答说：王安石其实已经预见了。又问：既然预见了，为什么不去实行呢？回答说：这需要结合当时的社会背景来考虑。王安石执政的时候，国家已经有了一百多万募兵，这相当于各国的常备兵。按照王安石的计划，他原本是打算完全废除募兵制，用民兵制来取代它。但是，从中唐以来已经积累了几百年的弊端，不可能一下子就能革除，所以只能慢慢来。一方面减少募兵的数量，另一方面用民兵来补充减少的名额。于是就有了“上番”的说法，那些上番的民兵，就是履行常备兵义务的人；而那些退番的民兵，就是履行预备兵和后备兵义务的人。谁说王安石没有预见这一点呢！如果没有反对党的阻挠，并且王安石能在位更久一些，那么谁又能知道现在各国通行的军制，我国会不会在一千年前就创立，并成为世界的模范呢！

第十二章　王安石的政治手段和策略（四）教育和选举

民政、财政、军政，这三方面差不多已将王安石新法的内容都包含了。此外还有一两个方面，请让我简单地论述一下。

第一，教育

教育方面的事务是王安石历来最为重视的，他在《上仁宗皇帝言事书》中对此论述得最为深切。等到他执政后，首先就把注意力放在了学校上。熙宁元年（1068年），增加了太学生的名额。到了熙宁四年（1071年），将锡庆院和朝集院作为大学的讲堂，将太学生按照等级分为三等，刚入学的称为外舍生，外舍生升级后成为内舍生，内舍生再升级成为上舍生。上舍生有一百人，内舍生有二百人，外舍生的名额则没有限制。后来，内舍生增加到三百人，外舍生的名额限定为二千人。那一年，还设置了京东、京西、河东、河北、陕西五路的地方学校，任命陆佃等人为各州的学官。之后，各路州府都建立了学校，学官总共有五十三人。马端临认为，当时虽然大力兴办学校，但教官的数量并不多，这大概是因为朝廷重视教育者的官职，不肯轻易任命和滥设的缘故吧。

学校教授的内容主要以儒家经典为主，每个学生专门学习一部经典。到了熙宁八年（1075年），朝廷将王安石所编著的《三经新义》颁发给了各级学校的学官。这里的三经包括《周礼》《诗经》和《书经》。

据说，《三经新义》也成为当时及后世批评王安石的一大把柄。历史记载，苏嘉在太学时，颜复曾出题询问王莽变法和后周宇文氏变法的事情，苏嘉极力批判这种做法的错误，因此成绩被列为优等。但王安石对此非常生气，于是驱逐了多位学官，并任命李定和常秩共同监管太学，在选用学官时，只选那些执政者喜欢的人，之后就颁布了《三经新义》。考察王安石平日的言论，他多次强调统一学术是端正人心的根本，那么历史上的这些记载想必不是虚构的言辞，这确实是王安石政治手段中最为拙劣的一点。因为要想让社会进步，首先要保障人们思想的自由。所以如今谈论政治的人，没有一个不认为整齐划一是可贵的，唯独在学术上相反，允许各种学术思想并存发展。人们可以根据自己的喜好来选择信仰，这样真理就会在辩论中越来越明朗，人心的智慧也会像泉水一样被挖掘出来而不会枯竭。如果强行将思想束缚在一点上，那就是在摧残它。自从汉武帝罢黜百家以来，中国学术史上的光辉就骤然减少，像王安石这样的贤人却仍然重蹈覆辙，真是可悲啊！

不过，王安石当时并不是在《三经新义》之外就完全禁止其他不同的学说，只是要求太学以此作为教学内容而已。既然设立了学校，就必然有教师，而教师必然会有自己所主张的学说。学校既然是一个国家学术思想的发源地，那么这个学说就会在社会上拥有特别的势力，这也是事情发展的必然趋势，无法逃避。就像现在的日本，帝国大学中几位老一辈学者的学说被很多年轻学者所抨击，但是全国的学者大多仍然在学习和传授这些学说，这也是无可奈何的事情。所以，这不足以成为王安石的重大过错。如果王安石禁止其他不同的学说，那就是在扼杀思想的自由，但是他并没有这样做，只是提倡自己所主张的学说而已。学者有了自己所主张的学说，就必然会想要发扬光大，以此来改变天下，这不仅在道理上没有问题，也是他们的责任所在，怎么能怪王安石呢？至于那些学者不求自立，而只是揣摩执政者的喜好，想要以此来谋求官职，这是学者的罪过，而不是提倡新学说的人的罪过。

《三经新义》在元祐年间被废除后，南宋的学者更是不遗余力地批判它，从此以后，几百年来学习的人都以提到它为耻。《三经新义》中的《诗义》和《书义》是由王安石的儿子王雱及其门人所撰写的，如今已经失传了。只有《周官新义》是王安石亲自撰写的。清朝乾隆年间编纂《四库全书》时，还从《永乐大典》中搜集并重新编纂了这部书，所以我们现在仍然可以看到它。我曾经私下里读过这本书，发现其中有很多精辟的见解，实在是为中国经学开辟了一条新的道路，从汉朝直到今天都没有能够超过它的。这部分内容我将在“王安石的学术成就”一章中另行讨论，就不在这里赘述了。

然而，学者们没有深入考察，只是随声附和，肆意诋毁和排斥这本书，这岂不是韩愈所说的“蚍蜉撼大树，可笑不自量”吗？王安石从来没有禁止人们学习他以外的学说，但反对王安石的人禁止人们学习他的学说。那么，到底是谁在束缚思想和言论的自由呢？是王安石，还是反对王安石的人呢？这一点也是我们不能不深入考察的。宋哲宗元祐元年（1086年），国子司业黄隐焚烧了《三经新义》的刻板，并禁止学生们诵读和学习。太学的学生们听说王安石去世后，想要设斋祭奠他，但这个行为也被禁止了。到了元祐二年（1087年），朝廷下诏禁止科举考试中使用王安石的《三经新义》和《字说》。宋钦宗靖康年间，祭酒杨时上奏说王安石所著的是邪说，污染了学者的耳目，请求朝廷剥夺他的王爵，使这些邪说不能再迷惑学者。宋高宗绍兴六年（1136年），张浚担任宰相，又重申了对王安石学派的禁令。从这些事实来看，王安石与这些贤人们相比又如何呢？当杨时诋毁王安石学说的时候，御史中丞王过在朝廷上弹劾他说：

五经的含义深奥微妙，各家学者因此而产生不同的见解，这是难以避免的。将自己认为正确的视为正统，将自己否定的视为邪说，这是一种极大的失误和偏颇。之前指责苏轼的学说为邪说而加以禁止，但后来又取消了禁令，允许采纳他的长处并加以运用，这实际上是通达的见解。祭酒杨时纠正错误却做得太过头，又诋毁王安石的学说为邪说，这也是不对的。学生们习惯于学习王安石的学说，杨时却要禁毁王安石的书，学生们便聚集起来去找他理论。杨时因此闭门不出，学生们才散去，这也足以看出杨时不能服众。

这句话可以说是确凿的论断。杨时是什么人？他是程颐的学生，依附蔡京谋得个一官半职，学者们尊称他为“龟山先生”，他在孔子庙堂中从祀的传统至今还没有被废除。而这些儒家学者之所以尊崇他，大概是因为他排斥王安石学说的功劳最高。当时程颐的门徒自认为他们的学说是孔子的正统，凡是和自己不同的观点都加以排斥。著书讲学，驳斥他人的学说以申明自己的学说，这本来是学者分内应当做的事，但为什么非要借助皇帝的力量来钳制天下人的嘴呢！宋朝的党争，起初不过是在政治见解上不同罢了。等到程氏的门徒得势后，先是禁锢了苏轼的蜀学，接着又禁锢了王安石的学说，从此学派之间的争斗日益激烈，而政界更是水火不容，以至于到了宋朝末年，追究起谁是导致祸乱的根源，君子们不能不对杨时这类人深恶痛绝。

后世的人们对于庆元年间禁止伪学的做法，读史的人都能加以指责。韩侂胄禁止伪学确实是不对的，但人们有没有想过这是谁开的头呢？韩侂胄所做的也不过是请君入瓮罢了。对于程朱的学说，虽然我并不是愿意学习的人，但我仍然对他们抱有敬仰之情，怎敢妄加诋毁！然而，对于那些君子妄自尊大、排斥异己的做法，我不仅不敢附和，而且认为中国近代几百年来学术的不发达，正是程朱学派致力于束缚人们的思想自由造成的，他们实际上应该为此承担责任。所以，现在我在讨论王安石的经义时，也顺便提到了这一点。

熙宁五年（1072年），朝廷又在武成王庙建立了武学堂，选拔了解军事的文武官员担任教授，教授学生们各家兵法，并编纂历代用兵成败的案例及前代忠臣义士的事迹，选取其中足以作为训诫的内容进行解释，学生的人数定为一百人以内。

熙宁六年（1073年），朝廷又在太学中设置了四名律学教授，凡是朝廷任命的官员及学生都可以自己申请入学。同年，朝廷还下诏规定进士各科及选拔的官员子弟都必须参加断案和律令大义的考试。

此后，又在大学里设置了医学教授这一职位，由翰林医官以下的官员、上等学生及在外行医的名医来担任。学生们通常在春天进行考试，每次考试会选拔三百名学生作为定额。医学专业分为方脉科（内科）、针科（针灸科）、疡科（外科），考察、晋升、补缺的方法大致与其他学科相同。在这些学生中，成绩最优秀的人会被选拔为尚药医师，其余的人则根据各自的等级被补授官职，有的成为本学博士正录，有的则成为外州的医学教授。

这是王安石教育行政改革的大致情况。观察他所实施的一系列措施，大多将重点放在了京城的大学上，各州县学校的规模似乎还不够完善。不知道是史书遗漏了记载，还是当时的力量还来不及全面顾及这些地方。至于京城的大学，与今天的欧美各国大学相比，虽然不能说已经完备，但是看到它设有法律学、医学等学科，与经学并重，这说明分科大学的制度实际上是从这里开始萌芽的。它的起源比英国的牛津大学（原文中的“阿士弗大学”可能指的是牛津大学——编者注）还要早。假如没有被中途废弃，能够持续发展到今天，那么我国的教育在世界上又怎能不引以为豪呢！然而，即便是这如昙花一现般的短暂存在，也足以成为我国学术史上的光辉篇章了。

当王安石最初设立法律学科的时候，司马光上奏说：“律令、敕式，这些都是当官的人必须掌握的，何必专门设立一个学科呢？如果让读书人事先学习这些，那么礼义所摒弃的，正是刑法所取缔的。如果读书人果真能明白道义，自然会与法律精神相契合；如果他们不明白，那么学习法律只会让他们变得刻薄，为官从政又怎能会有循规蹈矩、廉洁奉公的人呢？这不是培养人才的正确方法，也不是淳厚社会风俗的好办法。”啊！司马光的这番话，在如今法治观念大为兴盛的时候，稍微有点见识的人都会知道这是不对的，根本不需要深入辩论。如果真的像司马光所说的那样，那么现在世界上那些文明国家没有学过法律的人就不能担任官职，那他们的国家应该就没有一个奉公守法、政绩突出的官吏了。我一直不理解的是，司马光对于王安石的一举一动，无论大小，都必定不遗余力地反对，他到底用心何在呢？我也不理解后世读史的人对于当时的一举一动，无论大小，都必定袒护司马光而贬低王安石，他们到底又用心何在呢？

第二，选举

科举考试选拔官员其实并不是王安石的本意，他在《上仁宗皇帝言事书》中已经详细地论述了科举的弊端。然而，他执政之后为什么没有立即改革科举制度呢？他在《乞改科条制札子》中给出了答案。他说：“现在如果想要恢复古代的制度来革除今天的弊端，那么就会因为缺乏逐步过渡的措施而难以实施。因此，应该先废除那些注重形式、对仗和声律的文章，让学者们能够专心研究儒家经典，等待朝廷建立学校，研究夏商周三代的教育和选举制度，然后在全国范围内实施。”由此可见，仅仅废除诗赋考试而改为考试经义，只是王安石为了解决当前问题而采取的一种权宜之计，并不是他心中真正满意的解决方案。然而，当时反对他的人已经纷纷涌现了。

熙宁二年（1069年），朝廷商议改革贡举法，打算废除诗赋、明经等科目，改用儒家经典的理论、策论来考察进士。当时担任直史馆的苏轼也上疏发表了自己的意见，大致内容如下：

选拔人才的关键在于了解人，而了解人的方法在于注重实际能力。如果君主和宰相有识人的慧眼，朝廷有考察实际的政策，那么就连衙门里的小官吏和差役中也不乏人才，更何况是通过学校和科举选拔出来的人呢！即使沿用现在的制度，我认为也足够选拔出优秀的人才。但如果君主和宰相没有识人的慧眼，朝廷没有考察实际的政策，那么就连公卿侍从这样的高官位置也常常找不到合适的人选，更何况学校和科举呢！即使恢复古代的制度，我认为也是不够的。时代有适合与不适合之分，事物有兴盛与衰败之别，假如夏商周三代的圣人如今重生，他们在选拔人才上也一定会有自己的一套方法，难道一定要通过学校来选拔吗？况且在庆历年间，朝廷也曾设立过学校，当时天下人都以为太平盛世即将到来，可直到现在，那些学校也只剩下空名了。现在陛下如果想要寻求那些品德高尚、学问渊博的人才，并要求他们达到九年学业大成的标准，那么就需要改变现在的礼制，改变现在的风俗，还要发动民力来修建房屋校舍，征收民间的财富来供养这些游学之士。设立官职、聘请老师，并且还要时不时地检查那些不遵守教诲的人，把他们流放到远方，这样做只会引起纷扰，与庆历年间的情况相比又有什么不同呢？至于科举考试，有的人说应该由乡里推荐品德高尚的人，而稍微忽略他们的文采；有的人说应该专门考试策论，而废除诗赋；有的人想要恢复唐朝的旧制，同时采纳声誉来选拔人才，并废除糊名法；有的人想要改变经生们朴素的学风，不考帖经墨义，而考他们对经义的理解。这些都是只知其一，不知其二的做法。如果想要推崇品德，关键在于君主自身要修身养性，以了解万物运行的规律，审慎地表达自己的好恶来引导社会风俗。如果想要设立科目、制定名目来选拔人才，那就会导致天下人纷纷效仿，做出虚伪的行为。如果君主以孝顺为标准来选拔人才，那么勇敢的人就会割股疗亲，胆怯的人就会为父母守墓不仕；如果君主以廉洁为标准来选拔人才，那么人们就会驾驶破旧的车马，穿着破旧的衣服，吃着粗茶淡饭，凡是能够迎合君主心意的事情，都会无所不用其极。品德修养的弊端，竟然会严重到这种地步。从文章的角度来看，策论是有实际用处的，而诗赋则没有什么益处。但是从处理政务的角度来看，诗赋和策论其实都没有什么用处。虽然知道它们没有用处，但是自从祖宗时代以来也没有人能够废除它们。人们认为，通过科举考试选拔人才，也就只能做到这样了。近代以来，文章写得最华丽的莫过于杨亿，如果杨亿还在世，他一定会是一个忠诚正直、敢于直言的人。通晓经学、擅长古文的人，莫过于孙复和石介，如果孙复和石介还在世，他们可能会被认为是思想不切实际、行为荒诞的人。更何况，从唐朝到现在，以诗赋闻名于世、成为名臣的人数不胜数，诗赋对天下人又有什么亏欠，而一定要废除它呢？

皇帝读了苏轼的奏疏后，有些疑惑，于是向王安石询问。王安石说："如果说科举考试曾经选拔出很多优秀人才，那只是因为做官没有其他途径，其中不可能没有贤能的人。但如果认为科举考试的制度已经很完善了，那就不对了。现在年轻人正值壮年，正是应该学习、探讨天下正确道理的时候，却让他们闭门造车地学作诗赋，等到他们做官后对世事一无所知，这就是科举考试制度败坏人才，导致现在的人才不如古代的原因。”于是皇帝下定决心，废除了明经科及其他各科进士的考试，废除了诗赋的考试，改为各自专攻《诗经》《尚书》《周易》《春秋》《礼记》中的一经，同时还学习《论语》和《孟子》。每次考试分四场，第一场考大经，第二场考兼经，大义题共十道，第三场考论一篇，第四场考策三道，礼部考试时再增加两道策题。中书省撰写了大义的格式并颁发执行。这就是当时科举考试制度的大致情况，并且这一制度一直沿用了数百年，直到今天。啊！王安石的良法美意数不胜数，但都被废除得无影无踪，唯独这个权宜之计、不得已而为之的制度，是王安石想要废除但终身未能实现的，却沿袭了数百年，给天下带来了毒害，真是可悲啊！

如果能够完全废除科举制度，用学校来选拔人才，那将是最好的办法！但是，在学校体系尚未建立完善之前，国家又不可能一天没有官员来治理，所以科举制度就不能突然废除。既然不能突然废除，那么与其考试诗赋，还不如考试经义，因为相比之下，考试经义更能看出一个人的学识和能力。然而，苏轼却说，即使三代圣人重生在今天，他们选拔人才也不会依赖学校；又说诗赋虽然没有什么用处，但是设立科举制度选拔人才也不过如此；还痛斥兴办学校的政策是劳民伤财、毫无意义的举动。这真是所谓的谬论扰乱政务，难怪王安石会斥责他们为流俗之辈。现在科举制度已经被废除，稍微有点见识的人都知道苏轼的说法是错误的，不需要深入辩论。但我还是要把这些观点写出来，主要是为了说明当时反对新法的人，他们所说的话都是没有根据的，所说的话也不能自圆其说，大体上都类似这样。以上三章所述，王安石当时所设立和实施的制度，主要方面都已经完备了。至于其他的一些小细节，因为与一代王朝的兴亡大计没有直接关系，所以就没有详细记载。

（考异七）

世传王安石在执掌国政时，设立了“宫观祠禄”之类的官职来安置那些与自己政见不合的人，这个说法被众口相传，但没有人知道它最初是从哪里来的。王渔洋在《池北偶谈》中更是明确指出这是熙宁二年（1069 年）新增设的官职，并非祖宗时期的旧制。他还引用了邱文庄的《世史正纲》作为证据，而《御批通鉴辑览》也沿用了这一说法。我不知道邱文庄所依据的究竟是什么书，但考查《宋史·职官志》的记载说：祠禄之类的官职，是用来让年老退休的贤能之人得到安逸的，起初这类官职的数量非常少，熙宁以后才有所增加。又说：按照旧制，在京城的宫观由宰相和执政大臣担任，以前留在京城的宰相和执政大臣，大多被任命为宫观的官职以示优待和礼遇。由此可见，这个制度并不是王安石创立的，这是非常明显的。《宋史》各传记中记载的大臣们罢免政务后兼任宫观官职的人数不胜数，就拿出现在《临川先生文集》中的为例，王德用在庆历八年（1048 年）以同中书门下平章事的身份兼任会灵观使，贾文元在嘉祐二年（1057 年）以检校太师的身份充任景灵宫使。这些都是远在熙宁年号之前的事情。熙宁初年，朝廷商议废除宫观使、副都监等官职，王安石说："宫观设置使、提举、都监等官职确实显得冗余闲散，但是现在所设置的这些官职都只是兼职而已，如果是特别设置的，那么朝廷理应给予尊宠的礼遇，而不应该以具体的职务来要求他们。废除或设置这些官职，其利弊并不多，如果讨论到冗官耗费的问题，那么像道观寺庙之类的机构，自然也有可以讨论的地方，不仅仅只是废除使、提举、都监等官职就可以节省开支的。"根据这个说法，王安石执政期间，怎么会有增加设置官职数量的事情呢？《职官志》大概是根据诽谤者的话而采纳了这一说法吧，而像邱文庄和王渔洋这样的人，对于各书中记载的祠禄制度的由来似乎完全没有看过，又怎么能和他们谈论历史大事呢！因此，在谈论王安石的新法时，我顺便附上了这些辨解。

第十三章 王安石的军事功绩

那些平庸的儒生对王安石诋毁最严重的事情有两件：一件是说他搜刮民财，另一件是说他穷兵黩武。对于王安石管理财政，我已经极力说明那绝不是搜刮民财。那么，对于王安石用兵这件事，难道能说他穷兵黩武吗？这又是不能不分辨清楚的。

现在外国人常常讥讽我们国家没有武力。我们国家不崇尚武力，并不是自古以来就是这样的，而是宋朝以后的学说误导了我们的观念。宋朝人长久以来把忍受耻辱看作美德，自从澶渊议和以后，全国上下都以能够避免战争为幸运，从此以后增加岁币，请求割让土地，就像小国侍奉大国一样，只要别人提出要求都不敢不从。至于那小小的西夏，自从李继迁、李德明以来，时叛时服，变化无常，虽然韩琦、范仲淹等人轮流担任安抚使和经略使，商议战守之策，但环庆路、鄜延路所辖各州还是连年疲于应对战争伤亡，哪里听说过有人站出来，迈出一步，提出一个进取的策略呢？孙子说："不要寄希望于敌人不来，而要依靠自己有充分的准备来应对。"然而在此之前的宋朝君臣，却不考虑如何准备应对敌人，只是侥幸地希望敌人不来。再加上西南地区的土著蛮族屡次蠢蠢欲动，成为宋朝的心腹之患，西南边境也多次不得安宁。我们被两大强敌夹在中间，已经一天都不能安宁了，更何况还有那些小国在我们背后窃窃私语、图谋不轨呢？王安石的政策是先肃清这些小国，并且借此机会增长军事上的经验，然后再着手对付大敌。他对付两大敌人的策略是，如果敌人联合起来对付我们，那么我们应对起来就会很危险，所以要先攻打那个比较容易攻打的敌人，然后再攻打那个比较难攻打的敌人。收复河湟地区来制约西夏，制约西夏来削弱契丹，这是王安石一生的抱负，也是他在当政时一步步实行的。现在我把当时的战绩整理出来，展示给读历史的人看，以此来证明那些诋毁他穷兵黩武的言论是多么不恰当。

第一，河湟之战

河湟是指哪里呢？就是现在的甘肃巩昌以西，沿着洮河一带的岷州和洮州地区。秦朝修建长城时，起点就是临洮，汉朝则在那里设置了武威、张掖、酒泉、敦煌四个郡，称之为切断匈奴右臂的战略要地。自古以来，与西北部的少数民族争夺强弱地位，没有不重视这个地区的。而且由于它靠近秦地和陇地，如果被敌人占领，那么中原地区就将永无宁日。在蜀汉末期，姜维多次从狄道出兵骚扰陇西地区，但魏国人在那里建立了重镇，姜维始终未能如愿。到了晋朝衰败的时候，河西地区陷入混乱，大致上只要攻占了狄道，就足以侵入陇西，一旦狄道失守，河西地区就会有唇亡齿寒的危险。所以，北魏统一了秦地和凉地后，把狄道看作咽喉之地，在那里设置了郡县，把它当作屏障来依靠。唐朝在抵抗吐蕃时，把临州看作扼守控制的战略通道。后来临州失守，陇右地区就彻底沦陷成了边境之外的荒地。这些都是古往今来在这个地区得失的例证。

从唐朝中叶以后，这片土地就被吐蕃占领，经历了五代十国的混乱时期，一直到宋朝建立并统治了天下长达一百年，都没有人提出过要收复它。到了熙宁元年（1068 年），以前在建昌军担任司理参军的王韶来到朝廷，呈上了三篇《平戎策》，大概的内容是这样的：

国家如果想要攻取西夏，应当先收复河湟地区。一旦河湟地区被收复，西夏人就会面临腹背受敌的困境。近年来，西夏人一直攻打青唐却未能攻克，万一他们攻克了青唐，就一定会集结兵力向南大举掠夺秦州和渭州之间的地区，在兰州和会州放牧，切断古渭州的边境，征服南山一带的羌族部落，然后在西边修筑武胜城，派兵时常掠夺洮河地区，那么陇州和蜀地的各个郡县都将受到惊扰，瞎征兄弟又怎能自保呢？现在唃厮啰的子孙中，只有董毡勉强能够自立，而像瞎征、欺巴温这样的人，他们所能管辖的地盘，各自不过一两百里，势力哪里能与西夏人抗衡呢？从武威以南，一直到洮河、兰州和鄯州都是过去汉朝的郡县，土地肥沃，适合种植五种谷物。那些地方可以耕田种粮自给自足，那里的人民可以服劳役供我们使用。幸运的是，现在那些羌族部落被分割成许多小块，没有一个统一的领袖，这正是我们可以合并他们并安抚他们的好时机。陛下如果能挑选出那些通晓事理、聪明敏锐并且了解当地情况的人，让他们在那些地区往来活动，用忠诚和信义来安抚他们，使他们心悦诚服，乐意归附我们，那么只要能够争取到五到七位大的部落首领，其余的小部落就都可以驱使他们为我们所用了。各个部落都归顺了，唃厮啰的势力又怎敢不归顺呢？唃厮啰归顺了，那么河西的李氏政权就掌握在我们的手中了。如果我们急于进攻，就可以摧毁他们的巢穴；如果我们放缓攻势，就可以威胁和控制他们的核心区域，这就是所谓的在敌人面前显露形迹而在这里收获战果。

王韶的奏疏呈上后，皇帝对他的言论感到惊奇，王安石也极力赞同。于是，皇帝任命王韶为秦凤司经略安抚司的机宜文字。熙宁年间，王韶请求在渭河和泾河上下游分别修筑两座城池，驻扎军队来安抚和招纳洮河一带的各个部落，但遭到秦凤经略使李师中反对，认为不应该这样做，于是皇帝下诏让李师中停止担任经略使的职务。王韶又说，从渭原到秦州，沿着河流有五六百里的良田没有得到耕种，如果能开垦一千顷，每年就可以收获三十万斛粮食。他请求设置市易司，用盈利来开垦这些田地。皇帝采纳了他的建议，并命令王韶负责市易司的事务。李师中多次为难王韶，说王韶所指的田地不过是边境上的弓箭手的地盘，设置市易司所得到的收益无法弥补所失去的利益。王安石坚决支持王韶的提议，为此罢免了李师中，让窦舜卿接替他的职位。后来，秦凤路经略安抚使郭逵弹劾王韶盗用市易司的钱财，王安石认为那是子虚乌有的事情，即使有也不值得计较，于是将郭逵调任泾原路。熙宁四年（1071 年），朝廷设置了洮河安抚司，并任命王韶为主管。熙宁五年（1072 年），朝廷将古渭寨升格为安远军，任命王韶兼任军事长官，并推行教育和阅兵制度。王韶首先招降了青唐部的大首领，并赐他姓名“包顺”。八月，王韶攻打吐蕃，大败敌军，收复了武胜城。武胜城原本是唐朝的监州，现在是兰州府的狄道县，于是王韶在那里筑城，设立镇洮军。不久之后，王韶又在巩令城击败了木征。王安石文集中的《与王子醇第一书》，就是在这个时期所写。书中写道：

在洮河的东面和西面，蕃族和汉族的人们纷纷归附集结。既然武胜这个地方肯定会成为统帅府，那么现在筑城的话，恐怕就不能建得太小。如果认为眼前的工程浩大难以完成，或者觉得城池大了难以防守，就采取权宜之计，那也应该注意不要毁掉旧有的城池。我们应该仔细考察地势，以便将来扩建。城池建成之后，应当考虑分别设置市易务，为蕃族的巡检建造大的官署，招募汉族中有财力的人，借给他们官府的资金，设立作坊和店铺，让蕃族和汉族的官民都能从中获利，这样一来，城池的守卫就会变得容易，归附集结的速度也会加快。

这年十月，朝廷将镇洮军升格为熙州镇洮军节度，并设置了熙河路，任命王韶为经略安抚使。到了十一月，河州的首领瞎药等人前来投降。十二月，朝廷开始修筑熙州的南北关以及各个堡垒，王安石又写了《与王子醇第二书》，说道：

听闻已经修建好武胜城，又平定了那些叛乱的生羌部落，做得非常好。听说郢成珂等部落首领都聚集了自己们的部下来进行防御和开拓，从这里可以看出恩威并施的效果。但是，如果让他们长时间暴露在野外，怎能不耗费人力物力呢？恐怕这样做不能使大家心悦诚服。现在他们看到了归附朝廷的好处，我认为应该告诉郢成珂等人，解散他们的大部分人，只挑选精锐强壮的人马来进行防御和开拓，并根据实际情况给予犒劳，让他们都心怀感激。等城建成后，再给予更加丰厚的奖赏。人少的话，奖赏也不会耗费太多财物；赏赐丰厚，大家就会乐意为朝廷效力。不知道是否真的应该这样做，请再仔细斟酌一下。在荡平那些强硬的敌对势力后，必然会有粮食收获来供给军队，有土地可以招募人员作为弓箭手。只是担心新招募的人手不方便立即发挥作用，如果招募选拔秦凤、泾原等地以前曾经服过兵役的人加入，那他们就是训练有素的士兵，足以镇抚那些刚刚归附的人。事情很难从远处预测，但这是我内心的想法，姑且试着说出来。

熙宁六年（1073 年）二月，王韶成功攻占了河州，并俘虏了吐蕃首领木征的妻子和儿女。河州这个地方，在元魏时期被称为枹罕，现在是兰州府河州的所在地。此时，王安石写了《与王子醇第三书》，说道：

现在熙河地区最紧迫的事情是加强守备，严格告诫各位将领不要轻易采取行动。很多武将都希望通过讨伐杀敌来建功立业，如果不加以制止，这一地区的忧患就会无穷无尽。我认为您应该用深厚的恩德和信任来安抚归附的羌人部落，考察其中有才能的人，将他们收编为己用。现在大量用钱财和粮食来供养守边的士兵，这仅仅足够防备归附的羌人部落发生叛乱，但还没有办法用来对付秉常和董毡这些敌人。如果真的能让归附的羌人为我们所用，那么不仅内部没有忧患，还可以依靠他们的力量来抵御外敌。自古以来，因为喜欢随意坑杀而导致人心背叛的例子很多，而能够善于使用安抚政策并使敌人为己所用的例子也不少见，这些您都是亲眼见过的。况且王师的行动应该以仁义为本，怎么肯因为多杀人而招致怨恨呢？你说到青唐已经与各个部落结怨，以后再也没有和解的可能，这是显而易见的。然而，对于那些与董毡关系密切的部落，在事情平定之后，我们可以用兵威震慑他们，同时宽恕他们的罪行，让他们通过讨伐敌人来赎罪，之后再给予丰厚的奖赏，他们应该就会愿意为我们所用，不会再与敌人勾结。与其讨伐他们并迫使他们坚定地依附于敌人从而成为我们的祸患，不如采取这种策略，其中的利害关系是不言而喻的。又听说那些被讨伐的羌人部落，既失去了积蓄，又荒废了耕作，以后他们无法自给自足，怎么能不聚众成为盗寇呢？如果我们招募他们来服劳役，同时给予他们生存的机会，这应该是可行的。希望您能留意并考虑这个问题，给予他们体恤。边境的事情很难从远处判断，想必您已经有了自己的计划，我只是把我能想到的试着说出来。

这年九月，已经投降的羌人部落又发生了叛乱，王韶率军返回攻打他们。木征趁这个机会再次占据了河州，王韶奋力作战，击败了木征并迫使他逃走。岷州的首领木令献城投降，王韶进入岷州城，于是宕州、洮州、叠州的羌人部落首领也都献城归附。王韶的军队出征五十四天，行军一千八百里，攻占了五个州，斩杀敌人数千，缴获的牛羊马匹数以万计。岷州、宕州、洮州、叠州现在都属于甘肃巩昌府的管辖范围。

捷报传来，皇帝亲临紫宸殿接受群臣的祝贺，并将自己所佩戴的玉带解下来赐给王安石，以此表彰他在筹划战事中的功劳。自从王韶担任安抚使以来，不过两年的时间就开拓了二千多里的土地，招抚了大小蕃族三十多万人，一举收复了二百多年来沦陷的旧疆土，这也可以说是自古以来少有的奇功了。

然而，如果不是王安石有知人之明，委任得力，调度勤勉，又怎么能达到这样的成就呢？元厚之在《平戎庆捷》中写道：“何人更得通天带，谋合君心只晋公。”大概在此之前，朝廷中的阻挠和干扰，实际上比唐宪宗讨伐蔡州时还要严重，而宋神宗得到王安石又胜过唐宪宗得到裴度。王安石得到宋神宗所佩的玉带确实是当之无愧的。第二年四月，王安石又给王韶写了第四封信，信中写道：

木征归附朝廷后，熙河地区就没有什么可担忧的了，现在只需要节省不必要的开支，管理好当地的财赋和粮食生产，做好长远的规划就可以了。皇上因为您功绩显著，诚信可靠，所以虚心接受并信任您，对于边疆的事务，已经不再是那些不同的意见所能动摇和阻挠的了。您应当尽心尽力，以实际行动来回报朝廷，其他就没有什么可疑虑的了。

看看王韶的筹划，以及王安石写给王韶的那些书信，就可以知道收复熙河地区确实是无奈之举，而王安石那种慈祥怜悯、不愿让百姓遭受战乱之苦的心情，也可以从中看出来。然而，有些评论者喋喋不休地指责王韶轻易挑起边境争端，并且也认为这是王安石的罪过。所谓挑起争端，是指敌人本来没有争端，是我们自己挑起的。那么，他们有没有想过，从李继迁、李德明到李元昊这六七十年间战争不断，当时掌握国家大权的人中究竟是谁挑起了这些争端呢？争端是由敌人挑起的，我们即使想不回应也无法做到。景祐元年（1034 年），李元昊攻打环庆卫，第二年攻打唃厮罗，夺取了瓜州、肃州、沙州三州。李元昊想要向南侵略，但又担心唃厮罗在背后牵制他，于是又发兵攻打兰州等地的羌人部落。那个时候，就好比甲和乙在路上相遇打了起来，甲知道自己打不过乙，就赶快逃跑躲避，关上门来防守，但那个情绪激动的打人者还在门口。李德明和李元昊多次攻打唃厮罗，他们的势力已经达到我国的秦州和陇州，这与甲乙打架甲闭门不出有什么不同呢？然而，想要抵御西夏，就必须开辟熙河地区；要想开辟熙河地区，就必须收服那些羌人部落，这样做是为了切断西夏人南侵的路线，没有比这更直接有效的办法了。如果不考虑西夏人南侵会给中原带来大患，而仅仅因为开辟了边境就指责王安石和王韶，那么难道要开门揖盗才算是无罪吗？更令人奇怪的是，在元祐初年，司马光执政时，他废除了王安石的所有新法，甚至还想放弃熙河地区。当时有个叫孙路的人拿着地图上奏说："如果这样做的话，那么陵西一带就危险了。"司马光这才作罢。以前汉朝灵帝时期，西羌反叛，韩遂在陇右作乱，司徒崔烈认为应该放弃凉州。但傅燮反驳说："司徒崔烈应该被处死！凉州是天下的要冲之地，是国家的屏障。高祖兴起之初，就派郦商去平定陇右；世宗时期又开拓疆土，在那里设置了四个郡，以此切断匈奴的右臂。现在如果让一个州反叛，就想要割弃一方万里之土，如果让那些北方的蛮族占据了这个地方，他们兵强马壮，就会趁机作乱，这是国家最大的忧虑，是社稷最深的祸患啊！"由此说来，河西地区是西夏人必定要争夺的地方，它的重要性不言而喻，绝对不能放弃。司马光能够编写《资治通鉴》，难道他没有记住傅燮的话吗？为何他还要执意放弃河西地区？我实在不理解他的用心何在！更何况崔烈说那番话时还只是独自作乱，傅燮就已经认为崔烈应该被处死。而距离收复熙河地区已经过去了十多年，王安石为巩固这一地区所采取的策略，即便是赵充国提出的屯田之策，也无法超越，这从他与王韶的书信中就可以看出。那些羌人部落归顺朝廷后，逐渐与中原同化，他们耕种的土地和放牧的收入足以支持边防的守卫，从未让朝廷为西方的忧患而操劳，又有什么可嫌弃和疑虑的，并且一定要废除它呢？推测司马光的心思，不过是说凡是王安石所做的一切，他都一定要废除才觉得痛快！啊，这简直是把国家大计当作他个人泄愤复仇的工具，古代的大臣中与他相似的，我可没听说过！啊，仅就这一件事情来看，那些元祐年间的人们大声疾呼，说新法是如何误国，如何害民的言论，都可以像这样来看待了。

第二，西南夷之战

中国古代史，可以说是汉族与苗族长期争斗的历史。从女娲、黄帝时代一直到大禹时期，经历了数百年的战争，汉族的地位才得以最终确立。苗族逐渐衰落，迁徙到江淮以南地区，后来又辗转进入了溪峒地带，从此再也不敢与中原汉族抗衡。然而，一个国家中存在语言不通、风俗不同的两个民族，交错杂居，终究不是长久安定之策。因此，安抚并同化苗族等少数民族，实际上是中国最重要的一项政策，但至今还没有完全实现。自从秦朝以后，最能够实行这一政策的，前期有汉武帝开辟西南夷，后期有清朝两次实行改土归流，中期则有王安石经略湖川地区的少数民族。

王安石经略少数民族的策略主要分为两路：一路在今天的湖南地区，另一路在今天的四川地区。他在这两个地区分别任命了主帅，湖南地区的主帅是章惇，四川地区的主帅是熊本。现在分别来论述一下：

（甲）湖南路

湖南的溪峒地区居住着各种蛮族，从春秋时期开始他们就隶属于楚国。战国时期，秦国的白起攻占了这片地区，并设置了黔中郡。汉朝时，这里被改名为武陵郡。到了后汉时期，这些蛮族经常侵扰抢夺财物，后来被马援击败。历经晋、宋、齐、梁、陈等朝代，这些蛮族有时叛乱，有时归顺。隋朝时，设置了辰州；唐朝时，又设置了锦州、溪州、巫州、叙州，但基本上只是采用羁縻政策，并未真正断绝与他们的联系。唐朝末年，战乱频繁，蛮族首领们趁机分别占据了各自的领地，并自封为刺史。当马希范统治湖南时，瑶族的人们聚集在一起，依山傍水，人数几乎达到了十万之多。到了后周，周行逢作乱，多次侵扰边境，逼近辰州和永州，杀害百姓，抢夺牲畜，使得当地没有一年是安宁的。等到宋朝统一全国后，由于兵力不足，威势不振，对于远处的地方无法控制，因此，那些蛮族首领占据自己的领地并自封官职，朝廷也就顺水推舟地任命了他们，导致这些蛮族日益骄横放纵。其中势力较强的有北江的彭氏、南江的舒氏、田氏、向氏，以及梅山的苏氏和诚州的杨氏等。北江的彭氏家族世代统治着溪州地区，这个地区包括了上溪州、中溪州和下溪州三个州。除此之外，还有龙赐州、天赐州、忠顺州、保静州、感化州和永顺州共六个州，以及懿州、安州、新州、远州、给州、富州、来州、宁州、南州、顺州和高州共十一个州，总共二十个州。南江的各民族则分布在从辰州到长沙的各个溪峒地区，其中叙州、峡州、中胜州和元州是舒氏家族的地盘；奖州、锦州、懿州和晃州是田氏家族的地盘；富州、鹤州、保顺州、天赐州和古州则是由向氏家族统治。这些家族都残酷地剥削百姓，相互进行仇杀，使得当地百姓饱受战乱之苦，生活在水深火热之中。同时，他们还多次侵扰边境，给当地的百姓带来了深重的灾难。到了熙宁初年，湖北提点刑狱赵鼎上奏说峡州蛮族的首领剥削百姓没有限度，蛮族百姓希望归附朝廷。辰州的普通百姓张翘也上疏谈论南北江的利害关系。当时，神宗皇帝和王安石正考虑用武力来威震四方，于是在熙宁五年（1072 年）七月，派遣章惇去荆湖北路考察并处理蛮族事务。

在同年的十一月，章惇成功招降了梅山溪峒的蛮族苏氏家族。梅山地区过去一直与中原地区没有往来，它的东部与潭州接壤，南部与邵州相邻，西部与辰州相连，北部则与鼎州和澧州交界。章惇通过招降，将梅山地区的居民登记在册，共有一万四千八百余户，田地二十六万四千余亩。他重新规定了这些居民的赋税，让他们每年缴纳一次，并修建了武阳和开峡两座城池，设置了安化县，这个安化县就是现在的长沙府的安化县和宝庆府的新化县。

熙宁六年（1073 年）十月，南江的蛮族向永晤和舒光银二人各自献出他们的领地，投降于章惇。只有田氏家族依仗着有几个勇猛的人，表现得相当桀骜不驯。于是，章惇发兵攻打懿州，南江地区的各个溪峒都被平定，随后设置了沅州，并以懿州的新城作为州治所在地。后来，诚州、徽州的蛮族首领杨光富也率领他所属的二十三州溪峒归附了朝廷，于是设置了诚州。沅州就是现在的沅州府，诚州是现在的靖州，而徽州则是现在靖州所属的绥宁县。

熙宁九年（1076 年）正月，章惇又招降了下溪的蛮族首领彭师晏。在此之前，彭氏家族世代统治着五溪地区，自封为刺史，已经有好几代了，朝廷对此一直不敢过问。章惇在平定南江之后，彭师晏感到十分恐惧。于是，章惇与湖北提点刑狱李平一起招降了他，彭师晏所属的二十个州都归入了朝廷的版图，这些地区就是现在的辰州府。随后，朝廷下诏修筑下溪城，并赐名为会溪，派兵驻守，隶属于辰州，让这些地区的百姓像汉族百姓一样缴纳租赋。

章惇处理蛮族事务历时三年多，其间招降了十多位蛮族首领，涉及的地区达到四十多个州，这些州现在相当于四个府的面积。此外，他还从广西融州开辟了一条道路，直达诚州府，并增设了浔江等堡垒。这里的融州就是现在的柳州府融县。到了元祐初年，傅尧俞和王岩叟等人请求废除熙宁年间所设置的新州。但考虑到蛮族已经习惯了现有的状况，不宜全部废除，于是废除了诚州而保留了沅州。同时，那些新开辟的道路和新建的堡垒也都被拆毁了。从此以后，五溪地区的郡县就被放弃了，朝廷再也没有过问。

王夫之对此评论道："章惇在湖北地区处理蛮夷事务时，迎合神宗皇帝用兵的意愿，以求获得功勋和奖赏，这本来应该受到天下的非议。然而，在澧州、沅州、辰州、靖州等地，蛮族不再对内地造成骚扰，而安化、靖州等州县，至今仍然是文明治理的地区，与湖北、湖南的各个郡县并列，那么章惇的功绩又怎能被忽视呢！由于章惇的事务没有最终完成，麻阳以西、沅州和溆浦以南的地区，苗族盗贼仍然没有被平息，至今仍然是社会的不安定因素。靠近蛮族地区的百姓，无论是生命、妻子儿女还是财产，以及牛马、粮食等都无法得到保护。那么章惇的功绩和罪过，都是显而易见的，为什么人们只乐于谈论他的恶行，而不去反思其中的原因呢？如果从大义的角度来讨论，那么章惇的功绩还不仅限于此。俗话说：王者不治夷狄。这句话是指九州以外的地方吧。（节略）然而，在九州之内，那些生活在山区和峡谷中的民族，中间是华夏，外面就是夷狄，外面是华夏，中间就是夷狄。这些民族之间相互依存，却又被人为地隔绝开来，使得他们像人体的胸、腋、肘、臂一样，虽然紧密相连，却相互对抗而不了解彼此。并不是说这些地区无法治理，或者不应该治理，但如果不去治理，那么作为统治天下的人又有什么用呢！统治天下应该以仁爱之心对待天下的人，而以仁爱之心对待天下最重要的是要把人与禽兽区别开来，让人们珍视自己的生命。那些苗夷部落的首领，在自己统治的地区内引导人们走向邪恶、残暴和淫虐，使人们沉溺于像禽兽一样的行为，他们对百姓的剥削和杀戮，不分亲疏。仁爱的人对此自然是无法忍受的，所以会诛杀那些首领，平定他们的领地，让这些地方成为国家的领土，接受国家的赋税，清除那里的污秽，让人们穿上衣服，戴上帽子，用文明来熏陶他们，渐渐地让他们接受诗书礼乐的教化，从而使忠孝廉节、文章政事等方面的优秀人才得以诞生，在和谐的社会环境中成长，这难道不是以仁爱之心治理天下的人最大的愿望吗！只有这样，才能夺取蛮夷的土地，设立郡县，这样的功绩是广泛的，德行是正直的，仁爱之心是伟大的！（中略）况且，辰州、沅州、澧州、靖州等地的山谷，虽然地势险要，易于凭借险阻进行反抗，但难道它们就不是汉唐时期政治教化得以广泛施行的好地方吗？从泥泞污秽中走出来，登上青云之路，即使有杀戮，也是仁爱的人所不避讳的。为了保护我们及与我们接壤的百姓免受侵扰，我们的士兵和马匹不辞辛劳，我们的粮食和草料不断消耗。虽然这只是暂时的辛劳，却能换来长久的安宁，即使有怨言也是可以理解的。作为统治天下的人，这应该是我们应当履行的职责。章惇的初衷，虽然可能是为了迎合皇上、挑起事端以邀功请赏，这确实不值得赞扬。但是，既然事情已经做成，他确实立下了功劳，有了功劳，终究不能因此定他的罪。直到今天，他所建立的州县，还有保存下来的。他沿此思路设立的州县，如城步、天柱等，像棋子一样遍布各地，能够看得见。而那些尚未平定的地区，成为苗夷的巢穴，不断侵扰我们的郡县，这也是显而易见的。哪个更安全？哪个更危险？哪个更安定？哪个更混乱？哪个更有利？哪个更不利？通过考察事实，问问自己的内心，这怎么能掩盖得了呢！把章惇一概视为小人，认为他的功劳也是罪过，这是对是错，自有公论，不是自我标榜的清明议论所能改变的。虽然如此，还是有不能完全信服他的人存在。”王夫之平日里持论公正，本来就不偏袒王安石，唯独在谈论这件事时，可以说他能看到事情的大局。只怪元祐年间的那些贤臣，他们对于别人已经完成的功绩，一定要将其毁掉才觉得痛快。如果说他们这样做是为了避免骚扰和挑起事端，那么这些理由已经过去了，此后只需在此基础上进行修缮即可。国家没有花费太多，而蛮民也已经长久地安居乐业，那么一定要废除这些州县的理由到底在哪里？由此可知，当时朝廷内外那些吵吵嚷嚷的人，完全是出于个人的意气用事，没有一件事是为国家的百年大计着想的。

（乙）四川路

自汉朝以来，巴蜀地区边界以外的蛮夷部落有夜郎、滇、邛都、巂、昆明、徙、莋都、冉駹、白马氐等，他们后来或分或合，或背叛或臣服，没有固定的常态。到了熙宁初年，泸州地区的乌蛮有两个首领，一个叫晏子，一个叫斧望个恕，他们逐渐强大起来，擅自劫持了晏州山外的六姓居民及纳溪地区的二十四姓土著居民，还图谋从淯井地区入侵中原。熙宁六年（1073年），朝廷命令熊本担任梓州、夔州地区的察访使，并授权他可以根据实际情况灵活处理蛮夷事务。熊本认为那些能够骚扰边境的蛮夷不过是依靠村里的豪强作为向导罢了，就设计诱捕了一百多名这样的向导，在泸州将他们斩首示众，他们的同伙都吓得浑身发抖，愿意拼死立功来赎罪。熊本向朝廷请求对这些愿意立功的人给予重赏，他们都积极响应，愿意听从命令，只有柯阴地区的一个首领没有来。熊本联合了晏州的十九姓居民，又调集了黔南地区的义军和精锐骑兵，将柯阴地区的这个首领击溃。于是，淯井、长宁、乌蛮罗氏鬼王等地区的蛮夷都纷纷归附，表示愿意世世代代做汉官的奴仆。提点刑狱范百禄还撰写了一篇誓文来与他们结盟。

蠢兹夷丑，淯溪之浒。为虺为豺，凭负固圉。
杀人于货，头颅草莽。莫惨燔炙，莫悲奴虏。
狃唬熟慝，胡可悉数。疆吏苟玩，噤不敢语。
奋若之岁，曾是疆御。踯躅啸聚，三壕罗募。
偾我将佐，戕我士伍。西南绎骚，帝赫斯怒。
帝怒伊何？神圣文武。民所安乐，惟曰慈抚。
民所疾苦，惟曰砭去。乃用其良，应变是许。

粥熊裔孙，爰驭貔虎。歼其渠酋，判其党与。
既夺之心，复断右股。摄提孟陬，徂征有叙。
背孤击虚，深入厥阻。兵从天下，铁首其举。
纷纭腾沓，莫敢婴牾。火其巢穴，及其囷贮。
暨其赀畜，墟其林彝。杀伤系缧，以百千数。
泾滩望风，悉力比附。丁为帝民，地曰王土。
投其器械，籍入官府。百死一赎，莫保铜鼓。
歆明神天，视此狗鼠。敢忘诛绝，以干罪罟。
乃称上恩，俾复故处。残丑崩角，泣血诉语。
天子之德，雨旸覆护。三五噍类，请比泾仵。
大邦有令，其警戒汝。天既汝贷，汝勿予侮。
惟十九姓，往安汝堵。吏治汝责，汝力汝布。
吏时汝耕，汝稻汝黍。惩创于今，无忕往古。
小有堡障，大有城戍。汝或不听，汝击汝捕。
尚有虓将，突骑强旅。傅此黔军，毒矢劲弩。
天不汝容，暴汝居所。不汝遗育，悔于何取。

誓文写成后被刻在石碑上，竖立在武宁寨。熊本回到朝廷后，神宗皇帝慰劳他说：“你没有耗费国家的钱财，也没有伤害百姓，就一举消除了百年的祸患。”于是，宋神宗提拔熊本为集贤殿修撰，并赐予他三品官服。从此以后，边境以外的各个蛮夷部落都相继归附了朝廷。淯井位于现在的长宁县北部，长宁县现在隶属于叙州府。乌蛮原来居住在姚州，而姚州就是现在的泸州。

熙宁八年（1075 年），渝州南川县的獠木斗发生了叛乱，朝廷下诏命令熊本前去安抚。熊本进军到铜佛坝，击溃了叛军，獠木斗气焰顿消，献出秦州方圆五百里的土地来归顺朝廷。朝廷在这片土地上建立了四个寨和九个堡，并把铜佛坝设置为南平军。这里所说的渝州和秦州，就是现在的重庆府。

第三，交趾之战

熙宁八年（1075 年）冬天，安南国的国王李乾德入侵宋朝，攻占了钦州和廉州。第二年春天，又攻占了邕州（现在的广西南宁府——梁启超注）。朝廷任命郭逵为安南招讨使，赵卨作为他的副手，调集军队前去讨伐。王安石亲自撰写了敕令和告示，上面写着：

敕令交州管辖内的溪峒地区的军民官吏等人，我们想到安南国一直以来都接受着朝廷赐予的王爵，朝廷对你们的安抚和接纳实际上是从先朝就开始的。朝廷一直容忍着你们的过错，直到现在。然而，你们攻占了我们的城池，杀害了我们的官吏百姓，这严重违反了国家的法纪，按律应当严惩不贷，绝不赦免。现在朝廷顺应天命发兵讨伐，是名正言顺的。我们趁着时令适宜，水陆两路同时进发。上天也在帮助正义的一方，已经显现出了吉祥的新气象。人们也都明白欺侮弱小必然自取灭亡的道理，都怀着对敌人的愤恨之情。但是，朝廷的军队所到之处，你们不仅不迎接，反而四处逃窜。你们这些士人百姓，长久以来都生活在困苦之中，如果你们能够劝导安南国王归顺朝廷，带领部众自己回来，那么朝廷给予你们的爵位、俸禄和赏赐，将会比平常高出很多倍，过去所有的罪过和积怨也都会一律宽恕。李乾德还年幼无知，政令并非出自他的本意，等到他来到朝廷的那一天，朝廷会像以前一样对待他。朕的承诺是不会改变的，希望大家不要听信谣言而感到疑惑。最近听说百姓们被横征暴敛逼得走投无路，朝廷已经告诫使者，要他们向百姓们传达朝廷的恩旨。对于那些暴虐的征敛和横征的赋税，朝廷的军队一到就会立即废除。希望我们这一方土地能够永远成为人民安居乐业的乐土。

熙宁八年（1075 年）春天，郭逵率领军队驻扎在长沙，他首先派遣将领收复了邕州和廉州，然后亲自率领大军向西进发。当他们到达富良江时，安南的精锐部队乘船迎战，宋朝的官军无法渡江。赵卨于是分派将领和官吏，砍伐树木制造攻城器械，发射的石子和机关如同雨点般落下，安南的战船都被摧毁。接着，宋军设下埋伏进行攻击，斩杀了数千名敌军，还杀死了安南的伪太子洪真。李乾德感到恐惧，派遣使者带着降表到宋军的营门前投降。富良江距离宋朝的国境已经不远了，但是宋朝的官兵只有八万人，他们在酷暑和瘴气中行进，死亡人数超过了一半，因此没有继续渡江。最终夺取了广源州、门州、思浪州、苏茂州及桃榔县后返回。群臣都向皇帝表示祝贺。皇帝下诏将广源州改名为顺州，赦免了李乾德的罪行，并恢复了他的封爵。从此以后，直到宋朝灭亡，安南再也没有侵犯过宋朝的边境，并且持续地向宋朝进贡。

（考异八）

《续资治通鉴》记载说：自从王安石执政后，他积极主张开拓边疆。邕州的知州萧注喜欢谈论军事，他羡慕王韶等人因为开疆拓土而获得高位，于是上疏说交趾虽然表面上向朝廷进贡，但实际上早已包藏祸心，如果不现在攻取，将来一定会成为祸患。皇帝于是下诏任命萧注为桂州经略安抚使。萧注入朝见驾时，皇帝询问他攻取交趾的策略，萧注又认为这很难做到。于是，皇帝用沈起接替了萧注的职位。沈起为了迎合王安石，便一心一意地主张攻打交趾，这使得交趾开始有了二心。另外，《宋史》中也记载说：宋朝的间谍得到了交趾发布的战报，说中原推行青苗法和助役法，使得百姓生活困苦，现在出兵是为了拯救他们。王安石看到这份战报后大为震怒，亲自起草了敕令和告示来诋毁交趾。《续资治通鉴》中记载：张方平说挑选西北身强力壮的士兵骑着健壮的马匹，把他们遗弃到南方炎热的边荒之地，这样做的危害简直无法用言语来形容。如果军队因此疲惫不堪，耗费了大量钱财，最终却无功而返，那也许算得上是国家的福气。后来发生的事情都和张方平说的一样。现在考察这段记载的内容，完全是出于恶意诋毁王安石的目的。甚至说交趾入侵完全是王安石挑起的，而对于他安定边疆的功绩则完全忽略不记，这是宋朝以来史家的惯用伎俩，我对此类事情已经司空见惯，几乎不觉得奇怪了。然而，张方平的话支离破碎、歪曲事实，实在有不得不辩驳的地方。

查阅《宋史·萧注传》，里面记载了他请求谋取交趾的奏疏，但并未说明这是在哪一年上奏的。又记载说：熙宁初年，朝廷任命萧注为桂州知州，皇帝询问他攻打交趾的策略，他回答说："以前我确实有过这样的建议，但现在交趾人民经过十五年的繁衍和训练，已经不可轻视，不能轻易讨论攻打他们。"又记载说萧注到达桂州后，深入探访山川地形和当地百姓的安危，都得到了人们的欢心，对李乾德的一举一动都了如指掌。萧注担任桂州知州的具体年份我不清楚，但知道沈起接替萧注是在熙宁六年（1073 年）。那么萧注治理桂州的时间，应该是在熙宁四五年间。他是在入朝觐见皇帝之后才去就任的，而他入朝觐见的时间应该更早。但他对神宗皇帝说的，是十五年前的事情，现在的形势已经大不相同了。那么，萧注提议攻打安南，应该是在嘉祐元年（1056 年）和二年（1057 年）之间，当时王安石仅仅担任群牧判官，还没有参与朝政，更不用说和王韶有什么关联了。把两件毫不相干的事情拉扯在一起，以此来给别人定罪，即使是像周兴、来俊臣这样以严酷著称的断案高手，也不会这样做。

《续资治通鉴》中的这些记载，大概是根据《宋史·沈起传》来的。《沈起传》和《萧注传》在同一卷中，前后相隔只有几页，两者的内容却如此矛盾，学者们还认为《宋史》是值得信赖的吗？考察交趾的历史，自从李公蕴篡夺黎氏政权自立为王后，就一直怀有野心。他的儿子李德政和孙子李日尊都相当勇猛。景祐年间，郡人陈公永等六百多人归附宋朝，李德政派遣一千多名士兵到边境追捕他们。景祐三年（1036 年），交趾入侵邕州的思陵州、西平州、石西州以及各个峒寨，掠夺人口和马牛，焚烧房屋后离去。庆历三年（1043 年），交趾灭掉了占城，俘虏了占城王。皇祐二年（1050 年），侬智高反叛，李德政率领两万大军，声称是来帮助宋朝平叛的，等到李日尊即位后，这种情况也没有改变。嘉祐四年（1059 年），交趾入侵钦州，嘉祐五年（1060 年）又入侵邕州，同年又上表向宋朝索要温闷峒等地。他们祖孙三代虽然接受了中原的册封，实际上却自行称帝，到了李日尊竟然僭越称帝，自称为"法天应运崇仁至道庆成龙祥英武睿文尊德圣神皇帝"，国号改为大越，改元宝象。由此看来，交趾早就应该被讨伐了。他们连续多年侵犯边境，在真宗、仁宗、英宗三朝都未曾断绝，难道是因为王安石喜欢打仗而主动挑起边境争端吗？这和青苗法、助役法等新法又有什么关系呢？中国在实行新法的几年里，只听说朝廷里大臣们互相攻击，没听说过老百姓揭竿而起，即使外夷找借口发动战争，也不至于到这个地步吧？史家说这些话，不过是想把天下的恶名都归到王安石身上罢了。再看看王安石所写的榜文，那才是真正的王者之师、仁人志士的言辞，和那些愤怒地诋毁他的话相比，简直太不相符了！当时交趾包藏祸心，这是大家都看得出来的。如果宋朝稍微振作一些，早就应该给予他们应有的惩罚了。只是因为满朝文武都习惯于懈怠懒散，害怕谈论军事，骄纵他们，使得他们夜郎自大，以至于在短短两个月内连续攻陷了我国三州。当时王安石执掌国政，怎么能坐视不管呢？然而王安石正全神贯注于国内治理，国内的力量还没有壮大起来，不想急于把这些力量用到对外战争上。而且辽国和西夏这两个大敌就在前面，更不应该自我削弱而给他们提供可乘之机，所以也只是稍微惩罚一下交趾，通过征剿来达到招抚的目的罢了。读王安石的榜文，他的意图是很明显的。史家称赞张方平的话，认为他有先见之明，但我不知道张方平所说的用兵旷日持久、耗费钱财、无功而返的情况到底在哪里得到了验证？赵卨等人在熙宁八年（1075 年）春天出征，同年冬天就在富良江取得了大捷，不能说他们用兵旷日持久。洪真被杀，李乾德乞求投降，宋朝攻占了交趾的几个州，设置了郡县，不能说没有功劳。如果因为不灭掉交趾国、不俘虏他们的国王就是罪过的话，那么在刚开始用兵的时候，计划本来就不是这样的。宋朝是打算保存实力，等待时机。而从那以后，交趾在整个宋朝存在期间都不敢再侵犯边境，由此可知这次战争对他们的惩戒是非常有效的。我不知道张方平所说的验证到底在哪里，如果按照当时朝廷大臣的想法，敌人即使压境而来，还不想着怎么应对，一提到应对就说这是喜欢打仗、穷兵黩武，那么钦州、廉州、邕州等郡县，岂不是要沦为像燕云十六州那样的失地，而且形势发展下去，宋朝岂不是要每年都用丝绸钱币来讨好李乾德，而且这种趋势还无法停止？

综合考察这些战事，就可以知道王安石当时用兵都是出于不得已，绝对不是像诬蔑诽谤者所说的那样穷兵黩武。而他提拔任用的人，如王韶、熊本、章惇、赵卨等，都是以文臣的身份却富有将帅的谋略，所到之处都立下战功，这足以说明他知人善任。啊！在数千年的国史中，像王安石这样的人又有几个呢！

第十四章　罢官之后的王安石

“齐有倜傥生，鲁连特高妙。明月出海底，一朝开光曜。却秦振英声，后世仰末照。意轻千金赠，顾向平原笑。吾亦澹荡人，拂衣可同调。”这是李白所作的咏史诗。啊，我在王安石身上也看到了这种精神！

王安石年轻时曾写过这样的诗句：“天下苍生待霖雨，不知龙向此中蟠。”还说：“谁似浮云知进退，才成霖雨便归山。”从这两首诗中，我们可以看出他伟大的抱负和淡泊名利的性情。在历史先辈中，范蠡泛舟五湖之上，张良跟随赤松子遨游四方，他们的行迹与王安石颇为相似。然而，他们都是看到君主不能共安乐，为了保全自己，只求免祸而已，这是老子的学说所倡导的。王安石则不同，他认为可以出仕为官就去做官，应该停止时就停止，他的进退之间，都完全符合道义。从古至今，没有谁能超过他。

王安石在熙宁二年（1069年）二月担任参知政事。到了熙宁四年（1071年），他又兼任了同中书门下平章事。熙宁七年（1074年）六月，他被罢免职务，改任江宁府知府。到了熙宁八年（1075年）二月，他又重新被任命为宰相。不过，在熙宁九年（1076年）十月，他再次被罢免。他进退的节操是那样清晰明了，让天下人都能共同看到。现在，我从他的文集中摘录了几篇文章，并按照顺序进行论述。其中，在熙宁七年（1074年），他一共六次上疏请求辞去宰相职务，这里我摘录了其中的两篇。

其一

我作为一个客居他乡、无依无靠的人，承蒙陛下恩典被收留录用，在东府任职至今已有四年。当初陛下开始推行变革时，朝廷内外大小事务纷乱复杂，我实际上承担了其中的罪责和过失。如果不是陛下极其明智善察，我早就应该被诛杀或贬斥了。我本该竭尽所能来报答陛下的恩德，又怎敢再有二心呢？只是从今年以来，我的病情逐渐加重，无法胜任繁重的工作。之前我曾粗略地表达过我的诚恳请求，但未能得到陛下的准许，所以我一直勉强支撑到现在，但我的病痛一天比一天严重。现在陛下正励精图治，希望每件事情都能处理得尽善尽美，而我因为昏庸疲惫，长期占据宰相之位，即使陛下宽宏大量不予追究，但我的罪过日益加深，到了无法再被容忍的地步，最终还会因为我损害陛下知人善任的明智，绝不仅仅有损于我个人的品德，我这才斗胆提出今天的请求。我恭敬地接到了陛下的旨意，但并未得到您的怜悯和理解，我感到惶恐不安，不知所措。然而，我所请求的这件事，是我经过深思熟虑后才敢向陛下提出的。与其因为无法胜任职责而遭到诛杀，我宁愿违抗命令而接受谴责。况且，大臣们的进退任免，为的是平衡劳逸，这是祖宗传下来的制度。由于大臣们常常成为国家议论的焦点和怨恨的对象，所以自古以来，那些擅自决定自己进退的人很少有不被定罪罢免的。由此可见，祖宗对大臣们的处理是有其深意的。我担任这个职位已经很久了，幸好陛下宽宏大量，我才得以避免被责备和训斥。我真心希望陛下能深思熟虑祖宗处理大臣的适宜之道，让我能稍微得到一些安逸和便利。将来如果陛下再次需要我为国效力，我绝不敢推辞。

其二（第六篇）

我恭敬地接受了陛下的圣恩，您特别派遣了使者，让我入宫觐见并继续担任官职，我内心的恳求和诚意或许已经显得有些冒昧了。但陛下您高高在上，可能还未曾体会到我的恳切之情，因此我再次陈述，希望能得到您的怜悯。想到我原本孤苦无依，身份卑微，被众人所抛弃，而陛下将我召回并提拔重用，排除天下的异议，将国家大事托付给我，至今已有八年了。在陛下刚开始兴办事业、建立功勋的时候，群臣们还不明白您的圣明意志，我当时只是一心想要顺从您的意愿，却没有意识到那些位高权重、强势难缠的人是多么可怕。然而，陛下的考虑深远宏大，不是我这样的愚钝之人所能企及的。自从我担任要职以来，所犯的过失和错误已经很多了。我尽心尽力、日夜操劳，却仍然无法报答陛下万分之一的恩情。现在，由于我长期占据高位、享受宠信，引起了众人的怀疑和不满，各种怨恨和指责都集中到我身上，看来我的罪行已经无法避免了。然而，上天又让我身患重病，使得我意志消沉、精神萎靡，体力也日渐衰弱。即使我想要勉强坚持工作片刻，也是力不从心。因此，我才敢冒犯天威，请求解除我的职务。我认为，陛下如同天地父母一般，应该会对我心生怜悯。如果论及我没有功劳，那么或许应该受到责罚，但如果您能体谅我的一番苦心，那么或许应该对我有所宽宥。我希望您能始终保持宽容大度，让我避免将来遇到更大的困难。然而，我尚未得到您的慈悲怜悯，您仍然想要强行赋予我重任。如果我勉强自己，或许还能对陛下有所帮助，那么即使牺牲生命、毁坏宗族，我也不会有所畏惧和回避。但考虑到我终究无法取得显著的成效，反而会因为危险和屈辱而给朝廷带来麻烦，这是我所不敢接受的。陛下您的明智如同日月一般，没有什么能逃过您的洞察。我希望能得到您的一点宽容，让我稍微得到一些光亮，那么您就会明白我的恳切之情，并非轻率地违背您的恩旨。我请求暂时在相府等候朝廷的旨意，恳请陛下恩赐，早日给予裁决和处理。

另外，在《答手诏留居京师札子》中，王安石写道：

我恭敬地接到了陛下的手诏："我希望你能留在京师担任论道官，并希望你体会我的意图，请你迅速答复是否接受命令。"我自知才能浅薄，却错误地得到了陛下的提拔，在职已久，却未能充分报答您的恩德。加之我现在精力衰竭，过失和罪责也日益增多，因此我斗胆请求解除重任。幸运的是，陛下已经赐予了我怜悯和准许，随后又派遣吕惠卿传达圣旨，希望我能暂时留在京师以备陛下咨询。我深感荣幸能得到您的知遇之恩，确实不忍心离开您。但经过深思熟虑后，我认为担任论道官实在不适合我，将我安置在闲职上似乎更为妥当。陛下既然已经有了合适的人选来托付重任，并且推心置腹地委任他们，这足以助成皇上达到天下大治的目的，我难以再留在京师而招致官职上的非议。如果陛下能任命我为一个较为轻松的郡守，我将不敢不尽力而为。等到将来，如果陛下再次需要我为国效力，我曾当面奏报过，那时我将不敢推辞。

王安石请求辞官的奏疏一共递交了六次，言辞中充满了哀婉和恳切。起初，他得到了皇帝的准许，但随后又收到了皇帝的亲笔诏书进行挽留，希望他能留在京师以备咨询。皇帝对他的眷顾之深，实在是无与伦比。然而，王安石仍然坚决要求归隐，这从他前后所上的奏疏中可以看出是他的真实想法。王安石在执政的几年间，无论是文化事务还是军事准备，无论是内政还是外交，他都使得各种废弛的事务重新得到了整顿。如今我们读史，仍然觉得他的工作量之大，令人应接不暇。而他一个人独自承担了如此繁重的工作，精力消耗之大，实在是在意料之中的。同时，他身处众人怀疑和诽谤之中，想要引退以堵住那些喧嚣者的口，也是不得已而为之。然而，王安石为什么不在前几年请求引退，而偏偏选择在这个时候呢？这是因为在此之前所有的新政都还处于初创阶段，一旦离去，他担心新政会动摇，而且如果他不亲自负责到底，新政也很难有希望会成功。到了这个时候，新政的主要框架已经搭建起来，有神宗皇帝在上面明智地主持大局，而继任者也能够遵循前人的规矩继续前行，那么这样一项伟大的工程是不会功亏一篑的，这就是王安石能够从容离去的原因。而有人认为他是通过离去来要挟君主，这完全是用小人的心胸去揣测君子的心思。如果臣子对君主有所要求而得不到满足，他或许会采用要挟的手段，但神宗对王安石言听计从，他根本不需要通过要挟来得到什么，而且王安石又有什么需要要挟的呢？

（考异九）

《宋史·王安石传》记载，郑侠上疏，画下了他所见到的流民扶老携幼、生活困苦的情景，并把这幅画献给皇帝，说干旱是王安石造成的，如果罢免王安石，天一定会下雨。慈圣、宣仁两位太后流着泪对皇帝说：王安石把天下搞得一团糟。皇帝也开始怀疑王安石，于是就把他罢免为观文殿大学士，并让他去江陵府任职。但现在我们根据这些奏章来查证，发现它们与《宋史》的记载竟然是完全相反的！王安石请求解除自己职务的奏章一共上了六次，才好不容易被皇帝准许，而皇帝还想强行把他留在京城。如果皇帝真的怀疑王安石，会这样做吗？而且接替王安石相位的是韩绛和吕惠卿，这两个人都是王安石推荐的。如果皇帝是因为听了郑侠和两位太后的话才罢免王安石，那为什么还要任用王安石推荐的人呢？由此可知，《宋史》的记载没有一处不是荒谬的。

王安石在获得闲散职位后，便利用闲暇时间著成了《三经新义》。不到一年的时间，他又被神宗皇帝召回重新担任宰相。我想，这一定是神宗皇帝曾经与他有过约定，说如果再次召他回朝，他不得推辞，然后才答应了他的请求。所以，在他的奏疏中多次提到，如果将来皇帝再次需要他为国效力，他是不会推辞的。到了这个时候，他不得不应召回朝。然而，他再次担任宰相一年多后，江湖上对他的议论和不满愈发难以遏制，最终他还是选择了引退。他多次上表请求辞职，但都没有得到准许，甚至神宗皇帝还下令断绝他的奏章，不允许他再陈请辞职。王安石无奈之下，只好又托付王珪代为向皇帝陈述自己的心意。在他的文集中有《与参政王禹玉书》两封信，他在第一封信中说：

我长久以来担任宰相这一要职，心里时常想着如何才能够尽到自己的职责。然而，近来经历了诸多忧患之后，我的身体状况每况愈下，各种疾病逐渐加重。对于自己的身体状况，我自己都没有好好审视和调理，如果带着这样的身体去为国家谋划大事，又怎能不有所疏忽和荒废，从而辜负了陛下对我的信任和重用呢！更何况从春天开始，我就多次请求解除职务，到如今已经有四五次之多。现在我的病情日益严重，可以肯定的是，我再也无法胜任任何职务了。我仰仗着陛下对我的厚爱和信任，认为您应该会稍微顾及一下我们同僚之间的情谊，委婉地为我向陛下陈述我的情况，让我能够早日实现自己的愿望，而不应该让陛下坚持挽留我，从而加重我因懈怠懒散而犯的罪过。

他在第二封信中说：

承蒙您亲临我家，并传达了皇上的圣训，我十分惶恐不安，不知所措。我本是孤苦无依之人，却得到了皇上的极大信任和支持，他排除了众人的诋毁，将宰相的重任托付给了我。如果这有利于国家，我又怎会畏惧粉身碎骨呢！然而，我深知自己行为上可能无法让所有人满意，尤其是那些亲近权贵的人，他们对我的怨恨可能已经积累得很深了。同时，我在识人用人上也存在不足，那些阴险狡诈之人往往隐藏在我最亲密的朋友之中。再加上我位高权重，任职已久，已经有了盈满的忧虑；而我的精力和意气也已经衰退，有了失职的担忧。纵观历史，像我这样身居高位却不懂得自我收敛的大臣，最终能够不拖累国家的情况几乎是不存在的。因此，我不敢逃避因懈怠懒散而应受的惩罚，只希望在罪行还未累积到无法挽回的地步之前，能够辞官归隐，做一个懂得适可而止、不危及自身的忠臣。这样，或许能让天下后世的人在议论皇上对我的提拔和任用时，没有什么可以讥讽议论的。现在您正在辅佐朝政，既要考虑朝廷的公论，也要顾及同僚朋友的私情，应该稍微考虑一下我的处境，特别赐予我陈述的机会。由于我已经无法直接向皇上上表奏章，所以我只能依靠明公您的一句话了。内心的微妙情感，文字难以完全传达，希望您能够多加体察和怜悯。

到了这个时候，王安石大概更加衰弱多病，不能胜任繁重的工作，所以在元丰熙宁八年（1075 年）二月再次担任宰相后，到了第二年春天提出辞职多达四五次。过了很长时间，他的请求没有得到批准，于是又请求让同僚来协助他。他的言辞非常诚恳，都是担心自己不能胜任所担任的职务，从而耽误了国家大事，并且辜负了皇帝识人用人的明智。到了这个时候，神宗皇帝也知道王安石志向高远，终究不可挽回了，于是任命他为检校太傅依前尚书左仆射同中书门下平章事，让他持节都督洪州诸军事，充任镇南节度管内观察处置使，并兼任江宁府知府，增加食邑一千户，实际享用的封户四百户，还改赐他为推诚保德崇仁翊戴功臣。这是让宰相在朝廷外任职，是宋代优待功臣的特殊礼遇。王安石多次上表推辞，但都没有得到批准。第二年，他被任命为集禧观使，封为舒国公。元丰二年（1079 年），他又被任命为左仆射观文殿大学士换特进，改封为荆国公。他在江宁居住了十年，其间皇帝对他的恩赐和慰问不断，直到宋神宗去世，他推行的政策都没有多少改变。

（考异十）

《宋史·王安石传》记载：王安石和吕惠卿两人相互排挤，皇帝对王安石的行为颇为厌烦。后来，王安石的儿子王雱去世，他特别悲伤，难以承受，于是竭力请求解除政务重任，皇帝对他的厌恶之情更深了，最终罢免了他江宁府知府的职务，并且在神宗皇帝在位期间，再也没有召见过他。国家的史官说：哎呀，太过分了！《宋史》竟然敢这样诬陷王安石，并且连带诬陷神宗皇帝！王安石想要辞官的本意，在他之前所写的文章中都有详细的体现，他始终小心谨慎，把自满当作警戒，为因自己失职而耽误国家大事感到担忧，害怕因此影响了皇帝识人用人的英明。对于大臣进退的道理，他已经做到了毫无遗憾。王安石辞官后，皇帝依然给予他宰相这样尊贵的地位，先后封他为荆国公、舒国公，任命他为仆射、特进，每年都不忘派遣使者赐送汤药并慰问，他呈给皇帝的谢恩表文收录在文集中的就有几十篇之多。对于这个辞职引退的臣子，皇帝可以说已经仁至义尽了。更何况在王安石第二次提出辞职的时候，从春天一直到冬天，他多次上表请求，但都没有得到批准，甚至皇帝还下令阻断他的奏章，不允许他再陈述请求，以至于他只能托付同僚来帮忙转圜。试想一下，王安石辞官的决心既然已经如此坚定，想要再次起用他又怎么可能做到呢？曾公亮曾经说过："皇上和王安石就像一个人一样。"神宗皇帝自己也说过："自古以来，像我和王安石这样相互了解的君臣，实在是太少见了。"正因为他们的君臣关系相知甚深，所以皇帝不仅了解王安石的才能，了解他的品德，还了解他的志向。王安石最初辞官时，曾说过将来如果有需要他效力的地方，他一定不敢推辞，所以当他一听到召见就立即起身应命，履行了他的诺言。到了再次辞官的时候，他已经为君王尽了自己所能尽的所有责任，心中浩然之气油然而生，再也无法挽回，神宗皇帝对此有深刻的认识。所以，皇帝只是通过恩赐和慰问来酬谢王安石的功绩，而不再强迫他承担重任，这就是他十年间没有再召见王安石的原因。如果像《宋史》所说的那样，一会儿说皇帝厌烦王安石，一会儿又说皇帝更加厌烦他，还说太后也曾在宫中为此哭泣。我试问：如果王安石担任宰相时皇帝真的厌烦他，那么直接罢免他就可以了。难道王安石是拥兵自重，让皇帝有投鼠忌器之忧吗？即使不是这样，如果说皇帝是出于优待大臣、维护他们廉耻之心的考虑，那么在他辞职时立即同意他离开就可以了。为什么每当他恳切地再三请求时，皇帝还是不同意，甚至下令阻断他的奏章呢？而且，如果皇帝真的厌烦王安石，那么王安石离开后，新法应该很快就会被废除，这样皇帝既可以安慰太后，成全自己的孝心，也可以稍微缓解自己对王安石的厌恶之情。但为什么新法在元丰年间一直推行，十年如一日呢？吕惠卿所创立的手实法和鬻祠法，他一离开就被废除了；而王安石的新法，在整个神宗统治期间都没有被废除，由此可知，曾公亮所说的"皇上和王安石就像一个人一样"确实不是虚言。我曾经论述过自古以来君臣之间的关系，这实在是难以用言语来形容。萧何与汉高祖刘邦一同为官，后来辅佐刘邦平定天下，功臣中排名第一。后来萧何增加封地，设置卫队，购买民田民宅。君主对臣子产生了疑虑，臣子也对君主产生了疑虑，最终萧何被廷尉拘捕并戴上刑具。唐太宗说魏征能够直言规劝他的过失，一天都离不开他。魏征去世后，唐太宗不仅亲自撰写碑文，还答应将公主许配给他的儿子，但没过几个月就推倒了碑文，取消了婚约。要找到像宋神宗与王安石这样，同心同德，二十年如一日的君臣关系，自古以来从未有过。这是因为君主与臣子都只知道有国家，只知道有百姓，而不知道有私人的利益，他们谋划事情的见识，承担事务的勇气，都足以相互辅助，所以能够融洽无间，始终如一。宋朝的那些小人儒生，对王安石恨之入骨，所以诋毁他时无所不用其极，他们对神宗皇帝的怨恨，大概也是如此。然而他们不敢直接诋毁宋神宗，但又看到诋毁王安石无异于诋毁宋神宗，于是不得不编造谎言，说皇帝也厌烦王安石，甚至越来越厌烦他。他们不知道皇帝对待王安石的方式是明明白白摆在众人眼前的，皇帝继承王安石的志向并想要完成他的事业，也是明明白白摆在众人眼前的。这还能欺骗谁呢？难道是欺骗上天吗？如果神宗皇帝有知，我相信他在九泉之下也一定不会瞑目的。假如王安石真的像苏洵所说的那样，是王衍和卢杞的结合体，那么神宗皇帝也必定要像杨用修所说的那样，是周赧王、秦二世、汉灵帝、汉桓帝的结合体才行。因为他们君臣二人已经融为一体，有功则共同享有，有罪则共同承担，贤明则都贤明，不贤则都不贤。现在既想把王安石说成是共工或鲧，又不得不把尧、舜的圣名加在宋神宗身上，这种进退失据、自相矛盾的说法，不是太可悲了吗！然而，这样的记载已经被正式写入正史，用一只手遮住天下人的眼睛，已经有一千多年了。由此可知，秽史对天下的毒害，比洪水猛兽还要严重啊！

《隐居诗话》中记载：

熙宁三年（1070 年）冬天，王安石从参知政事的职位上被任命为宰相，前来登门祝贺的人络绎不绝，但王安石因为还没有向皇帝谢恩，所以都没有见他们。只有我一人和王安石坐在西廊下的小阁子里，我们交谈间，他突然拿起笔，在窗户上写下了一行字：霜筠雪竹钟山寺，投老归欤寄此生”，写完便放下笔，向我作揖后走进了内室。

大概王安石一生中的进退大节，以及他如何自处的原则，都是早就确定下来的。他天性品德高尚，气宇轩昂如同云间飞翔的仙鹤，将人间的富贵看得像浮云一样，根本不足以在他心中留下任何痕迹。而且他早就秉持着“知天命而不忧”的道理，即使对于道义的兴衰也相信不能强求，所以在刚开始接受政务的时候，就已经怀有归隐田园的志向，并且后来一一实现了他的诺言。这正是所谓“纯洁无瑕，出淤泥而不染”啊！黄庭坚在王安石的画像上题词说：“我曾经仔细观察过他的风度，真的是把富贵看得像浮云一样，不沉迷于财利、酒色，是一代传人。”象山先生陆九渊也说：“他英明卓越，超越常人，不屑于流俗的声色利达之习，内心纯净无垢，没有丝毫杂质可以进入，他的操守洁白如雪，比冰霜还要凛然，这就是王安石的品质啊！”又说：“王安石拥有盖世英才，超凡脱俗的操守，他的才华仿佛山川间的神灵之光，几乎不是每个时代都能出现的。”我们这些人生活在千年之后，读着王安石的书籍，想象他的为人，仍然能肃然起敬。他的品德像高山一样让人仰望，他的行为像大道一样光明正直。虽然我们无法达到他的境界，但心中总是向往着。然而，如果像那些秽史所记载的，王安石只是一个热衷于功名利禄的人，他靠诡计得到晋升，辞职后又因为被君王疏远而急切地想要献媚以求再次被起用。那么，黄庭坚和陆九渊所说的话，就都成了梦话了。对于诋毁新法的人，我只是可怜他们没有见识，这还可以原谅。但是，对于那些诋毁王安石人格的人，我每次读到都忍不住愤怒！

（考异十一）

杂史如《邵氏见闻录》之类的书籍，记载王安石罢相后谋求再次担任宰相的事情屡见不鲜。对于这些记载，我现在既不屑于去辩解，也不屑于去复述。

王安石从小就寄居在江宁，所以特别喜欢这个地方。他在《忆昨诗示诸外弟》一诗中写道：“想见江南多翠微，归心动荡不可抑。”表达了他从小就有的归隐江南的心愿。神宗皇帝了解他的心意，所以任命他为使相并判江宁府，王安石就在江宁安度晚年。罢相后，他每天都在这一带悠闲地漫步，借山水之美来娱乐自己，洒脱得就像一个山野之人。读他的诗词，几乎让人忘记了他曾经是那位掀起惊天动地的大事业、开拓千古新局的伟人。啊，欧阳修所说的“无论做什么都出色的人”，到了这里更让人深信不疑了！王安石晚年著有《字说》一书，他精心撰写，同时还沉迷于佛教和道教，他对道的理解也越来越深刻。

元祐元年（1086年）四月，王安石在江宁去世。司马光在《与吕晦叔简》中写道：

王安石的文章和节操有很多超过常人的地方，但他性格上不通晓人情世故，又喜欢坚持自己的错误，导致忠诚正直的人被疏远，谄媚奸佞的人却聚集在他周围，各种规章制度都被破坏，才到了今天这个地步。现在我们正努力纠正他的错误，改革他的弊端，不幸的是王安石已经去世，那些反复无常的小人必定会千方百计地诋毁他。我认为朝廷应该特别给予他优厚的礼遇，以此来打击那些轻浮浅薄的风气。如果有什么可行的建议，我会立刻上报给朝廷。不知道晦叔您对此有何看法？不用麻烦您用书信回复我，如果您能在皇上面前极力陈说，那就全靠您了。

于是，朝廷颁发诏书，追赠王安石为太傅，诏书内容如下：

我仔细研究古代的事物，深切体会到天意所在，认为凡是有非凡大事发生，必定会产生出世的奇才。这些奇才，他们的名声在当时显赫一时，学问贯穿千年，智慧足以通达真理，口才足以践行自己的言论。他们有着瑰丽宏伟的文辞，足以用来修饰万物；卓越非凡的品行，足以影响四方。因此，他们能够在短短的时间内轻易地改变天下的风俗。已故的观文殿大学士、守司空、集禧观使王安石，年少时学习孔孟之道，晚年又师从瞿昙、老聃，他广泛搜集六经遗留下来的文献，依据自己的见解做出判断；将百家学说的陈旧观点视为糟粕，努力创新，造福世人。在熙宁年间，他因才能出众而被朝廷重用，受到的信任程度古今罕见。正当朝廷期待他成就一番功业之时，他却突然产生了归隐山林的想法，视功名利禄如浮云，像扔掉鞋子一样毫不留恋，多次与渔夫樵夫争席而坐，与麋鹿为群而不觉混乱，他的进退举止从容不迫，令人敬佩。在我即位之初，正值我沉浸在哀痛之中，我深深怀念这位历经三朝的老臣，他却远在长江之南。我仔细研究他的著作，想象他的风采，没想到这么快就传来了他去世的消息，这消息让我在服丧期间更加悲痛。为什么他不能活过百岁呢？想到这里，我不禁泪流满面。唉！生死离别、任用与否，这些都是天意，谁能违背呢？但赐予他死后哀荣的礼遇，这难道不是取决于我吗？我将师臣的爵位赐给他来表达我对他的宠信，也以此彰显他作为儒者的荣耀。希望他在天有灵能接受我这份美好的诏命。特此追赠王安石为太傅。

这段文字出自《东坡集》，是苏轼起草的诏书。这确实是苏轼发自内心的言论，也为王安石去世后的名声增添光彩。即便在死后还能有这样的诏书来表彰他，可见公众的评判还没有完全被埋没。回想熙宁年间推行的那些新政，大部分都被更改或废除了。司马光和苏轼，过去是排挤王安石最为激烈的人，然而司马光称赞王安石的节操和义气超过常人，并极力请求朝廷给予他优厚的抚恤。苏轼在撰写这封诏书时，虽然对王安石的政绩没有明确表示赞同或否定，但对他高尚的品德赞不绝口。虽然王安石生前的品行和操守已经赢得了朋友们的信任，但司马光和苏轼的贤德也是无人能及的。

从此以后，这位绝世伟人离开了这个世界，他的事业和言论却长存于世，成为后世史学家研究和评判的重要对象。

（考异十二）

与王安石同时代的各位贤能之士，除了吕晦一人（吕晦并非正直之人，这里暂且不论），从未有人诋毁过王安石的私德，他们所争论的只是新法的问题，这是因为王安石的品行操守是能够得到大家公认的。自从杨时、邵伯温、范冲、魏泰这些人出现后，他们开始不遗余力地污蔑王安石，甚至将他们的言论一一假托为前人的说法，以此来增加可信度。于是，就有了苏洵的《辨奸论》，有了苏轼的《谢张太保撰先人墓碣书》一文，还有了司马光的《日录》《涑水纪闻》等书籍，这些作品中都描绘了王安石的丑态，读起来让人感觉王安石就像是千百年来最凶恶的小人一样。但如果这些文章真的出自苏洵、苏轼、司马光之手，那么考虑到王安石晚年时，苏轼曾多次拜访他，对他仰慕备至，这些都可以从苏轼的文集中看到。如果苏轼真的认同他父亲苏洵对王安石的批评，认为王安石阴险狠毒，与人不同，不合人情，是个大奸大恶之人，而他自己又说王安石是世间少有的奇才，学问贯通千古，卓越的行为能够影响四方，那么这岂不是明目张胆地与他父亲唱反调吗？苏轼还能算是个孝顺的儿子吗？至于司马光在给吕晦叔的信中，既然说王安石的节义超过常人，又担心那些反复无常的小人会百般诋毁他，那么对于后来发生的事情，司马光应该是有所预料的。但如果按照《日录》和《涑水纪闻》所记载的那样，王安石简直连猪狗都不如，那还谈什么节义呢？而且司马光所说的那些反复无常的小人会百般诋毁王安石的话，不正是他自己也在做的吗？蔡上翔极力辩解，认为这些文书都是南宋以后的小人伪造的，这可以说是独具慧眼。这不仅仅是为王安石洗清冤屈，也是为司马光、苏轼等贤人洗清冤屈。只是遗憾的是，这些荒谬的说法流传甚广，人们习惯了错误的说法，反而认为它是正确的。那些元代的浅薄儒生，竟然把这些谬说采入正史，使之成为铁案，无人敢质疑。以至于把稷、契与奸臣相提并论，把伯夷、叔齐指责为盗跖一类的人，公理不存，人道也几乎要消失了。我难道是喜欢争辩的人吗？我是不得已才这样做的啊。

第十五章　王安石新政的成绩

王安石的新政是成功还是失败了呢？说它完全成功，那是不用说的，不可能。为什么呢？因为它的效果往往没有达到预期的目标。虽然这么说，但要说它完全失败，那也不对。为什么呢？虽然实行新政的过程中确实不可避免地产生了一些弊端，但它是为了挽救时局的措施，其带来的利益总体上还是大于弊端的。熙宁五年（1072年），王安石写过一篇《上五事札子》说：

陛下即位已经五年了，这期间进行了成千上万次的改革，并且都制定了相应的法律和制度，其中带来的好处是非常多的！如果从这些众多的改革中挑选出规模最大、见效最慢、议论最多的五项，一是与戎族和解，二是青苗法，三是免役法，四是保甲法，五是市易法。现在青唐、洮河地区，方圆三千多里，戎羌部落的民众总共有二十万。他们已经献出了土地，成为我们的“熟户”，这说明和戎政策已经取得了成效。过去，贫穷的人只能向豪强地主借高利贷；现在，贫穷的人可以向官府借贷。官府收取的利息较低，百姓因此能够解决资金短缺的问题，这就是青苗法得以实施的原因。至于免役法、保甲法和市易法，这三项政策有着极大的利害关系。如果选对了人去执行，就能带来巨大的好处；如果选错了人去执行，就会产生极大的危害。如果慢慢谋划、稳步推进，就能带来大利；如果急于求成，就会带来祸患。《尚书》里说：“做事不效法古人，却能够长久维持下去，这种说法我是没有听说过的。”像免役法、保甲法、市易法这三种政策，可以说是效法古人了。但是，只有真正理解了古人的原则，才能够正确地实施古人的制度，这也就是前面所说的会有极大利害关系的地方。免役法的来源可以追溯到《周礼》中提到的府、吏、胥、徒，以及《王制》中提到的在官府服役的平民。然而，如今九州的百姓，贫富不均，风俗习惯也各不相同，户籍上登记的土地多少并不能作为真实情况的依据。如果现在突然改变原有的制度，要求家家户户都按照统一的标准来承担劳役，让整个国家的人都通过招募的方式来服劳役，让天下的农民都回到田间耕作，那么，如果没有合适的人来执行这一政策，就必然会导致五等户的划分不公平，招募劳役的标准也会不均衡。保甲法的起源可以追溯到三代时期的丘甲制度，管仲在齐国使用过，子产在郑国使用过，商鞅在秦国也推行过，仲长统在汉朝时也提出过，这并不是今天为了标新立异才提出来的。然而，天下的人像野鸭和大雁一样聚居，分散到四方而没有受到任何限制，这种情况已经持续了几百几千年了。如果现在突然改变这种状况，让人们按照什伍制度相互维系，邻里之间相互联系，以此来监察奸邪、彰显仁爱，让军队驻扎在民间以备不时之需，那么，如果没有合适的人来执行这一政策，就必然会用频繁的追逼、叱责等手段来骚扰百姓，用突如其来的征调来惊吓他们，这样一来，民心就会动摇不安了。市易法的起源可以追溯到周朝的司市制度和汉朝的平准制度。现在，朝廷拿出百万贯钱用来平衡物价的涨跌，通过商业贸易来借贷，让百姓每年能够获得数万贯的利息。然而，我深知天下的货物和财富并没有完全流通起来，我担心那些急于求成、希望得到奖赏的人会在短时间内追求成效，这样一来，我们的制度就会遭到破坏。因此，我说：免役法、保甲法、市易法这三种制度，如果选对了人，并且慢慢地谋划实施，就能带来巨大的好处；如果选错了人，急于求成，就会产生极大的危害。所以，免役法如果能够成功实施，就能保证农时不受耽误，百姓负担的劳役也会更加均衡；保甲法如果能够推行，就能平息寇乱，增强国家的威势；市易法如果能够成功，就能使货物和财富流通起来，国家的财政也会更加充裕。

孔子说：“过于急躁反而达不到目的。”又说：“如果执政者得其人，那么政策就能顺利推行；如果执政者不得其人，那么政策就会停止执行。”所有的事情都是这样，哪里仅仅局限于这三件事呢？然而王安石单独提出了这三个法令很郑重地来讨论，是因为这三个法令最为繁重复杂，而且官吏在这些法令上玩弄文字游戏也相对容易。当王安石正在创立各项新法，即将准备就绪的时候却忽然向皇帝呈上了这份奏章，难道他也隐约察觉到神宗皇帝当时不免有急于求成、用人不当的弊端吗？看他写的《论馆职札子》，里面提到皇帝即位以来所提拔任用的大多是有小才而无德行之辈，就可以知道他对此早有忧虑了。根据王安石在这份奏章中的表述，可以推断出和戎和青苗法是他认为已经取得成效的两件事。和戎的功绩，天下人都看在眼里，不必多说。青苗法虽然初衷是好的，但如果从道理和实际情况来分析，不可能只有好处而没有弊端，或许是因为在最初推行时找到了合适的人选，所以成效多而弊病少，还是王安石的聪明才智也有被遮蔽的时候，没有全部察觉出来呢？尽管如此，像当时反对派那样指责青苗法只有弊端没有好处，这几乎也是不可能的事情。后来到了元祐年间，有人想要废除这些新法，反而有很多人站出来为这些法令辩护，认为它们不应该被废除，由此可见这些法令的实际效果。免役法改革了数千年来的苛政，为中国历史开启了一个新纪元。改革刚开始的时候，虽然不可避免地会让一部分人感到有些痛苦，但受到不利影响的主要是那些豪门大户，即那些以前享有特权的人。至于普通百姓，则无不受到这些法令的恩惠。这可以说是纯粹有利而绝无弊端的事情。保甲法构思宏大且精细，是王安石一生中最用心去做的事业。它的警示作用可以说是有利而无害的，其成效已经十分明显。至于它寓兵于农的作用，由于当时募兵制度未能完全废除，常备军与后备军的区分也不明确，所以稍微有些扰民，这也在意料之中。但是，为了振兴宋朝，这也是不得不采取的措施。

唯独市易法虽然其初衷并非不善，但万万不能在专制政体的国家实施，也万万不能在以自由竞争为根本观念的经济社会中实施。即使执行者选对了人，也担心国家会成为兼并的罪魁祸首；如果执行者选错了人，那么就会为官吏们打开贪利的缺口，而使百姓的生计日益艰难。王安石的失误，大概没有比这更大的了。而且，在当时也看不到这项法令的任何成效，这也是最为严重的问题。当时那些阻挠新法的人无不声称由于新法的实施，导致百姓颠沛流离、困苦不堪，无处申诉。这些言论在史籍中记载得很多，难以一一列举。然而，回顾历史，凡是推行残害百姓政策的人，很少有不因此而导致自身遭遇动乱和灭亡的，像秦始皇、隋炀帝这样的人就不用说了。再比如王莽，他也假借《周礼》之名来变更各种制度，但他所实行的没有一项遵循先王法度的本意，而且从一开始就没有真正为百姓谋福利的心，所以怨恨和愤怒纷纷兴起，没几年天下就大乱了。后世有些人评论王安石，甚至将他比作王莽。

其实，王安石创立新法和制度，无一不是以国家利益和百姓福祉为前提的，他当然不能与王莽相提并论，这根本不需要辩论。而那些学识浅薄、见解有限的人，或许看不到这一点，那么他们不妨看看这些新法的结果并进行比较。如果王安石的新法真的对百姓有害，那么百姓在痛苦挣扎、连救命都来不及的时候，势必会铤而走险。即使王安石拥有极大的专制权力，又怎么能禁止得了呢？然而，宋朝自从真宗、仁宗以来，虽然号称太平盛世，但小规模的起义和叛乱仍然连年不断，那些在乡村里抢劫掠夺的盗贼更是随处可见。在此之前，国家已经招募了强悍的百姓加入军队，但国内仍然不能保持安宁的秩序。然而，到了熙宁、元丰这二十年间，国家进行了全面的改革，并且由于实行了保甲法，不再禁止百姓携带弓箭。如果政府的措施真的极大地违背了民意，那么只要有一个人振臂一呼，就会引来万人的响应，很容易就会酿成大乱。但实际上，不仅没有发生这样的事情，就连那些原本横行乡里的盗贼也比以前减少了，整个国家呈现出一片和谐安宁的景象，仿佛人们都已经忘记了帝王权力的存在。阅读当时各位贤人的诗文集，那种社会气象就可以想象得到。在王安石的诗集中，有一首名为《元丰行示德逢》的诗，诗中写道：

四山翛翛映赤日，田背坼如龟兆出。
湖阴先生坐草室，看踏沟车望秋实。
雷蟠电掣云滔滔，夜半载雨输亭皋。
旱禾秀发埋牛尻，豆死更苏肥荚毛。
倒持龙骨挂屋敖，买酒浇客追前劳。
三年五谷贱如水，今见西成复如此。
元丰圣人与天通，千秋万岁与此同。
先生在野故不穷，击壤至老歌元丰。

又有《后元丰行》一诗：

歌元丰，十日五日一雨风。
麦行千里不见土，连山没云皆种黍。
水秧绵绵复多稌，龙骨长乾挂梁梠。

鲥鱼出网蔽洲渚，荻笋肥甘胜牛乳。
百钱可得酒斗许，虽非社日长开鼓。
吴儿蹋歌女起舞，但道快乐无所苦。
老翁堑水西南流，杨柳中间杙小舟。
乘兴欹眠过白下，逢人欢笑得无愁。

又有《歌元丰》绝句五首：

水满陂塘谷满篝，漫移蔬果亦多收。
神林处处传箫鼓，共赛元丰第二秋。

露积成山百种收，渔梁亦自富虾鳅。
无羊说梦非真事，岂见元丰第二秋。

湖海元丰岁又登，秬生犹足暗沟塍。
家家露积如山垅，黄发咨嗟见未曾。

放歌扶杖出前林，遥和丰年击壤音。
曾侍土阶知帝力，曲中时有誉尧心。

豚栅鸡埘晻霭间，暮林摇落献南山。
丰年处处人家好，随意飘然得往还。

杜甫的《忆昔》追忆咏叹开元盛世的繁荣时写道：“稻米流脂粟米白，公私仓廪俱丰实。九州道路无豺虎，远行不劳吉日出。齐纨鲁缟车班班，男耕女桑不相失。”读了他的这些诗句，那时的景象仿佛就在眼前。如果不是达到了极致的太平盛世，哪里能有这样的景象呢？那个时候，新法已经实施了十多年，而王安石也已经退休了。与司马光所描述的英宗时期民间的景况相比，说那时人们不敢多种一棵桑树，不敢多养一头牛，不敢储备两年的粮食，不敢收藏十匹绸缎，这前后的差别是多么大啊！前后不过二十年的时间，为什么百姓的生活状况会有如此天壤之别呢？难道不是因为那些对百姓伤害最大的差役法已经被废除，同时又有青苗法这样的政策来资助生产发展，加上保甲法实施后，盗贼活动减少，所以连家门都不用关闭的太平盛世就自然而然地到来了吗？按照这样的情况来说，新政的效果也是可以看得见的。

苏轼在《与滕达道书》（这本书写于哪一年我不太清楚，大概是元丰年间吧）中写道：

我想当面对你说几句话，在我们刚开始推行新法的时候，我固执己见，以至于产生了不同的意见和争论。虽然我当时内心忠诚正直，一心为国担忧，但是所说的话多有谬误，很少能说到点子上。现在圣明的品德日新月异，各种改革措施也取得了显著的成效，再回头看看自己以前所坚持的观点，越发觉得疏漏和片面了。如果我为了谋求进步而改变主意、放弃原则，那我肯定是不敢这样做的；但如果我继续喋喋不休地争论下去，那么我的忧患只会越来越深。你此行有隐退之意，只是作为一个年老体弱、久经风霜的老臣，想见一见皇上而已，这样或许将有一番对话，你的心意无非就是出于此吧？

苏轼原本是过去批评新法最为激烈的人之一，他呈给神宗皇帝的奏章被那些反对新法的人视为不可动摇的经典和圣贤的教诲，认为它们就像日月一样光辉照耀，永远不可更改。然而，他晚年的定论是这样的，对圣明的品德日新月异、各种改革措施取得显著成效深感赞叹。那么，熙宁、元丰年间的治理，必然有超越前人之处，让人心悦诚服。新法究竟对天下有什么亏欠，以至于元祐年间那些贤臣如此纷纷扰扰地反对呢！

第十六章　王安石新政受到的阻挠和破坏(上)

我读西方历史时，感叹政党对国家的贡献是如此伟大。当我读到中国宋明两朝的历史时，却感叹那些私党给国家带来的危害是如此严重。这些私党的品行不一定都是小人，其中也不乏君子。他们的目的不一定是追求官位和俸禄，甚至有的人还以辞去官位和俸禄为目的。他们所争论的问题不一定都是政治问题，但无论问题起源于何处，最终总会牵涉到政治上来。他们的党徒不一定是有意识地结合在一起，但只要遇到一件事，就会兴风作浪，有一个人先站出来像狗看到可疑的影子一样地叫嚣，就会有上百个人像狗吠声一样地附和。总而言之，这些都是意气用事的结果。意气用事到了极点，以至于国家的利益都可以不顾，这种风气在王安石掌权之前就有所兴起，在他执政时得以形成，而在他罢官后更是愈演愈烈。宋朝因此灭亡，而这种流毒直到朝代更迭都未停止。从这种性质来看，当时新法之所以受到阻挠和破坏的原因，也就可以理解了。

王安石刚掌权的时候，第一个弹劾他的人是吕诲，这事发生在熙宁二年(1069年)。现在我把吕诲的奏疏记录下来，并进行辨析：

我深感大奸之人往往伪装得像忠臣，极大的欺骗往往伪装得像诚信。一个人的任用或罢免，关系到国家的兴衰。就像少正卯那样，口才很好，能说会道，行为虚伪却能够坚持，顺着错误的事情还能说得头头是道，记忆力强且学识广博。如果不是孔夫子圣明，谁又能铲除他呢？唐朝的卢杞，天下人都认为他是奸邪之人，但德宗皇帝不相信，最终酿成了大祸。所以说了解一个人很难，即便是尧、舜这样的圣明君主也会感到困扰！陛下即位之初，提拔王安石担任江宁府知府，不久又召他入朝担任学士，朝中官员都庆贺陛下英明，认为是提拔有文采的人让他们各尽其用。后来又提拔他担任副宰相，大家都认为这个任命并不合适。就像用秤来称量物品一样，它的轻重无法骗人。古人说：“朝廷大事，不是我们这些平民百姓应该随便议论的。”说的正是这个道理。我仔细观察参知政事王安石，他外表装作朴实无华，内心却藏着狡诈之计，对皇上傲慢无礼，阴险狠毒地伤害他人，这些都是众所周知的。我简略地列举了十件事情，都是亲眼看见的事实，希望皇上能在明察之下醒悟，即使我的言辞稍有夸大或失真，我也甘愿承受万次死罪而不逃避。

王安石以前在嘉祐年间担任过纠察刑狱司的判官，那时因为开封府有一桩关于鹌鹑的公案，他提出的反驳意见不恰当，御史台发了公文催促他改正，他却傲慢无礼地不表示感谢和顺从。紧接着仁宗皇帝驾崩，不久之后王安石又因为父母去世而回家守丧，这件事就不了了之了。王安石服丧期满后，他借病坚决推辞不肯出仕，朝廷多次下诏书召他，他都不肯出山，整个英宗一朝他都没有做官。就算他真的有病，陛下您即位后，他也应该到朝廷来见一见您，稍微尽一下臣子的礼节。等到朝廷任命他为江宁府知府时，他觉得这个职位对他自己很安逸方便，这才接受了任命，他对皇上怠慢无礼，这是第一件事。王安石担任小官时，每次升迁，他都会不停地谦让推辞。从被任命为江宁府知府到升任翰林学士，却没有听说他坚决推辞过。先帝在位时，他有归隐山林、独自逍遥的想法；而陛下即位后，他享受起了在金銮殿侍奉君王的乐趣。为什么之前傲慢无礼，之后却恭敬有加呢？这是见利忘义吗？难道这就是他的本心吗？其实，这只是他喜好名声、想要升官的表现，这是第二件事。皇上召见研究经学之士，讲解先王的治国之道，并设立侍讲、侍读等常设官职，让他们手持经书站在皇上面前，这并非在传授学问，而是在向皇上进言。王安石担任这个职务时，却请求坐下来讲解，这简直是要让皇上屈尊降贵，自己则妄自尊大，扮演起老师的角色。他真是不懂上下尊卑的礼仪，也不明白君臣之间的分别，更何况他这样能阐明道德来辅助皇上变得更加明智吗？他这样做，只是想要讨好皇上、博取名声罢了，这是第三件事。王安石自从担任宰相以来，无论事情大小，都常常与同事持有不同意见。有时在奏对时，他会留下来继续向皇上进言，多次请求皇上御笔批示，从上而下地推行自己的意见，以此来堵住同事们反对的声音。这样做，如果成功了，他就把功劳据为己有；如果失败了，他就把怨恨归咎于皇上。他用心狡诈，不顾及公正，这是第四件事。王安石从担任纠察刑狱司的职务开始，他提出的反驳意见往往不合情理，与负责刑法的官员在刑名问题上争论不休，常常心怀不满和怨恨。昨天，许遵在判断一起谋杀案时犯了错误，王安石却极力为他辩护。在妻子谋杀丈夫的案件中，他主张按照审问情况减轻处罚，这是夹带私情、破坏法律，以报私仇。翰林学士和中书舍人进行裁决时，只听到他们互相勾结的声音，中书门下和枢密院在审查时也都畏惧回避。徇私报怨，这是第五件事。王安石刚进入翰林院的时候，没听说他推荐过一个优秀的人才，他首先带头联合同僚们一起称赞自己弟弟王安国的才能，朝廷因此给了王安国状元的特殊待遇，但他还是觉得这份恩赏太轻了。负责科举考试的人评定王安国的试卷并不算特别优秀，这个人就因此遭到了王安石的诽谤和中伤。王安石是那种别人给他一点小恩惠他必定回报，有一点小仇怨他也必定报复的人。等到他进入朝廷执政，才不过半年时间就开始炫耀自己的权力和威风，什么事都做得出来。从此，那些害怕他的人只能勉强服从他，而那些依附他的人则自我推销，希望能快速升官，纷纷跑到他的门下献殷勤，生怕落在别人后面。这些人背弃公众利益，死忠于自己的小圈子，这种现象现在已经很严重了。王安石仗着自己的权势来招揽权力，这是第六件事。王安石做了宰相没几天就擅自做主任免官员，把那些与自己关系不亲近的近臣贬到外地去，却说这是皇上的意思。如果真是这样，那这些人不应该是王安石报复的对象。丞相不亲自写诏书，这在宋朝是惯例，我从未听说过有这样的例子。王安石这样做，显然是故意显示威风，想要震慑朝廷上下。然而现在，政府中的同僚们都依附于他，宰相也避忌不敢与之对抗，于是王安石便肆意妄为，没有什么是他不能做的。他独揽大权，危害朝政，这是第七件事。每当在皇上面前奏对时，王安石总是肆无忌惮地强词夺理。以前他和唐介争论关于谋杀的刑名问题时，竟然争吵起来，引起一片喧哗。大家都认为唐介是对的，而王安石是错的。唐介是一个忠诚刚直的人，他注重维护大局，不善于用言辞取胜。不幸的是，他因为愤怒和郁闷，最后发疽而死。从此以后，同僚们更加畏惧王安石，就连宰相也退缩不敢与他较量。王安石是非不分，任性妄为，欺凌同僚，这是第八件事。皇上正在效法唐尧，敦厚亲睦九族，尊爱弟弟，以此作为天下的典范。然而小人章辟光进言让岐王迁居到宫外，这是离间之罪，本来是不能饶恕的。皇上随后下旨送到中书省，想要治他的罪。但王安石坚决拒绝执行，并且还进献一些危言耸听的话来迷惑圣听，他的意图在于离间皇室成员之间的关系，最终这件事还是被他促成了。朋比为奸的迹象非常明显，这是第九件事。现在国家的财政要务，都掌握在三司手中。王安石担任宰相，与掌管枢密院的人一同制定三司条例，同时掌管军事和财政大权，他手中的权力之重可想而知。他又举荐三个人负责具体事务，八个人巡查各路，虽然名义上是为了商讨财政利益，但实际上是在动摇国家的根基。我还没有看到这样做的好处，就已经看到了它的危害，这是第十件事。

我列举的这些琐碎之事，可能会让皇上感到厌烦，但我确实担心皇上会因为喜欢王安石的才能而长时间地依赖他。这样一来，他的真实面目就难以被察觉，邪正也就无法再分辨。如果大奸之人得势，那么贤能之士就会逐渐离去，国家的混乱也就由此产生了。我仔细研究王安石的行径，发现他并没有长远的战略眼光，只是一味地追求变革，想要与众不同，只会用华丽的言辞来掩饰自己的错误，企图欺骗皇上和百姓，我对此深感忧虑。误导天下苍生的人，一定是他！我恳请陛下在谋划治国之道时，应当广泛征求众人的意见。现在天灾频繁发生，人心尚未安定，正需要澄清事实，不应该让局势变得更加混乱。如果王安石长期留在朝廷，国家一定不会安宁，所以我恳切地陈述这些意见，并不惧怕因此遭遇横祸，只希望能感动陛下，让陛下能够辨别出真伪。况且陛下您意志坚定，善于洞察隐藏的事情，应当听取士人们的议论，然后才能知道我说的话是否准确。然而，指责大臣的罪过，我不敢轻易逃避，我现在孤苦无依，难以安心履行自己的职责。当您公开奏章内容的时候，请您避开那些怨恨我的敌人。

吕诲是什么人呢？他就是治平年间因为濮王议礼事件而弹劾韩琦和欧阳修，并请求杀掉欧阳修来向祖宗谢罪的那个人。欧阳修在他的《濮议》一文中，对吕诲的言辞、外貌和心术进行了淋漓尽致的描绘。欧阳修说，宣扬君主的恶行来彰显自己的善行是不可取的，更何况是捏造君主的恶行来换取虚名呢！当时的台谏官员大多数都像吕诲这样，而吕诲则是他们的代表。现在，我按照吕诲弹劾王安石的内容来进行辨析。

吕诲一开始就用卢杞来比喻王安石，本以为他列举的十件事情中，必定有不得不说出来的重大理由，他却首先举出了争鹌鹑这样一件小事。当时王安石所做的判决是否正确，如今在历史资料中并没有完整的记载，所以无法进行考证和辨析。即使他的判决有不当之处，那也只是法官在解释法律条文时出现的错误，而且是非常细微的。况且那件事情发生在嘉祐末年，到现在已经过去了六七年的时间，难道还不能放下吗？吕诲所列举的第一和第二件事情，都是说王安石蓄养声望、沽名钓誉，实际上心怀升官的念头，这本来就是一件事情，却被他强行分成两件，以满足列举十件事情的数量要求，这已经是十分可笑的了。如果根据他所弹劾的内容，对照实际发生的事情，考察治平二年（1065 年）七月的情况，王安石守孝期满，英宗皇帝多次催促他进京，甚至达到了三次之多。王安石也有三次推辞进京的奏章，这些都可以在他的文集中找到。他只是说自己长期抱病，无法长途跋涉，等稍微好转一些，再去为朝廷做事，而且还是请求在江宁府担任一个分司官，以便就近调养身体，那么这三次推辞的内容都是一样的，他哪里有过坚决推辞卧床不起的情况呢？根据这件事来说王安石傲慢无礼、不尊重皇上，难道吕诲是不允许别人生病吗？治平四年（1067 年）正月，英宗皇帝驾崩，神宗皇帝即位。这年三月，王安石被任命为江宁府知府，在他的文集中还可以看到《辞知江宁府状》。这是因为他当时疾病尚未痊愈，哪里有过不屑于侍奉英宗而只想侍奉神宗的意思呢？王安石从年轻时代到中年，都是为了生计而做官，从不轻视小官职。他所说的归隐山林、独自逍遥的想法，确实是在晚年才有的，而在此之前并没有这样的想法。从他生平交往的书信和读书笔记中也从未流露出这样的想法，更不用说在面对皇上的时候了。他之前还写有《乞免就试状》《辞集贤校理》《辞同修起居注》等，都是有原因的，这些在他的文集中都有明确的记载，可以一一考证。

到了治平四年（1067 年）九月，王安石被任命为翰林学士，从此以后就没有听说过他坚决推辞的情况，只是因为他没有必须推辞的理由罢了。在这之前，嘉祐六年（1061 年），他被任命为知制诰时也没有推辞，知制诰与翰林学士这两个职位相差又能有多大呢？因此，如果说他之前傲慢无礼，之后却恭敬有加，见利忘义，这实在是过于苛责和夸大其词了！

关于第三件事，吕诲认为王安石主张坐着讲学是为了要挟君王、博取名声。然而，在古代，三公是坐着与君王讨论国家大事的，从汉朝到唐朝，这一传统都没有被废除。自从宋朝的开国皇帝赵匡胤篡夺后周政权后，范质作为前朝的宰相，怕有不谦恭的嫌疑，不敢坐着与君王议事，从此以后，臣子在君王面前不再设有座位，臣子们开始像奴隶一样自居，忘记了他们与天子共同承担治理国家的职责。王安石请求恢复坐着讲学的传统，不仅是为了效仿古人，而且实际上也符合治理国家的最高原则。如果像这样都说是要挟君王、博取名声，那么唐朝以前就没有一个纯粹的忠臣了。根据叶梦得的《石林燕语》记载，熙宁初年，侍讲官中提议恢复坐着讲学的有吕申公、王荆公、吴冲卿等人，同时韩持国、刁景纯、胡宇夫也都支持吕申公等人的观点。而苏子容、龚鼎臣、周孟阳、王汾、刘攽、韩忠彦等人则认为，讲读官的“侍”字，意味着他们是侍奉天子的，而不是以老师的身份自居。因此，吕申公等人的提议被搁置了。由此可见，主张坐着讲学的人并非只有王安石一个，为什么吕诲的弹劾奏章只针对王安石呢？而且，即使这个提议被搁置了，又怎么能说王安石的罪行就无法赦免呢？在这之后的元祐初年，程颐担任崇政殿说书时，也极力上疏请求在殿上坐着讲学。当时给事中顾临认为这不可行，程颐于是又上书给太皇太后，辩驳顾临的观点，奏章长达一千五百多字。这与王安石的情况如出一辙，如果王安石是要挟君王、博取名声，那么程颐岂不是也在做同样的事情吗？后来，《通鉴纲目》只记载了程颐的《经筵讲读疏》，提到了他关于培养君主品德的言论，而没有提及坐讲的事情，难道是因为之前吕诲对王安石的攻击太过激烈，所以不得不为程颐避讳吗？而且，从此以后，那些讲求学问的人也不再因为坐讲的事情来议论王安石了，难道是因为他们既然为程颐避讳，也就顺便让王安石从指责中解脱出来了吗？宋朝人对于是非的判断真是没有定准啊！

关于他所列举的第四件事情，说王安石如果是对的就都揽在自己身上，如果是错的就引到君王身上。自从新法实施以来，满朝文武都把过错归咎于王安石，只看到他不好的一面，而看不到他好的一面，只看到他的错误，而看不到他的正确。如果说王安石抢夺功劳，那么请问在这个时候还有什么功劳可以抢夺呢？吕诲能指出王安石具体抢夺了什么功劳吗？如果说王安石给君王招来了怨恨，那么众人攻击的是新法，怨恨的是王安石，还有什么错误能够使人们怨恨皇帝呢？吕诲能指出具体的事情吗？

关于第五件事情，是登州的阿芸案件，这个案件的议论是由许遵发起的，而王安石是主持此事的人。即使说这个案件可能有些冤枉，但是从过错中也可以看出他的仁爱之心。吕诲却污蔑说王安石是徇私报复，试问案件中的人，到底是谁被王安石偏爱？谁又被王安石怨恨呢？而且这个案件也是极其琐碎的，吕诲却喋喋不休地谈论它，怎么就不嫌麻烦呢！

第六件事是把王安国考中进士归咎为王安石的罪过。考察王氏家族中登进士榜的人，宋真宗咸平三年（1000年）有王贯之，他是王安石的从祖。宋真宗祥符八年（1015年）有王益，他是王安石的父亲。到了宋仁宗庆历二年（1042年）则是王安石本人考中进士，庆历六年（1046年）又有王沆考中，他是王安石的堂弟。宋仁宗皇祐二年（1050年）有王安仁考中，他是王安石的哥哥。到了宋英宗嘉祐六年（1061年），王安礼考中进士，他是王安石的弟弟。再到宋英宗治平四年（1067年），王雱考中进士，他是王安石的儿子。六十年间，这个家族中祖父、孙子、父亲、儿子、兄弟都是进士的共有七人，可见考科举得功名是他们家族本来就有的传统，这样的功名哪里需要靠什么内部关系或特权才能得到呢？王安石的兄弟们在当时都很有声望，王安国实际上与他的哥哥王安石齐名。在此之前，吴孝宗在《上张江东书》中，就称赞王安国的贤能，想要举荐他的人也很多。而在宋仁宗嘉祐五年（1060年），欧阳修写了《送平甫下第》一诗，其中有句："自惭知子不能荐，白首胡为侍从官。"由此可见王安国的贤能是公认的。熙宁元年（1068年），王安国因为韩绛和邵亢的推荐，被皇帝召试后赐予了进士及第的功名，这与王安石有什么关系呢？他为何会因此受到诬陷呢！幸亏王安石的儿子王雱早一年就已经考中了进士，不然的话，又会给那些弹劾王安石的人增加一个攻击的素材了。

他所说的第七件事是王安石专权，如果按照他们所说的那样，似乎是有一些值得商榷的地方。但是，如果我们查看《宋史》的记载，就会发现当时中书省的一些人事任免决定往往好几天都定不下来，皇帝就会去询问王安石的意见。所以，这其实是神宗皇帝的主意，不能单纯地说王安石专权。

第八件事是关于唐介愤恨而死的事情。根据《宋史·唐介传》记载，唐介曾多次与王安石争论，王安石善于强辩，而皇帝又支持王安石的观点，唐介气愤不过，背上长了疽疮而死，享年六十岁。而吕诲所说的王安石曾与唐介争论刑名之事，其实只是专门指阿芸那件事情。人因为疽疮而死，这是很常见的。唐介六十岁去世，更是正常不过。唐介曾经因为"灯笼锦"一事与文彦博在皇帝面前争论，以至于被贬到很远的地方都没有死，却会因为与王安石争论而失言导致的一个妇人的事情而死，如果真是这样，那他的死可以说是轻于鸿毛了。如果把同僚中有人去世都列为罪状的话，那又有谁是没有罪的呢？

第九件事是关于章辟光请求让岐王住在宫外的事情。自古以来，在那些君主专制的国家里，兄弟之间争夺皇位而导致国家动荡不安的事情屡见不鲜。所以，后世的皇帝在给自己的兄弟们分封领地时，总是让他们住在都城外面，认为这样做比让他们住在都城附近、离皇位太近要好，因为这样可以长远地保证国家安定无忧。岐王和嘉王是神宗皇帝的同母兄弟，他们十分亲密。熙宁初年，著作佐郎章辟光提出让岐王迁居到都城外面的府邸，这与那些暗中挑拨离间的小人所做的完全不同。神宗皇帝本想治章辟光的罪，这应该是出于对兄弟亲情的维护。但王安石违背了大多数人的意见，不想给章辟光定太重的罪，这大概是出于大臣们为国家谋划时应该秉持的大公无私的原则吧。而且，岐王和嘉王本来就是贤明的亲王。从熙宁年间开始，岐王就多次请求搬到都城外面去住，但每次上奏都被驳回，这说明岐王是按照礼法来约束自己的。到了元丰八年（1085 年），神宗皇帝患病，在此之前，岐王和嘉王每天都来问候他的病情。等到神宗皇帝颁布诏书，确立延安郡王赵佣为太子后，就立即让他们的母亲进宫来陪伴。宣仁太后与神宗皇帝是母子至亲，他们之间有着二十年的深厚感情，哪里会有什么猜疑呢？然而即便如此，宣仁太后还是按照礼法来对待两位亲王。到了元祐初年，哲宗赐颢亲贤坊与弟弟相对而居，并且颁布诏书说：“先皇非常珍视兄弟之间的感情，以至于恩情超越了礼法，不允许两位亲王搬到都城外面去住。大概武王对待周公的态度，以及太皇太后严格遵循朝廷礼制，都是以道义来约束恩情，最终才同意了岐王和嘉王的请求，让他们搬到都城外面的府邸居住，这体现了孔子所说的‘远离自己的儿子以保全道义’的思想。虽然两位圣人的做法不同，但最终都符合了道义的原则。”从这一点来看，章辟光提出的请求，如果以“同归于道”的宗旨来衡量，那么就不应该因为离间而给他定重罪，这一点就更加明确了。至于王安石，就更不用说了。

他所说的第十件事是关于三司条例的，这里才开始涉及新法的讨论。当时的财政状况需要进行整顿，而整顿财政必须有一个专门的机构来负责，所以制定条例是必不可少的，这一点我之前已经详细论述过了。至于派遣使者巡视各地，则是为了先进行调查，然后再制定法律和制度，这确实是处理事务的正确顺序。在那些被派遣的八个人中，有刘彝、谢卿材、侯叔献、程颢等人，他们都是当时被认为有贤德的人。从最初的意图来看，王安石怎么可能有意任用小人来败坏国家大事呢？当时，均输法、保甲法、青苗法、免役法等各种制度还没有实施，王安石的政治抱负还没有得到实践，那么吕诲又是怎么能够立刻看出这些制度会误了天下的百姓呢？

《宋史·吕诲传》中记载：章辟光上书说岐王赵颢应该迁居到都城外面的府邸，皇太后对此非常生气，皇帝下令要治章辟光的离间之罪。但王安石认为章辟光没有罪，吕诲则请求将章辟光交给官吏审问，没有得到允许，于是他就上疏弹劾王安石。由此可见，吕诲实际上是因为在争取章辟光的事情上没有得到满足，一时意气用事，而不惜对王安石大肆诬陷，这与他之前因为争论濮王一事没有得到满足，而不惜对韩琦、欧阳修进行诬陷，是如出一辙的。像吕诲这样的人，即使我们用宽容的法律来评判他，他也免不了被孔子指责为“好直不好学”的人；如果我们用严格的法律来约束他，那他就直接是帝尧所说的那种用谗言恶行来震惊朝廷的人了。史书上记载，吕诲准备入朝面见皇帝时，司马光在朝廷上遇到了他，悄悄问他今天准备说什么事情，吕诲回答：“我袖子里装的弹劾奏章，是针对新参政的王安石的。”司马光听后非常惊讶地说：“大家都很高兴朝廷得到了人才，你怎么能弹劾他呢？”由此可见，当时朝廷中的贤士大夫，没有一个人不相信王安石的为人。诋毁王安石私德的人实际上只有吕诲一个。这与蒋之奇、彭思永用男女私情的事情来诬陷欧阳修是一样的，但后人没有为他们申辩或平反，所以我不吝惜言辞，像上面那样进行辩解（上面所辩解的内容有一半是采纳了蔡上翔的说法，因为我在其中穿插了自己的观点，所以这里没有特别注明，蔡上翔的名字我在此处附上作为注释）。

（考异十三）

《宋史·吕诲传》中还记载：章辟光的计谋，原本是由王安石和吕惠卿两人诱导的。章辟光扬言：“如果朝廷要重重地治我的罪，我绝对不会放过这两个人。”根据这些话来看，王安石和吕惠卿实际上是这个案子的罪魁祸首，而且章辟光又对外扬言，吕诲肯定也听到了这些话，那么他就不难根据实际情况直接指出真相。但是在这篇弹劾奏章中没有提到这一点，这是为什么呢？难道是吕诲还对王安石有所偏爱吗？其实，这一定是后来那些憎恶王安石的人，借着吕诲的话加以夸大，而史官又采纳了这些夸大之词，导致它与原来的奏章完全不符，这又是一个他们诬陷王安石的例子。

现在，我将当时因为争议新法而被罢免官职的人一一列举如下：

熙宁二年（1069年）五月，翰林学士权开封府知府郑獬在处理一起谋杀案件时，没有按照新法来判决，结果被调任为杭州知府。宣徽北院使王拱辰和知制诰钱公辅，都因为与王安石在新法上的意见不合，王拱辰被调任为应天府知府，钱公辅被调任为江宁府知府。

六月，御史中丞吕诲弹劾王安石，皇帝退回了他的奏章，吕诲于是请求辞官，被调任为郑州知府。

八月，知谏院范纯仁说王安石改变祖宗的法度，搜刮钱财，导致民心不安。皇帝没有听从他的意见，范纯仁坚决请求辞官，被调任为河中府知府。不久又调任为成都转运使。因为认为新法不方便实施，他告诫州县不要急于执行，王安石对此感到愤怒，认为他阻挠新法，于是将他降职为和州知府。

同月，侍御史刘述、刘琦、钱顗连续上奏弹劾王安石，刘述被调任为江州知府，刘琦监处州的盐酒税务，钱顗监衢州的盐税。

同月，条例司检详文字苏辙因为与吕惠卿在新法上的意见不合，被调任为河南推官。

十月，同平章事富弼以生病为由请求退引，被调任为亳州知州。

熙宁三年（1070年）正月，判尚书省张方平极力陈述新法的危害，坚决请求辞官，被调任为应天府知州。

二月，河北安抚使韩琦因为上书讨论青苗法但未被采纳，于是上疏请求解除安抚使的职务，只负责大名府路的事务，皇帝同意了他的请求。

（考异十四）

史书上记载，王安石狠狠地诋毁韩琦和富弼，说富弼假装恭敬却傲慢至极，又说欧阳修是因为依附韩琦而被定罪，还说他儿子王雱说要将韩琦和富弼的头砍下挂在市集上示众，这样新法才能推行等。种种诬陷和歪曲事实的言辞，多得说不完。如果王安石真的说过这些话，那简直可以说他是疯狂到失去理智了。然而，如果我们查看《临川先生文集》，就会发现事实恰恰相反。书中的《赐允富弼辞免左仆射诏》一文说："你辅佐我的祖辈父辈，功绩在当时广为流传，你自身具有德行和善行，始终如一。作为忠贤之臣，你心系国家，你的道义应当被留下。国家有重大疑难问题时，我希望能得到你的帮助。"（后略）还有《赐允韩琦乞州诏》一文中说："你以公师的身份，担任将相的高位，统领四路，保卫一方。你肩负的重任和崇高的地位，是群臣无法比拟的。虽然你身患重病，但我希望你能尽快康复。然而你的奏章频频传来，都是以病重为由请求辞官。你是宗室的功臣和元老，我对你特别看重，在恩宠和礼遇上，怎么敢有丝毫的减少呢？我很难违背你恳切的心意，姑且就让你去安养身体吧。”还有一篇《贺韩魏公启》，其中写道：“（前略）您秉承了天地间的非凡气质，成为世间的楷模，您的忠诚和节操在当时彰显无遗，您的德行和声望在近代无人能及。您掌管着朝廷的机密要务，总揽着国家的核心权力，尽管毁誉之声纷至沓来，您却始终坚守自己的信念，不为外物所动。因此，全国的百姓都将您的去留视为国家安危的关键。（中略）至于说到进退合于道义，出仕或隐居都恰到好处，与您相比，他们更是独具美德。我长久以来受到您的庇护和提拔，实际上也得到了您的赏识和重用。作为您的近臣，我本想向您尽忠言规劝的义务；但在这个大有作为的时代，我又担心自己有攀附权贵的嫌疑，因此我自愿远离您的高门大宅，但这并不意味着我忘记了您过去的恩情。（后略）”由此可见，王安石对韩琦和富弼两位公卿，实际上充满了敬仰和向往之情，而韩琦和富弼与王安石之间，虽然在新法的问题上意见不合，但他们的私人交情始终没有改变。他们屡次请求退休，也确实是因为年老多病，未必完全是因为新法。而史书上所记载的王安石诋毁韩琦和富弼的说法，必定是诬陷和歪曲事实，这是毫无疑问的。

同月，朝廷任命司马光为枢密副使，但司马光没有接受。

三月，审官院知院孙觉因为评论青苗法不方便实施，被调任为广德军知军。

四月，御史中丞吕公著也因为评论青苗法，被调任为颍州知州。

同月，参知政事赵抃恳切请求辞官，被调任为杭州知州。

同月，监察御史林旦、薛昌朝、范育上奏弹劾王安石的罪状，但皇帝没有回应，这三个人也没有被罢免或斥责。

同月，监察御史里行程颢、张戬，右正言李常，御史王子韶等人，纷纷上奏说新法不方便实施，各自请求辞官，程颢被调任为京西路提点刑狱，张戬被任命为公安知县，王子韶被任命为上元知县，李常被调任为滑州通判。

七月，枢密使吕公弼因为弹劾王安石，被调任为太原府知府。

九月，翰林学士司马光多次请求辞官，皇帝挽留不住，于是他被调任为永兴军知军。

十月，翰林学士范镇弹劾王安石，之后以户部侍郎的身份退休。

到了熙宁四年（1071 年）三月，朝廷下诏考察那些执行新法不力的人。最初，山阴县知县陈舜俞因为没有散发青苗钱，长葛县知县乐京、湖阳县知县刘蒙没有执行募役法，都被剥夺了官职。因为有了这个诏书，陈留县知县姜潜到任仅数月，青苗法的诏令就下来了，姜潜在县衙门口张贴告示三日，却没有人来响应，于是他撤下告示对官吏说："百姓不愿意啊。"随后他就以生病为由辞官了。

四月，监官告院苏轼上疏谈论新法的弊端，但皇帝没有听从，苏轼请求到外地任职，于是被调任为杭州通判。

五月，开封府知府韩维因为评论保甲法不符合朝廷意愿，坚决请求到外地任职，皇帝坚决挽留但留不住，于是他被调任为襄州知州。

六月，蔡州知州欧阳修因为年老多病而退休。

（考异十五）

《纲目》记载：欧阳修凭借自己固守的高尚气节，在接连遭受污蔑之后，六十岁就请求辞官退休。等到他担任青州知州时，又上疏请求停止发放青苗钱，皇帝想要重新召他回朝执政，但王安石极力诋毁他，于是欧阳修被调任到蔡州。到了这个时候，欧阳修请求退休的愿望更加迫切，冯京请求留下他，王安石却说："欧阳修依附韩琦，把韩琦当作国家的栋梁之臣，像这样的人，在一个郡县任职就会败坏一个郡县，在朝廷任职就会败坏朝廷，留他何用？"于是，欧阳修以太子少师的身份退休。蔡上翔为欧阳修辩解道："从宋朝天圣、明道年间以来，欧阳修凭借他的文章和气节赢得了天下人的高度敬重。庆历四年（1044 年），曾巩在《上欧公书》中说：王安石虽然已经考中了进士，但他确实自重，不愿意被人了解，他认为除了欧阳修先生，没有人足以了解他。那时王安石二十四岁。到了至和二年（1055 年），欧阳修才见了王安石第一面，从此以后，他们之间的书信往来及呈现在各种奏章中的文字，欧阳修对王安石的喜爱、赞叹和称誉，都是无与伦比的。从欧阳修的全部著作中，我们可以考察并了解到这一点。"熙宁三年（1070 年），欧阳修认为青苗法对国家的危害很大，又擅自停止发放青苗钱，但他的出发点也只是讨论国家大事，期望这些举措能对国家和个人都有益处而已。他何时曾把王安石斥为奸邪之徒，表现得像对待仇敌一样狠毒，像吕诲等人那样使用过分激烈的言辞呢！然而历史上流传着王安石做了宰相后，曾经狠狠地诋毁欧阳修的说法。考察欧阳修擅自停止发放青苗钱的事件发生在熙宁三年（1070 年）夏天，到了十二月，王安石担任了同平章事。第二年春天，欧阳修写了《贺王相公拜相启》一文，其中说道："您在翰林中地位崇高，享有朝廷极高的声望；晚年登上朝廷的文职高位，受到皇帝非同寻常的赏识。"像欧阳修这样刚正不阿的人，如果在他担任参政知事时真的对王安石有极大的不满，而在王安石成为宰相后又去献媚，这难道是欧阳修会做的事情吗！过了一年，欧阳修去世，王安石为他写了祭文，在祭文中，对欧阳修的人格、文学成就、他在朝廷中的高尚气节、他一生中的坎坷遭遇，以及王安石作为欧阳修生前知己的深切怀念之情，死后在风中追思缅怀的心情，都毫无保留地表达了出来。王安石凭借得到君主的宠信，推行新法又是那样决绝，他本来对欧阳修应该没有什么忌惮，却一定要排挤并使他离开朝廷，活着的时候就诋毁欧阳修是天下最大的恶人，死后却又赞誉他是天下几乎无人能及的人，这又岂是王安石会做的事情呢！欧阳修在治平三年（1066 年）因为濮王议礼而受到吕诲、彭思永的攻击。治平四年（1067 年），又因为流言蜚语被彭思永、蒋之奇诋毁。从此以后，他极力请求外放到地方任职，先后出任亳州、青州、蔡州的知州，一直到去世。所以，在整个熙宁四年期间，欧阳修没有一天在朝廷任职。他连续多年告病，更是在王安石执政之前，与王安石有什么关系呢？说"在一个国家就扰乱一个国家"这些话出自杨中立的《神宗日录辨》，其中的诬陷是显而易见的。后人却根据这些话来认定王安石的罪过，而他们没有读过王安石和欧阳修两人的全集，这是为什么呢？现在来看蔡上翔的文章，其辨析证据确凿，无需再多加称赞。欧阳修辞官，不是因为王安石，而我在这里叙述这件事，只是为了辨明王安石排斥忠良的诬陷之词。欧阳修的情况尚且如此，那么凡是杂史中记述王安石诋毁他人的言论，又岂能全部相信呢？王安石的《祭欧阳文忠公文》实际上是中国少有的佳作，我将它放在"王安石的学术成就"一章，可供参考阅读。

熙宁四年（1071 年）七月，御史中丞杨绘和监察御史里行刘挚上疏论述免役法的害处，结果杨绘被调出京城，担任郑州知州，刘挚被调任为衡州盐仓监。

熙宁五年（1072 年）三月，汝州知州富弼上书朝廷，说自己对新法不了解，不能用它来治理州郡，希望回到洛阳养病，朝廷批准了他的请求。授予他司空、武宁节度使的职位，让他退休。

熙宁六年（1073 年）四月，枢密使文彦博请求辞官，朝廷授予他司空、河东节度使的职位，让他去河阳任职。

熙宁七年（1074 年）二月，监守安上门的郑侠呈上了一幅流民图，说大旱灾是新法导致的，不久之后，他因擅自使用“马递”传送文书被交给御史审问。到了熙宁八年（1075 年）正月，郑侠被流放到英州。

以上所描述的，都是当时阻碍新政策推行的大致情况。那些位高权重的元老们在朝堂上极力阻挠，而那些盛气凌人的谏官则在下面哄然而起，王安石独自一人，坚定地站在这两者之间，整个天下的艰难与危险没有比这更严重的了！王安石在熙宁三年（1070 年）写了一篇《谢手诏慰抚札子》，里面说：“我观察到上天赐予陛下非凡的聪明与智慧，确实不难开创像尧舜那样的盛世。因此，我没有衡量自己的才能和力量是否足够，也没有考虑时局是否合适，就斗胆以我这不才之身来承受全天下的怨恨与指责，希望能够遵从并实现陛下的宏伟志向。自从我参与政事以来，已经满一年了，还没能有什么作为，而朝廷内外交相勾结，共同形成阻碍新政的舆论。他们对下专门欺骗百姓，对上企图蒙蔽圣上，世俗风气如此动荡不安，竟然到了这种地步！陛下如果再对此有所疑惑，恐怕我这一片赤诚之心，终究难以胜任这份职责。”他表达的这种危急困苦的情感，即使过了百世，读者读来仍然会为他感到哀伤。

如果不是像王安石这样坚忍不拔的人，又怎么能成就任何一件事呢！后世那些厌恶他的人，就不必多说了，即使是那些喜欢他的人，也不免因为他任用小人而感到惋惜。至于他所任用的人是否真的都是小人，我将另外加以评论，但当时阻挠新政的人难道不都是世人所称颂的君子吗？比如程颢、苏辙，都是王安石最初特别提拔来担任僚佐的。其他像韩琦、富弼、文彦博、吕公弼这些元老，与王安石一同共事的人，有的共事一年，有的两三年，有的四五年，他从一开始又何曾想要排挤他们呢？但这些贤臣往往因为新法的推行与否而决定去留，他难道会因为要安慰挽留这些同僚朋友而违背自己的学问和志向放弃自己的原则吗？还是因为要实践自己的学问和志向而得罪这些同僚朋友呢？这两者不能兼得，必须做出选择，所以王安石在熙宁三年（1070 年）曾经上疏请求辞去政务，也是因为自己的志向不能实现，所以决定退身而去。而神宗皇帝对他的信任更加深厚，任用他也更加专一，有这样一位君主，他又怎么忍心辜负呢？因此，他只能鞠躬尽瘁，以求大业能够最终完成。那些贤臣既然不肯苟同于王安石，发誓不与他在朝廷中共存，那么也就只有听任他们离去罢了。我们这些人生活在今天，如果设身处地为王安石着想，又有什么办法能够做到两全其美呢？

王安石当时所制定的法律并不是不好，他所革除的弊端也都是那些贤臣所皱眉蹙额、纷纷议论的。后来这些政策的成效，或许没有像最初预期的那样好，这也只是因为执行的人不合适罢了。如果那些贤能之士能够与王安石同心协力，时常相互辅助并纠正那些过于极端的做法，又怎能预见成效不会更加显著呢？然而，他们不管是否正确可行，凡是新推行的法令，都必定拼死反对。他们明知反对也不能改变皇帝的心意，于是就上奏辞职，以此来成就自己的名声罢了。甚至有的人身为地方长官，却告诫州县不要奉行朝廷的命令。这些人既然出身名门望族，受到士人和百姓的共同敬仰，那么那些无法在新法中获利的人就都会前来依附，以此来煽动天下的视听，使人民疑惑不知道该听从谁的。这就像一只手画圆，而十只手画方，即使有好的法令和美好的意愿，也终究不能推行，这是必然的。

那么，新法的好处不能弥补其弊端，是谁的过错呢？迫使王安石不得不任用小人，又是谁的过错呢？尽管如此，王安石对待那些与自己政见不同的人，也可谓竭尽心力、仁至义尽了。对于那些主动请求离开朝廷去外地任职的元老，王安石还多次挽留他们，实在没办法后才答应他们的请求。对于那些小臣，他也不过是将他们降职调任到外地做官，从来没有一个人被削去官职或俸禄，更不用说被治罪了。其中只有郑侠一个人被投放他乡，但那是王安石罢相回到江宁后一年间发生的事情了［王安石在熙宁七年（1074 年）六月罢相，熙宁八年（1075 年）二月再次拜相，而郑侠被流放到英州，是在熙宁八年（1075 年）正月间的事情］。与春秋时期郑国的子产和战国时期的商鞅对待贵族的态度相比如何？与明朝张居正对待台谏官员的态度相比又如何？与孔子诛杀少正卯相比又怎样呢？

我的朋友南海人潘博曾经评论王安石，说他可惜只是纯粹地遵循儒术，而缺乏法家的精神，这可以说是深刻的评论。但世上的评论者都说王安石实行的是申不害和商鞅的法术，用严酷的法令来约束百官，这与当时的实际情况完全相反啊！王安石以礼来对待士大夫，虽然他的法令因此不能完全实行，但作为大臣的气度，足以成为千古的楷模。然而元祐年间的各位贤臣是如何对待熙宁、元丰年间的大臣的呢？我论述到这里，不禁有一种茫然的感觉！

章衮在《〈王临川文集〉序》中写道：

（前略）熙宁年间的政治改革，君主怀着像尧舜一样关爱百姓的心，在上面坚持自己的主张；臣子们则怀着让君主成为尧舜般圣明君主的心，在下大力辅佐支持。他们的共同目标都是为了天下苍生，而不是出于个人私利。如果各位大臣能够体谅君主和臣子的初衷来评议新法，根据新法已经取得的成效来补救它的失误，推广研究那些尚未明确的理论，调整补充以纠正那些偏向和过分之处，务必做到齐心协力，广泛求取贤才来推行新法，那么宋朝未必不能从中获得更多的好处。然而，往往一项法令刚刚颁布，随之而来的就是一片诽谤之声。今天群起而攻之的是王安石，明天又纷纷议论的是新法本身。言官借此机会来博取敢于直言的名声，公卿大臣也借此机会来赢取体恤百姓的美誉，远方的下级官吏也跟着随声附和，以此来依附于朝廷大臣的党派，结果使得朝堂几乎变成了彼此交恶的地方。

况且，当时在下面没有不法之徒借新法之名作为造反的借口；外面也没有敌国的使者因新法而说出不恭敬的话。而那些士大夫，却先自行内讧，纷争不断，像一群狂人带着好胜之心，牢不可破地坚持己见。将祖宗传下来的法令一概认为是好的，它们真的都好吗？将新制定的法令一概诋毁为坏的，它们真的都坏吗？还是说，在人们的议论中，有时同一个人口中说出的话也会自相矛盾，比如苏辙曾经主张官员应该享受借贷的便利，却又极力诋毁青苗法的错误；司马光在英宗时曾说农民除了租税之外，不应该再有其他负担，也不应该招募百姓来做衙前之役，却又极力诋毁募役法；苏轼曾经说如果不攻取灵武，就无法通往西域，西域不通，就很难阻止契丹的强大势力，却又极力诋毁熙河战役的错误；又比如已经认为募役法不可行，日后却又极力争辩募役法不可废除，等等。还有一些事情，本来性质相似，历来这样做被认为是正确的，但由王安石推行就被认为是错误的，比如河北的弓箭社，实际上与保甲法相辅相成；苏轼请求增修社约，并加强对弓箭社的关怀，却又唯独对保甲法深恶痛绝，等等。

（中略）像这样的事情，既不是真正了解是非的定论，也不是详尽分析利弊得失之后的谋略，因此，王安石将这些一概看作流俗之见，更加坚定自己的主张，推行新法更加有力。当时的议论既然已经如此，而那些负责记录历史的官员，以及后来撰写史书的人，又都致力于巧妙地诋毁新法，甚至有时割裂文义，仅仅抓住几句话就大加渲染，当时攻击新法的人，其实并不是真的在攻击新法本身，而是在攻击王安石，进而牵连到他的新法罢了。

（中略）像管仲、子产、商鞅这些人，都只是诸侯国的重要臣子，他们都凭借谋划周密、果断坚忍而在他们的国家里取得了很大的成就。而王安石凭借世间少有的才华，在天下一统的时代，君臣之间相互信任，如同鱼水之情，却仍然落得如此孤独无助的境地，这是因为时势不同，而且嫉妒他的人很多的缘故。国内多事，四境多敌，就像一艘船在急流中航行，不知道会到达哪里，只有凭借才智，才能得到众人的拥戴，这就是管仲他们之所以能够得志的原因。

宋朝的治国风格本来就偏向温和，从真宗、仁宗开始，这种风气逐渐盛行。士大夫们竟然以含糊不清为宽厚，因循守旧为老成持重，又或者标榜高谈阔论、高雅声望，不肯打破常规、解除束缚来追求功名。而那些小人则安然自得，像终年闲散的马匹一样，虽然有时草料和豆子不足，但一旦马夫给它们梳理毛发、修剪蹄甲，它们必然会猛地踢蹄、狠狠地撕咬。在这个时候想要突然改变旧有的做法来推行新法，难怪会引起人们的惊骇和诽谤。王安石在舆论上不受欢迎的原因之一，就在于此。

贾谊年轻时才华出众，作为被疏远的臣子，他慷慨激昂地想要为国家改革制度、制定法律。当时像绛侯周勃、灌婴这样的人，虽然嫉妒他，但还没有到如此严重的地步，这是因为贾谊还没有掌握政权，而文帝也只是把他当作普通人来对待。王安石名声远扬，赞誉之声倾动一世，已经为人们所忌惮，再加上他是南方人突然显贵，父子兄弟相继在朝廷担任要职，宋神宗又常常用圣人的标准来看待他，并把他当作心腹重臣。等到各种非议纷纷涌现时，王安石又毅然决然地挺身而出，承担天下的怨恨，不顾一切地奋力与之抗争。王安石在舆论上不受欢迎的原因之二，就在于此。（后略）

章氏的这番论述，指出了王安石受到阻挠的原因，可以说是深刻洞察到了问题的症结所在。他提到因为王安石是南方人且迅速显贵，所以嫉妒他的人很多，这一点尤为中肯。

啊！以王安石纯洁无瑕的品格，宽广豁达的胸怀，正像凤凰在千仞高空翱翔，哪里会察觉到下面有那些卑微的龌龊之徒和腐臭的老鼠呢！然而，王安石的失败竟然就是因此造成的。

庄子说："中原地区的人，明白礼义，却不了解人心。"又说："人心比山川还要险恶，比了解天道还要困难。"王安石正是因为不了解人心，所以遇到世人所谓的小人时会失败，遇到世人所谓的君子时也会失败。要论王安石的短处，大概没有比这更严重的了！尽管如此，如果王安石真的了解人心呢？那他就会随波逐流，对人对事都没有明确的看法，既不批评也不赞扬，这样不但能够暂时博取别人的欢心，而且能够在后世留下美好的名声。他又怎么会为了国家的利益而牺牲自己一生的安乐和名誉，即使遭受万人的唾骂也毫不后悔呢？

啊，我国数千年来的士人和君子，了解人心的人确实很多，但又有多少人不了解人心呢？

第十七章　王安石新政受到的阻挠和破坏（下）

元丰八年（1085 年）三月，宋神宗去世，宋哲宗即位，宣仁太后开始临朝听政。五月，任命司马光为门下侍郎，随后他废除了所有王安石变法期间推行的新法，并且把宋神宗时期的老臣们贬谪流放，现将其中一些主要事件简要记录如下：

元丰八年（1085 年）七月，废除保甲法。

十一月，废除方田法。

十二月，废除市易法。

同月，废除保马法。

到了元祐元年（1086 年）闰二月，蔡确被贬出京城去担任陈州知州，章惇被贬为汝州知州。

同月，废除青苗法。

三月，废除免役法。

四月，撤销熙河经制财用司。

六月，邓绾和李定被流放至滁州，吕惠卿被流放至建州。

元祐二年（1087 年）正月，禁止使用王安石的《经义》和《字说》。

元祐四年（1089 年）四月，废除明法科。

五月，蔡确被贬谪到新州。

以上只是列举了一些主要的事情，其他的就不再一一细说了。简而言之，当时对于宋神宗熙宁、元丰年间所推行的事情，没有一件不被废除；对于熙宁、元丰年间所任用的人，没有一个不被贬黜。范纯仁曾经对司马光说："去掉那些太过分的法令是可以的，但废除差役法这件事，尤其应当仔细研究后再说。不然的话，会加重百姓的负担，希望您虚心听取大家的意见，不必所有的谋划都自己拿主意。如果所有的谋划都自己拿主意，那么谄媚奉承的人就会趁机迎合您。差役法或许很难改回去，那么可以先在一个地方试行，以观察其实际效果。"司马光没有听从，反而更加坚持自己的意见，范纯仁说："这样做是让人不能发表意见啊！如果想通过讨好您来博取欢心，那还不如年轻时与王安石合作来迅速获取富贵呢？"（这段话见于《宋史》中范纯仁的本传）从前司马光曾经在对宋神宗奏对时，说王安石贤能但固执。至于司马光的贤能，我不知道与王安石相比如何，但如果说到固执，他们二人是多么相似，而且司马光在这方面甚至有过之而无不及！从此，新法就彻底被废除了。

关于新法是否应该废除，我在前面的几章已经详细论述过了，这里就不再重复了。然而，根据一些通俗史书的记载，声称元祐初年的朝政清明，全国上下都欢欣鼓舞，连四方各族都被深深打动。我没有时间与这些记载辩论，但我想引用一两位先儒的说法，来帮助我阐明观点。

陈汝锜在《司马光论》中提到：

靖康之变的灾难，有些评论家认为是从王安石开始的，但我认为它是从司马光那里开始的。并不是说司马光本人能够导致靖康之祸，而是说他激化了靖康之祸的根源。新法的制定并非草率行事或随意尝试，每当一项新法出台，皇帝和宰相都会反复商议讨论，就像家人朋友一样，经过长时间的辨析和琢磨，才最终颁布为法令。而且神宗皇帝也并非是在深宫中长大，对民间疾苦一无所知的人，他会权衡利弊，追溯根源并探究结果，在法律尚未在全国范围内实施之前，就已经对实际情况有了清晰透彻的了解，就像亲眼所见一样。因此，尽管有太后这样尊贵的人物，岐王这样亲近的亲戚，以及上至执政大臣，下至守门官吏，都苦口婆心地劝谏，但宋神宗都没有中止新法的推行。虽然在新法执行过程中可能存在一些过度或不当之处，或许有些措施在带来利益的同时，也伴随着一些负面效果，并且实际效果与名义上的目标有所背离，但关键在于它是在原有基础上寻求创新，通过纠正缺陷来完善制度，确保下面不剥削百姓，上面也不违背先帝的遗愿。这样，宵小之徒就没有机会从中作梗，报复的祸患也就无从产生了。又何必固执己见，完全推翻以前的做法呢？

以前太后等人努力争取而未能从宋神宗那里得到改变的事情，现在范纯仁、苏轼等人急于推行却也无法从司马光那里得到改变。一旦有了像蔡京这样逢迎自己的人，就高兴地宣称自己是在遵守法令，可实际上先帝的尸骨还未寒，他生前推行的各项法令就已经被破坏殆尽了。这是想要用臣子的意志来战胜君主的意志，把先帝几十年谋划的心血一朝废除。这是说自己的见识和谋略比先帝还要高明，以前认为是良法美政的，现在却变成了糟粕政策。这不是太荒谬了吗！孔子为什么会称赞孟庄子不更换父亲的臣子和政策呢！现在司马光说："先帝的法令中，好的部分百世不可更改，但王安石所推行的对天下有害的法令，应当像救火和救人于溺水一样急切地去改正。"然而宋神宗作为君主，难道会像宁成那样被臣子牵着鼻子走，完全听从于臣子的摆布，而说这些都是王安石所建立的吗？王安石罢相后居住在金陵长达八年，但新法依然在执行。王安石建立的法令，宋神宗终生坚守，为何没有与那些不实的指控和废除祠禄制度一同被废止呢？可见宋神宗是有所选择的。而且元祐年间对新法废除和更改得彻彻底底，没有留下一点痕迹，那么所说的百世不可更改的法令又在哪里呢？我恐怕先帝在天有灵，在地下也无法瞑目。

又有人说："太皇太后是以母亲的身份改变儿子的决策，而不是皇帝以儿子的身份改变父亲的决策。"但是所有关于变革的举措，都是告知宗庙并向天下臣民颁布的，这是君主的儿子所做的决定，而不是说这是君主母亲所做的。如果君主的母亲可以废除或搁置先帝的决策，那这就是吕后灭掉刘氏、武则天篡唐建周的行为啊。如果臣子可以倚仗母后的权势来轻视甚至无视君主的权威，那就如同徐纥、郑俨、李神轨这些人内外勾结、权势熏天一样。这种行为难道还可以作为典范来训诫他人吗？

更何况在元祐初年，继承皇位的哲宗已经十多岁了，他不是遗腹子，也不是尚在襁褓中的婴儿，而是一个已经能够处理朝政的君主。然而，朝廷的大小事务完全取决于宣仁太后，哲宗并没有参与其中。即使哲宗有所询问，大臣们也往往不予回答，这又是什么礼义呢？苏颂（字子容）对此深感忧虑，他常常告诫那些老臣们不要自找麻烦，否则最终谁来承担这个责任呢？而且，哲宗也曾说过，只有苏颂懂得君臣之礼。其实，哲宗心中的愤怒和不满早已不是从绍圣亲政时才开始的，而那些小人逢迎君主、报复仇怨的行为，也并不是等到章惇、蔡京掌权时才出现的。为什么呢？因为作为臣子，如果一味地想要胜过君主来显示自己的忠诚，那又怎么能算是作为人子而尽力继承并发扬父亲的遗志来显示自己的孝顺呢？君主看到了臣子的这种意图，下面的人也将会表现出对这种行为的异议。一旦对章惇表示了异议，就接连不断地将他囚禁、流放。再对蔡京表示异议，就导致了妖孽横行，他们表面上打着继承先皇遗志的旗号，实际上却是为了满足自己的私欲，这样一来，宋朝的国事就已经无法挽回了。司马光难道不应该承担一部分责任吗？

孔子说："说话一定要考虑到它的结果，做事一定要考虑到它的后果。"如果不考虑结果和后果就轻率地行事并把它交给上天来决定，说："如果上天保佑宋朝，就一定不会发生这样的事情。"可以侥幸地依赖上天吗？上天会因为先君的去世而特别保佑宋朝吗？那么，如果太甲颠覆了商朝的典章制度，反而得到上天的保佑使商朝兴盛；而汉惠帝与曹参等人只是墨守成规、清静无为，就说是上天不保佑汉朝了吗？

王夫之在《宋论》中提道：

哲宗在位共十五年，其中有八年政权掌握在太后手中，哲宗亲政后又过了六年。绍圣年间改元之后，他提拔小人，恢复苛政，给天下百姓带来苦难，这些就不多说了。元祐年间的朝政，也有一些难以辩驳的问题。绍圣年间所做的，虽然是反对元祐年间的政策，但实际上也在效仿元祐的某些做法，那么元祐年间所做的，虽然是矫正熙宁、元丰年间的政策，但也未尝不是在某种程度上效仿了它们，并且为绍圣年间的效仿提供了可能。啊，宋朝没有因为混乱而走向危亡，但它还能坚持多长时间呢？君主提拔士人是为了治理我们的国家，君子们出仕是为了辅佐我们的君主，难道他们是为了借助朝廷来划分品流、分清清浊吗？他们必定是要有所作为的。这个"作为"，指的是国事，其根本在于君主的德行，其重要的应用在于治理、教化、政治和刑罚，其紧迫之处在于谋划边疆安全。对于百姓，要根据他们的勤劳程度来休养生息，根据他们的废弛情况来修缮明理，拯救他们于天灾之中，惩罚那些残暴的官吏，以确保他们的安宁。对于选拔官员，要培养他们的淡泊之心，利用他们刚正不阿的朝气，从平民中选拔人才，并鼓励他们成为真正的君子，这难道只是绍圣年间才应该做的吗？元祐年间的各位大臣，能真正做到这些的有多少呢？

能够卓越地展现出他们独特的诚意，超脱于纷繁的争论之外，并向君主进言的人，只有刘器之劝谏寻找乳母以照顾哲宗，以及程颐请求在崇政殿和延和殿讲读经书，不要因为暑热而荒废，还有范祖禹劝导哲宗要勤学不辍。除此之外，他们都只是在与已经去世的王安石争论对错，实际上在实施的政策中却看不到任何实质性的改变。他们提拔任用的人，不全是无能之辈，但只是一味地起用那些熙宁、元丰年间被贬斥的人，好像生怕来不及一样。难道新进的士人中，就没有一个可以推荐并委以重任，成为国家未来百年栋梁的人吗？而只是为那些被贬谪到偏远地区的官员伸张久受压抑的志气，就可以不浪费国家的资源吗？在体恤百姓方面，王安石的新法是必须改革的。哪一年有没有发生过水旱灾害，取决于朝廷有没有进行救济；全国上下有没有冤屈的百姓，要看朝廷有没有去调查询问；除了推行新法，有没有欺压百姓的贪官污吏，要看朝廷有没有进行弹劾；在王安石被贬之后，有没有施行仁政的清官，要看朝廷有没有迅速提拔他们。西部边疆的败局十分危急，却听不到朝廷选择一位将领来抵御外敌的侵扰；对契丹的岁币不断增加，却听不到朝廷制定一个策略来阻止他们的欺侮。像这样，宋朝怎么能保有天下呢？这不过是元祐年间诸位大臣抒发愤懑之情的场所罢了。

司马光、吕公著两位先生并非没有忧国忧民的诚意，但他们除了刚正之气，别的都没有了。当时那些为了伸展志向而被贬谪的臣子，希望将来有大发展，在蛮荒之地、瘴雨之中心满意足，却对外不知道有志向尚未坚定的年轻君主，对内不知道有不可依靠的女主人，在朝廷中不知道有不修明的法度，在民间不知道有难以申诉的疾苦，对外不知道有虎视眈眈、心怀不轨的强敌。他们一举将这些都抛诸脑后，群起而推举两位先生为领袖，并日益提出改革的主张。两位先生也因此眼花缭乱、耳聋心乱，认为只要废除这项政策、罢黜那个党派、召回这些人、恢复从前的法度，就是使国家安定、百姓安宁、永无止境的治国之道了。啊！这哪里能够报答天子对心腹大臣的信任而不愧对皇天，坦然面对先祖的质询，安抚天下孤苦无依的百姓，挫败西北狡猾的敌寇，而真正称得上大臣的职责呢！

如果我们真正地在正道上培养君主的德行，那么邪恶就无从窥探；如果我们真正地以实际行动来修明政事，那么虚妄就无法趁虚而入；如果我们真正地谨慎选拔忠诚勇猛的将领来巩固我们的防御，那么那些企图通过邀功生事来升官的说法就会自然平息；如果我们真正地清除中饱私囊的弊端，来充裕我们的财用，那么那些剥削百姓、毒害民生的计策就会自然消失；如果我们真正地用淳朴宁静的风气来培育士人，从难以晋升的人群中选拔贤才，为国家储备百年的人才，那么奸佞之徒的野心就会自然收敛，而善良正直之士的磨砺就会更加宏大。如果不从这些方面出发，而是夜以继日地忙于琐碎事务，就像追赶逃跑的孩子一样，提拔一个人，就说这是熙宁、元丰年间被贬退的人；罢免一个人，就说这是熙宁、元丰年间被提拔的人；兴起一项法令，就说这是熙宁、元丰年间被废除的；废除一项法令，就说这是熙宁、元丰年间兴起的。那么，假使元祐年间的各位大臣处在仁宗、英宗的时代，难道就要一言不发，一事不做，悠闲地度过岁月吗？这并没有看到所谓的治理之道，只是意气用事罢了。意气一动就不可收拾，于是吕公著、范纯仁在朝中不和，洛党、蜀党、朔党在各部门间也不和，君主一个人孤独地站在上面，百官们则在下面随波逐流，这还怎么能说元祐年间还有君主，宋朝还有国家呢？而绍圣年间的那些奸臣，就像驾着四匹马拉的车，在宽阔的大路上奔驰前进，没有人能阻挡他们。他们所做的那些与元祐年间相反的事情，其实正是效仿了元祐年间某些大臣的做法。因此，在整个哲宗在位的十四年里，没有一天不是在为动乱埋下伏笔，没有一天不是在为国家的危亡创造条件，不仅仅绍圣年间是这样。当时，辽国的君臣也昏庸荒淫，不能自保；西夏元昊的后代也苟且偷安，不足以逞强。如果辽国和西夏不是这样，靖康之祸就不会等到那一天才发生。而契丹衰落，夏人势弱，这正是汉朝宣帝时期北方挫败匈奴的良机，但宋朝放纵全国上下的精力，在辽夏之间的长短较量中耗尽而不能振作起来。啊！这哪里只是关系到宋朝的存亡呢？这是从此留下了无穷的祸患啊！站在今天，回顾哲宗时代所做的事情，那些言论在史书上洋洋洒洒，但如果实事求是地考察，没有一件是符合人心的。如果明白得失的道理，怎么能和那些爬上屋顶、拦路喊冤的愚民一起欢呼庆祝呢？

王夫之的这篇文章中有“为岭海迁客伸久郁之气”和“在峦烟瘴雨之中

得到拂拭”这两句话，这是没有根据的失实之词。王安石在执政期间，并没有流放或驱逐过任何一个人，根据前面所列的名单，这一点已经非常明显。即使在王安石罢相后的八年里，也没有听说过有朝廷大臣被贬谪到岭海地区的事情。因此，元祐年间蔡确被贬到新州时，范祖禹说这条路已经近七十年布满荆棘，这可以作为证明。

章衮在《〈王临川文集〉序》中说：

元丰末年，王安石已经辞去相位，随后神宗皇帝也相继去世，各种议论逐渐平息，国家局势也趋于稳定。如果元祐年间能够坚守现状而不做改变，随着时间的推移，恩泽自然会惠及百姓，谁说这不是继承和发展先帝事业的善举呢？然而，他们毅然决然地追悔过去，一定要彻底废除熙宁、元丰年间的法令。王安石首先用猛药来治理国家，随后司马光又用同样的猛药来搅乱国家，导致国家议论纷纷，民心再次陷入忧虑。试想当时认为新法不应废除的人，应该不仅仅只有范纯仁、李清臣等少数人，只是因为史官们不断排挤王安石，不愿意完整保存他们的观点罢了。不然的话，哲宗皇帝并非像汉献帝或晋惠帝那样昏庸无能，为什么仅仅因为杨畏的一句话，章惇就能担任宰相？章惇一上台，党人就被全部驱逐，新法又被重新实施了呢？真是可悲啊！起初，群臣们共同结成一个党派来对抗君主，最终，君子和小人又各自组成党派以求得胜利。党派之间的纷争决裂，耗费时间，耽误事情，一直延续到改朝换代还不知道停止。从古到今，像这样还不招致祸患和失败的情况，有这样的道理吗？王安石过去对仁宗皇帝说，晋武帝因循守旧、苟且偷安，没有为子孙后代做长远的打算。当时在位的大臣们也都苟且迎合，放弃礼义、抛弃法度，结果导致国内大乱，中原地区沦陷于夷狄之手长达二百多年。他还说，可以有作为的时机，没有比现在更迫切的了，错过了这个机会，恐怕就会留下无法弥补的遗憾。由此看来，靖康之祸的发生，王安石已经预料到了。所以他苦心竭力，不畏艰难险阻，不避讳诽谤议论，每件事情都尽心尽力去做，像周公旦那样未雨绸缪。然而，古今的议论者却把靖康之祸归咎于王安石，这难道不是秦朝那种严刑峻法、株连九族的陋习还没有完全消亡吗？

陈汝锜和章衮都是平时崇拜王安石的人，他们说的话或许不可避免地与我有着相同的偏见，即偏袒自己所喜爱的人。至于王夫之对王安石的诋毁，那与世俗的儒生没有什么不同，而他对元祐年间政治的看法也像陈汝锜和章衮一样，那种把宣仁太后比作尧舜，而将司马光、吕公著比作皋陶、夔龙、马端临、吕祖谦的说法，都可以省略了。而且，元祐年间那些人的可议之处还不止这些。宋人王明清的《玉照新志》中提到（原书未见，这是根据蔡上翔《荆公年谱》的引用）：

元祐党人在天下后世都备受推崇。绍圣年间所确定的元祐党人名单只有三十二人，到了蔡京掌权时，凡是与他意见不合的人都被列入名单，人数几乎达到了二百零九人。然而，这场祸根实际上起源于元祐年间对恶人的打击过于严厉。吕汲公、梁况之、刘器之等人将王安石的亲信党羽，如吕吉甫、章子厚以下三十人，以及蔡持正亲党安厚卿、曾子宣以下十人，都列为了元祐党人，并在朝堂上张榜公布。范祖禹上疏认为应该只惩治首恶，对胁从者不应治罪。范忠宣则长叹着对同僚说："我们这些人恐怕也免不了要被牵连了！"后来时局果然发生了变化，章子厚上台后建立了元祐党，果然如范忠宣所言，这大多是士大夫之间的报复行为，最终却让国家承受了恶果，真是可悲啊！

章惇和蔡京制造的党狱，到现在为止，稍微有点见识的人都对他们深恶痛绝。说章惇和蔡京应该被厌恶和唾弃，这是毋庸置疑的。但哪里知道，这种恶行的始作俑者并不是章惇和蔡京，而是后世所推崇的元祐年间的诸位贤臣。如果不是有《玉照新志》偶然记载了这件事，那么当年朝堂上公布的四十人名单，到现在可能就不会有人知道了。党籍的榜单和党籍的碑文有什么不同呢？更何况，将碑文刻好并颁行天下，那是崇宁年间的事。在绍圣年间，也不过是把名单张榜公布而已（《宋史·李清臣传》记载：蔡京驱逐后，群臣联名上奏，将吕公著、文彦博以下三十人列入党籍，打算全部贬谪到岭南。李清臣说："更改先帝的法度不能说没有错，但这些人都是多朝的元老，如果听从蔡卞的意见，一定会引起公众的震惊。"皇帝说："难道就没有折中的办法吗？"于是决定只在朝堂上张贴名单，其他人不再追究）。由此可见，真正的始作俑者是吕汲公、梁况之、刘器之等人，而章惇和蔡京不过是效仿他们，他们的罪行反而因此有所减轻。党籍碑因此成为万世唾骂的对象，而党籍榜无人问津，难道这是有幸与不幸的区别吗？这也只是史学家根据他们的遭遇赋予的“幸”与“不幸”罢了。

蔡确被贬官之后，御史台和谏官们仍然不停地弹劾他，谏议大夫范祖禹也说蔡确的罪行是天下所不能容忍的。执政官员们打算杀掉蔡确，范纯仁和王存认为不可，他们极力争辩。文彦博想将蔡确贬到偏远的岭南地区，范纯仁听到这个消息后，对吕大防说：“这条路从乾兴年间以来，就杂草丛生、荆棘遍布，已经近七十年了，我们这些人听到这个地方，都担心自己有一天也会被贬到这里。”吕大防听后就不敢再提这件事了。过了六天，蔡确最终还是被流放到新州。范纯仁又向太后进言说：“圣明的朝廷应该力求宽厚，不能因为一些文字上的模糊不明之语，就诛杀或流放大臣。现在的行为应该为将来的做法树立榜样，这件事绝对不能开先例。”但太后没有听从，蔡确最终在流放的地方死去。啊！这件事可以对比王安石执政时是如何对待政见不同的人的。王安石因此背上了严酷刻薄的恶名，而元祐年间的那些贤臣，评论者有时还责怪他们除恶不够彻底，这天下到底还有没有是非公道啊！

陈汝锜又说：“杨中立在靖康之变的初期，说到如今的事态虽然是由蔡京造成的，但实际上是从王安石那时开始酝酿的。这句话一经提出就引发了广泛的讨论，人们纷纷把熙宁年间的变法视为靖康之变的祸根，把王安石看作激励蔡京作恶的前锋，这实在是太冤枉王安石了。现在历史记载都在，凡是蔡京所迎合的事情，比如沉溺于虚无之道、大兴土木、剥削百姓的财富以供宫廷享乐，这些祸国殃民的政策，哪一项是熙宁年间实行过的呢？凡是蔡京所结交的人，比如内侍有童贯、李彦、梁师成，佞幸小人有朱冲、朱勔父子，执政大臣有王黼、白时中、李邦彦等人，他们挑起事端、招致祸乱，哪一个是熙宁年间的人呢？虽然蔡京的弟弟蔡卞是王安石的女婿，但蔡京并不是因为蔡卞的关系而受到王安石的赏识，在熙宁、元丰年间掌权。他和王安石有什么关系呢？怎么能说造成今天这场灾祸的是王安石呢？蔡京推崇王安石并让他配享太庙，不过是借此欺骗君王、窃取宠幸的手段，来掩饰他们的无能和不肖罢了。那些篡夺汉朝建立魏国的人，无不是借着舜禹禅让的故事来作为自己行动的借口；那些伪造天命、把汉朝幼主孺子婴玩弄于股掌之间的人，又常常拿周公摄政的事情来为自己辩解。但曹丕篡汉怎么能说是因为汉朝皇帝三次谦让的高尚品德给自己带来了祸端，使篡汉者坐上龙椅呢？又怎么能教导后世之人如何通过先称假皇帝再变成真皇帝的权谋手段呢？”

这番话真可谓痛快淋漓。我曾经说过，绍圣年间章惇掌权时，还颇有意愿继承和发展王安石的变法，那时还没有到给宋朝带来灾祸的地步。真正给宋朝带来灾祸的其实是蔡京，而蔡京之所以能够爬到显赫重要的位置，是谁提拔引荐他的呢？不是王安石，而是司马光。司马光打算废除募役法，恢复差役法，许多官员都认为这很难办到，但蔡京在五天内就解决了这个问题，司马光很赏识他的才能，于是对他委以重任。如果按照举荐人连坐的律法，那么司马光难道不也有推卸不了的责任吗？司马光也是一位贤能的人啊，我本来就不敢学习史学家那种刻意深究文意、吹毛求疵的技巧，把蔡京给宋朝带来的灾祸归罪于司马光，只是为什么那些擅长谩骂的人，反而要把这罪名归咎于与蔡京毫无关系的王安石呢！

第十八章　王安石的用人和交友

古往今来，人们谈论王安石，那些无端诋毁他，说他是小人的人，就不用多说了。即使是那些尊敬他，认为他是君子的人，也未尝不认为他任用小人是一个污点。那么，王安石真的喜欢任用小人吗？他所任用的人真的就像史书上记载的那样无一不是小人吗？请我们心平气和地来考察一下吧。

我曾经深入探讨过王安石为何不得不任用小人，原因在于当时的君子们都不愿意为他所用，这固然是事实。另外，根据王安石的言论，他曾说："洪水的灾害，不能拖延等待，必须立即应对，而各位大臣中，只有鲧擅长治水，所以尽管鲧违抗命令、毁败同族，也不能不用他。"以此类推，那么说王安石喜欢任用小人，也算是有道理的。等到他退休归隐时，也自我坦言智慧不足以识别人，而且阴险邪恶之人常常出现在他深交的朋友中，这表明他为小人所累并对此有所悔悟，这应当是无可讳言的事实。小人并非完全不可用，但能否重用他们，则完全取决于重用他们的人。如果是一个纯粹的君子去重用小人，这是天下最危险的事情。被称为小人的人，必定是极其狡猾奸诈的，而重用他们的人，也必定在狡猾奸诈方面能与他们相抗衡，甚至更胜一筹，使得他们即使使出浑身解数，也无法逃脱自己的掌控。这才是能重用小人的方法。像张居正就是这样的人，胡林翼也是这样的人，曾国藩则已经不完全是这样的人了，而王安石更不是这样的人。为什么呢？因为王安石是一个纯粹的君子，更是一个没有太多权谋手段的君子。

尽管如此，说王安石专门喜欢任用小人是不对的，说王安石所用之人全都是小人，那就更是错误的了。王安石在给神宗的《论馆职札子》中写道：

"陛下即位以来，因为在职的人中有的缺乏才能，所以陛下提拔任用的人大多是有点小才能但缺乏德行的人，这样的人得志，社会风气就会败坏，要想挽救这个弊端，关键在于亲近忠良之士。"王安石是这样规劝君主的，他自己难道不这么做吗？另外，在制置条例司刚成立的时候，宋神宗多次向王安石询问相关事宜，王安石说："现在想要理财，就必须任用有才能的人。但如果朝廷只看重任用有才能的人，而不急于任用贤能的人，恐怕社会风气会因此败坏，其弊端将不堪设想。陛下应当考虑国家大体的先后缓急。"由此可见，王安石对于任用贤才、斥退不肖之人的态度是非常恳切和深切的。所以，与其说王安石喜欢任用小人，不如说宋神宗喜欢任用小人，而王安石虽然努力矫正这一弊端，但还没有完全做到。王安石提拔和赏识的人中，后来被后世称为君子的有很多。然而，有些人后来因为不赞同新法，没有被王安石一直任用，于是史家就不承认这些人是王安石所用之人。既然王安石坚决要推行新法，那么那些不愿意执行新法的人，即使王安石想一直任用他们也不可能，这是事情发展的必然结果，也是理所当然的。因此，说王安石没有任用他们的意愿，是不可能的。至于那些始终愿意执行新法的人，后来的史家根本就不关心他们平时的行为品德如何，仅仅因为他们附和新法这一点，就指责他们罪大恶极。不仅如此，史家还常常虚构事实，一定要给他们扣上恶名才觉得痛快，不仅限于那些与王安石共同处理政事的人，即使是那些与王安石平时交往稍多的人，也无一能够幸免。这样一来，王安石所用之人怎能不都被认为是小人呢？这并不是说王安石喜欢任用小人，而是因为这些人一旦经过王安石的赏识，紧接着又经过史家的锤炼，即使是君子也会被塑造成小人。我并不是说王安石所用之人中一定没有小人，但我认为，即使有，他们的恶劣程度也绝对没有史家所描述的那么严重。

王安石的品德高尚，节操出众，但经过史家的描绘刻画，让后来的读者在阅读时仿佛能看到他像王衍、卢杞那样的形象。那么，对于那些品行操守不如王安石，又给人留下可乘之机的人，他们受到的诬陷又会严重到什么程度呢？像韩琦这样的人可以被指责为结交宦官，欧阳修这样的人可以被指责为与甥女通奸，而且整个朝廷都沸沸扬扬，说他们是为了讨好皇帝、巩固宠信，而巧言掩饰、欺骗蒙蔽。那么，当时那些意气用事的人，哪里还有分辨是非的心，他们的话又怎么能够相信呢？孙固在濮议事件中稍微违背了公众舆论，就被众人斥为奸邪之人。那么，千百年来指责王安石所用之人为奸邪的人，又怎么知道他们不是像孙固这样的人呢？我当然不是强行要为王安石所用之人辩解，但有些话实在是不吐不快。现在，就请允许我就那些可以考察到的人，一一进行论述。

陈升之　陈升之在宋仁宗时期就已经担任执政大臣，并不是王安石特别提拔起来的。然而，在王安石的文集中，有一篇为陈升之写的序，大概是从陈升之地位还不显赫的时候王安石就对他寄予厚望，认为他将来能担当重任。等到制置条例司刚成立时，王安石就引荐陈升之共同处理事务。所以，宋神宗任命陈升之为宰相，无疑是得到了王安石的推荐和支持。陈升之担任谏官五年，上奏议论了上百件事情，他也不是平庸之辈。只是因为与王安石共事的原因，史书上称他深沉狡猾、足智多谋，善于编造事实来谋取富贵。这些说法是否真实，不是我所能判断的。

王珪　王珪掌管朝廷内外诏令达十八年之久，直到熙宁三年（1070 年）才开始担任参知政事。熙宁九年（1076 年），他成为同平章事，并在神宗皇帝在位期间一直担任宰相。至于他是否被王安石提拔，我们无法得知。但他是始终奉行新法的人。史书中，在他担任执政官之前，对他的评价多是赞美之词，而在他执政之后，则多了一些批评和指责。平心而论，王珪应该是一个性格中和的人。

苏辙　王安石刚开始设立制置条例司时，首先提拔苏辙担任检详文字一职。可以说，王安石特别提拔小官吏是从苏辙开始的，后来因为苏辙不赞同新法，被外放到河南担任推官。

程颢　制置条例司刚成立时，派遣了八位使者到各路去考察农田和水利情况，程颢就是其中之一。所以，程颢实际上是王安石特别提拔的人才。后来因为不赞同新法，程颢被外放到镇宁军担任签书判官。但在《宋史·王安石传》和《宋史·程颢传》中都没有记载他们曾经在条例司任职的事情，这大概是因为他们受到王安石的赏识被看作程颢的污点，所以故意隐瞒了吧。

刘彝　制置条例司派遣的八人之一。他之前担任县尉，也是被王安石特别提拔的。史书上记载他因为不赞同新法而被罢免，但又说神宗皇帝选拔管水利的官员，因为他对东南地区的水利情况非常了解，所以任命他为都水丞。这并不意味着他不被重用，而是因为他擅长这个领域，所以专门负责这一件事情。由于他的职位不是非常重要，所以他的传记中没有贬低他的言辞，反而多次称赞他的才能。

卢秉 制置条例司派遣的八人之一。史书上记载，他与薛向一起推行盐法时扰乱了百姓，但他也曾请求废除发运使并献上多余的财物，经过综合考察，他的名声和实际情况是可以看出来的。后来，在征讨西夏的战争中，他立下了奇功，这足以证明他的才华出众。他的父亲卢革以廉洁谦退而闻名，而卢秉在未成年时就已经有很好的声誉。他曾说过，树木如果不培育其根株就无法长成，这就像士大夫要树立名节一样。蒋堂很欣赏他的话，预言他将来必定会成为杰出的人才。王安石在读到卢秉写的《壁间诗》后，欣赏他的沉静淡泊，因此特别提拔了他。后来，卢秉守卫边疆，因为父亲卢革年老而多次请求回家奉养，神宗皇帝亲自下诏书安慰并挽留他。卢革听到这个消息后，也以大义为重，阻止卢秉回家。直到卢革病重，卢秉才得以回家，之后就没有再出仕。从这些事情来看，卢秉的名节确实卓越，没有辜负王安石的知遇之恩。然而，《宋史》说他迎合时势、喜好功名利禄，这与他的父亲卢革相差甚远。卢革从未说过自己的儿子不贤能，反而用大义来责备他，不允许他告假回家，但史家竟然不承认卢革有这样的儿子，这是为什么呢？仅仅是因为卢秉奉行新法。

谢卿材、侯叔献、王汝翼、曾伉、王广廉 制置条例司派遣的八人中的其他五人，他们在《宋史》中都没有传记，所以他们的事迹无法考证。但是，从程颢、刘彝、卢秉这三位被派遣者的例子来看，这五位也应当是优秀人才。（蔡上翔说谢卿材、侯叔献都是当时被人们称为贤能的人，但不知道他依据的是哪本书，还有待考证。）

吕公著 吕公著后来与司马光一同反对并破坏了新法，被史家视为大贤之人。然而，他之所以能迅速升迁到显要的官职，实际上是王安石推荐的。史家担心这会给吕公著的名声带来污点，所以在吕公著的传记中故意隐瞒了这一点，而在他哥哥吕公弼的传记中则写道："王安石担任宰相后，知道吕公弼不依附自己，就故意推荐他的弟弟吕公著担任御史中丞来逼迫他就范。"史家这样做似乎是想借此来给王安石定罪，却忘记了要为吕公著隐瞒这件事，从而留下了这样的痕迹给人看。但我不禁要问，那些厌恶吕公弼的人为什么要推荐他的弟弟呢？而且，推荐他的弟弟又怎么能逼迫到他的哥哥呢？这真是所谓的"欲加之罪，何患无辞"。总之，王安石推荐吕公著是确凿无疑的，而那些诋毁王安石说他专用小人的人，现在又该如何自圆其说呢？

韩绛　韩绛是受到王安石提拔的人，他接替陈升之领导制置条例司，不久后就担任了参知政事，并继王安石之后成为宰相。他坚守新法，当时被人们称为“传法沙门”，因此，他的传记中充满了对他的贬低和诋毁。然而，如果我们考察历史，会发现宋神宗刚即位时韩琦就推荐韩绛有宰相之才，这说明他的才能和品德不仅仅是被王安石所认可。韩绛早年审理案件公正廉明，对待百姓周到细致，政绩显著。作为谏官，他多次上奏揭露宫廷中的积弊，这尤其难能可贵。庆州发生羌族叛乱时，他一举平定了叛乱，显示出他在军事策略上的卓越才能。在担任成都府和开封府知府期间，他多次挫败豪强，解救百姓于困境之中。仁宗皇帝曾感叹说：“众人都姑息他们，只有你敢于不随波逐流。”一些大臣数次冒犯皇帝的恩泽，韩绛坚持认为不可，并向英宗表示这样做会触犯众怒，担心会有流言蜚语。英宗说：“我在藩邸时，就听说有关部门把国事当作人情来处理，你所坚守的原则很好，何必害怕谗言呢？”这显示出韩绛刚正不阿的气节，在朝廷中是罕见的。他曾说过要使国家富裕就应该充分利用土地资源，并首先提出改革差役法，这表明他是一个对治理国家极有远见的人。此外，他还多次推荐司马光，这显示出他完全没有党同伐异的偏见，尤其令人敬佩（以上都是根据他的传记所述）。由此说来，王安石举荐韩绛来接替自己，确实是选对了人。而韩绛作为一位贤能之人，对王安石心悦诚服，坚守新法不变，这也足以说明新法的优越性。然而，《宋史·韩绛传》仅仅因为这个原因，在他担任宰相之后，就附上了种种贬低和诋毁的言辞，完全不顾这些言辞与传记前半部分的内容相矛盾。因此，我更加明白《宋史》是不可信的。

韩宗师　韩绛的儿子，王安石推荐他担任度支判官并提举河北常平仓事务。史书上称赞他孝顺，这也足以证明王安石举荐人才并不滥用。

元绛　元绛因为王安石的推荐，担任了参知政事，神宗皇帝对他非常看重。他一生的政绩卓越，《宋史》本传无法对他进行诬蔑和诋毁，只在传记的末尾写道：“元绛每到一处都享有威名，但他没有特别的操守和礼法规矩，谄媚讨好王安石及其子弟，当时的舆论都鄙视他。”传记后面的评论说：“王安石执政时，当时那些一向有名望的士大夫都改变了自己的立场而追随他，这种情况比比皆是。元绛所到之处都有出色的政绩，但他谄媚王安石的行为却是低劣的！”如果这样的话，那么所有不肯攻击王安石的人，即使有千百种美德，也都会被一个“谄”字抹杀，从而被视为没有特别操守的人。那么，所有被王安石任用的人，又怎么能不都被视为小人呢？史书中的《韩绛传》也称赞他是贤才，但在末尾加了两句话："最终因为依附王安石而得势，好的议论也就少了。"这与《宋史》本传用的是同一种笔法。这种舆论和评论，其价值可见一斑。

吕惠卿 吕惠卿是《宋史》中被列入奸臣传的人物。吕惠卿肯定不是一个君子，这无需多言。然而，王安石对吕惠卿的了解和赏识，实际上是得益于欧阳修的介绍，这一点在欧阳修的文集中有记载。嘉祐六年（1061年），欧阳修还曾上书推荐吕惠卿担任馆职，他在奏折中写道："吕惠卿才识明敏，文学造诣深厚，喜爱古代典籍并能整饬自身，可以说是端庄高雅之士。"欧阳修一向以善于识人著称，他所推荐的人都是当世的杰出人才。他对吕惠卿的称赞用到了"整饬自身"和"端庄高雅"这样的词汇，可见吕惠卿这个人不仅仅才学出众。根据《宋史》中吕惠卿的本传所记载的罪状，大半都是指责他奉行新法的。但我认为，这不但不是罪状，反而可以视为他的功绩。本传还记载了他在绍圣年间担任廷州知州时，西夏人入侵，打算全军围攻延安。吕惠卿修缮了米脂等地的堡垒进行防备。敌人到来后，想要攻城却靠近不了城墙，想要掠夺又得不到物资，想要交战又发现各路将领都按兵不动，想要往南撤退又害怕腹背受敌，最终只停留了两天就撤退了。据此来看，吕惠卿不仅有处理政务的才能，还擅长军事（本传中记载了他三次治军的事迹，所出的策略都很中肯）。吕惠卿是否真的是奸邪之人，应当从他是否背叛了王安石这一件事情上来判断。根据元祐初年苏辙的弹劾文章，说他与王安石因为权势相争，最终化为仇敌，还私自拆看王安石的书信等。后来的史家，把这些事情都指为王安石第一次罢相时的事情。但现在考察元丰三年（1080年）王安石写的《答吕吉甫书》（吕惠卿来信中称呼王安石为特进相公，而王安石是在这一年才被授予特进的称号，所以由此可知这封信应当是在这一年或者之后写的），我们可以发现：

我们曾经志同道合，后来产生了分歧，这都是因为国家大事，难道还有其他原因吗？在同僚们纷纷议论的时候，只有你站出来支持我，我对你还有什么可遗憾的呢？如果有人议论你，我并没有参与其中，那你又为什么要怨恨我呢？对于那些随波逐流、见风使舵的人，我不知道他们是怎么想的；但如果我们根据事实、依据情感来评判，你应该明白我是这样的态度。您对我的开导和解释已经非常详尽了，看后可能会感到惆怅。过去我们之间的关系，确实没有任何可以怀疑的小事；那么现在，我们之间又哪有什么旧怨值得挂念呢？（后略）（根据吕惠卿的来信，他写道：我反省自己，觉得并没有因为小事而产生嫌隙，仰望您的高尚品德，又怎会记得什么旧怨呢？所以我在回信中这样写道。）

从这些事情来看，王安石与吕惠卿之间从最初的合作到最终的疏远，确实是事实。然而，他们疏远的原因，是公务上的分歧还是个人之间的私怨呢？这还不得而知。根据王安石的书信，他说是因为国家大事。现在查阅历史记载，也有一些可以考证的地方。王安石初次罢相后，吕惠卿接替了他的位置，创制了“手实法”和“鬻祠法”，这些都是对百姓有害的政策，并非王安石的本意。当王安石再次担任宰相时，就立即废除了这些政策。吕惠卿敢于篡改王安石的政策，虽然可以说他背叛了王安石，但这主要是因为他学识不足，还可以原谅。而吕惠卿自称反省自己觉得凉薄，不知道这是否有其他所指，还是王安石大度包容，不再与他计较呢？我猜想，吕惠卿当时一定对那些阻挠新法的人深感愤怒，想要惩治他们，但经常被王安石阻止，从王安石罢相后的几个月里就发生了驱逐郑侠的事情，就可以看出这一点。因为这个缘故，那些阻挠新法的人对吕惠卿的怨恨甚至超过了王安石。又因为吕惠卿与王安石有了裂痕，这更给了别人攻击他的口实。于是，史家评价他的为人，认为他连猪狗都不如。我认为吕惠卿确实不是好人，但我怀疑“商纣王的错误也没有他严重”这样的说法。

（考异十六）

《宋史·吕惠卿传》中引用了司马光的话，说吕惠卿是新法的策划者，而王安石只是大力推行，好像所有的新法都是出自吕惠卿之手，王安石只不过是一个傀儡而已。我认为这一定不是司马光所说的话，如果真的是司马光所说，那也太过荒谬了。王安石的新法，他在平时就已经酝酿了很久，从他以前的诗文及《上仁宗皇帝言事书》中就可以看出来。《答吕吉甫书》中写道：“整个朝廷都议论纷纷，只有你站出来支持我。”这是吕惠卿在支持王安石，哪里是王安石在支持吕惠卿呢？

（考异十七）

《宋史》中记载了很多王安石与吕惠卿之间相互攻击的事情，其中所言都粗俗不堪，没有根据。如果按照书中所说，那么不仅吕惠卿是奸邪之人，王安石更是奸邪之中的佼佼者。蔡上翔对这些事情进行了非常详尽的辩解，为了避免繁琐，我在这里就不再引用了。但是，只要看看《答吕吉甫书》，就可以知道王安石的品德和气量是多么宏大和深远。以王安石的为人，他怎么会肯做这种卑劣的事情呢？如果读者相信王安石是一个言行一致的人，那么看看这封信就足够了。如果还不相信，那么我再怎么喋喋不休地辩解，也是没有益处的，所以就不再辩解了。

曾布　曾巩的弟弟，他辅佐王安石推行新法，功劳与吕惠卿相当。在《宋史》中，他也被列入奸臣传，但根据我考察他的本传，我无法找出他被称为奸臣的理由在哪里。当时各项新法虽然是由王安石提出大纲，但具体条款的斟酌、法典的编纂，有一半是出自曾布之手。朝廷中有大臣对新法提出异议，曾布都一一进行了解释，这些解释在《文献通考》中还记载了一二，由此可见他具备条理清晰、观察入微的才能，以及纵横恣肆、博学多才的辩论能力，必定有远超常人的地方。他的本传记载，在他初次被召见时，他上疏请求神宗皇帝推心置腹、奋发果断，让天下人都明白皇帝的意志是不可抗拒的，新法是不可侮辱的。这正是抓住了问题的根本的论断，可以用来弥补王安石的不足之处。他在新法的推行上事事都给予支持，唯独对吕嘉问办理市易不善的情况进行了严厉的弹劾，认为官府不应该参与实行兼并，最终因此得罪了吕惠卿，被贬出京城担任饶州知州。这不就是所谓的“和而不同”吗？司马光执政时，命令他修改役法，曾布推辞说：“免役这一件事情，法令条文详尽无遗，都是出自我的手笔，如果让我突然自己修改，从道义上讲我做不到。”这真可以说是坚守正道、刚强不屈啊！后来在崇宁年间，因为得罪了蔡京，蔡京诬陷他贪污受贿，派吕嘉问去逮捕他的几个儿子，通过严刑拷打、诱供等方式，让他们自诬有罪，这也是因为他不肯依附蔡京（以上所依据的都是《宋史》中的本传）。虽然《宋史》对曾布的恶评很严重，甚至将他列入奸臣传，但记载他的品行是这样，其他那些美好的言论和行为被删减没有记载的，又哪里说得完呢！他被指控为奸臣的罪名，不过是在绍圣年间和建中靖国年间两次倡导恢复王安石的变法主张而已。如果这也算是奸臣，那为什么不把王安石也一并列入奸臣传呢？我认为曾布是千古以来的刚正不阿之士，他的学问和才能都足以辅佐朝廷，曾巩可以说是有个好弟弟。而王安石在识人用人方面，也是像夔一样足够出色的。王安石被冤枉了几百年，为他昭雪的人还有十几个，但曾布的冤屈，像是万古长夜一样没有得到昭雪，我怎么能不把他的事迹表露出来呢？

章惇　《宋史·奸臣传》中的人物之一。王安石最初任用章惇时，让他担任编修三司条例官，后来派他去平定南北江的蛮族，开辟湖南四府之地。对于他的功劳和罪过，前面的章节已经进行了详细的辨析。元丰三年（1080年），章惇被任命为参知政事，但这时王安石已经罢相。不久之后，因为章惇的父亲被指控侵占民田，他被贬为蔡州知州。元祐初年，章惇反驳司马光所更改的役法，洋洋洒洒写了数千言。司马光的主张实施后，章惇在皇帝面前愤怒地争辩，史书上记载他的言辞非常悖逆，朝廷大臣纷纷上书弹劾他，他因此被罢黜。而在元祐七八年间，他还多次因言论被弹劾。哲宗亲政后，章惇被起用为宰相，他专门以恢复王安石的变法作为国家的政策，凡是元祐年间废除的变法措施都被他一一恢复，并大兴党狱，甚至想要追废宣仁太后。宋哲宗去世后，皇太后与大臣们商议立谁为帝，章惇说："按照礼法和律例来说，应当立哲宗的同母弟弟简王。"皇太后说："我没有儿子，各位亲王都是神宗皇帝的庶子。"章惇又说："如果按照年龄长幼来排序，那么应当立申王。"皇太后说："申王身体有病不能立。"最终还是决定立端王，这就是后来的宋徽宗。章惇因此被贬为越州知州，不久又被贬到潭州，接着又被流放到雷州，最后改徙到睦州，在那里去世。章惇不肯用官爵来偏袒自己的亲人，他的四个儿子连续登科中举，只有小儿子章援曾担任过校书郎，其他儿子都只能随着官府的文书到吏部候选，在州县任职，最终都没有特别显赫。这是《宋史》本传中关于章惇的记载，大致情况就是这样。就此来看，他真的足以被称为奸臣吗？即使就他不肯用官爵来偏袒自己的亲人这一件事来说，他的清高正直就足以矫正世俗的歪风邪气。

宋哲宗去世后，他与皇太后争论立谁为帝，最终因此被贬谪流放直到去世。虽然他所主张的简王和申王的具体情况我们不得而知，但如果宋徽宗真的如世人所见的那样荒淫无道，最终导致宋朝的灭亡，那么谁又能知道章惇是不是因为早就看出了宋徽宗不能治理天下，而故意阻挠他继位呢？即使不是这样，这也不足以构成章惇的罪过。如果以恢复熙宁、元丰年间的变法政策为奸臣的标准，那么也只是对那些以奸诈手段反对变法的人的一种回击而已。

章惇最为世人所诟病的，莫过于驱逐元祐年间的诸位大臣，以及请求废黜宣仁太后这两件事。请求废黜太后确实有罪，但至于驱逐元祐年间的大臣，那也不过是元祐年间的人用同样的方式对待熙宁、元丰年间的大臣的报应罢了。如果元祐年间的大臣做得对，那么章惇做得也对；如果章惇做得不对，那么元祐年间的大臣做得也不对。

有人一定会说：元祐年间的人都是君子，所以可以驱逐小人；而章惇是小人，所以不能驱逐君子。我不知道他们所说的君子和小人是以什么为标准来划分的。如果说是从个人品德上论，和章惇的耿直相比，恐怕元祐年间的某些贤人还要感到惭愧呢；如果说是从政治见解上论，我从未听说仅凭政治见解就能判定谁是君子谁是小人的！反对新法的人可以称推行新法的人为小人，那么推行新法的人也可以称反对新法的人为小人，应承与反对，差别又能有多大呢！章惇报复元祐年间的人，手段确实比元祐年间的人报复熙宁、元丰年间的人还要残忍。尽管如此，那也要想想元祐年间的人报复熙宁、元丰年间的人时，其残忍程度已经远远超过熙宁、元丰年间的人了！用正直来回报怨恨，这才是美好的行为，但只有那些最崇尚道德的人才能做到，怎么能用这样的标准来要求章惇呢？况且，元祐年间那些自称君子的人，他们的品德尚且达不到这个标准，更何况是章惇呢！我认为章惇是个有才干但喜欢意气用事的人，至于说他奸诈，我无法理解。

蔡确　根据《宋史》本传所记载的事实来看，蔡确实际上是个奸邪之人。然而，王安石在执政的八年里始终没有重用他，蔡确的官职只做到知制诰为止。王安石推行的新法也并没有依靠蔡确的支持和帮助，因此不能说蔡确是被王安石任用过的人。

王韶　王韶的功劳在前面已经详细叙述过了，《宋史》中的本传却对他进行了严厉的指责，这里暂且不去辨析这些指责。

熊本　熊本的功劳也在前面有所提及，《宋史》中的本传对他也有轻微的批评，这里同样暂不去辨析。

郭逵　赵卨　郭逵和赵卨都是王安石任用的边疆将领，他们在对抗西夏和安南的战争中都有战功，但史书中也对他们有所微词。

以上提到的这四个人，大概是功过不能相抵的，古代的名将往往都是如此。根据他们的才能和器量来任用他们，以求取得成功，这本就是理所当然的，所以这并不能作为王安石的污点。

范子渊　范子渊是王安石任用的兴修水利的人。《宋史》中没有他的传记，但《河渠志》中详细记述了他所建设的水利工程。他主张疏通河流，并且能够发明新的工具来使用，也算是一个有才能的人。史书中对于王安石的政绩，无不加以诋毁，所以说范子渊是迎合王安石以求取宠信，又说他的才能不可用。但是现在这些事情的痕迹已经久远模糊，我无法判断其中的是非对错。

薛向　唐垧弹劾王安石时提到的人，唐垧说薛向和陈绎被王安石颐指气使，就像家奴一样。但考察历史记录，王安石在嘉祐五年（1060年）曾经推荐薛向担任司马政的职务，熙宁初年又推荐他担任江淮发运使，不久后又推荐他代理三司使，可见王安石对他的信任是非常深厚的。而薛向每到一处任职，政绩都非常显著，他整顿了马政和漕运，大力革除积弊。在熙河战役中，他负责转运军粮从未出过差错，他理财的效果大概和刘晏相当，即使是《宋史》也多次称赞他。王安石善于用人，这也是其中的一个例子。只是奇怪的是，《宋史》在薛向的传中，对于王安石多次推荐他的事情竟然没有提及一句，我不明白这是出于什么用心，难道又是不想用这件事来玷污薛向吗？唉！

陈绎　陈绎是唐垧与薛向一同提及的人，因此，他应当是王安石极为信任的人。在熙宁年间，他曾担任过开封府知府。《宋史》中关于他的传记只有寥寥数行，主要提到了他议论事情时不避权贵，处理政务时严厉打击豪强党羽，以及他在审理案件时多次平反冤假错案这三点。除此之外，传记中还诋毁了他的私德，说他的儿子和儿媳一夜之间都死于士兵之手。又说他假装敦厚朴实，好事者戏称他为“山寨版”颜回。传记末尾的评论说：陈绎希望凭借权势办事，本来就不值得称道，他家中不守规矩，廉耻之心丧失，即使他通晓吏事，又有什么可取之处呢？根据这些记载推断，陈绎必定是一个操守严正、治事敏锐的人，是古代那些奉公守法、政绩显著的官员之一，他的政绩可观的方面一定很多，只是被史书省略了。史书竟然说他假装敦厚朴实，我不知道编写史书的人凭什么断定他一定是假装的呢？儿子和儿媳的事情与公公有什么关系，竟然指责他丧失廉耻之道！即使他通晓吏事也不值得称道，古今有这样评论人的方法吗？有这样的写史笔法吗？总之，凡是经过王安石提拔的人，即使是贤能之人也会被指责为盗贼，这是整部《宋史》一贯的宗旨。

邓绾 邓绾确实是一个反复无常的小人，在王安石提拔的这些人当中，他是最不贤能的。虽然王安石曾经推荐过他，但后来王安石厌恶他谄媚自己，就立即自我弹劾，说自己失察举荐了不该举荐的人，王安石不掩饰自己的过错，这一点更加明显了。然而世人说王安石喜欢谄媚奉承的人，这岂不是适得其反吗！

许将 他是否被王安石推荐过，史书上没有明确记载。但是熙宁初年他被破格提拔，不能说王安石没在其中起作用。欧阳修曾经称赞他的言辞语气像王沂公，他考中进士后被授予外任官职，任期满了以后，没有通过考试就直接担任了馆职，和王安石一样，他对功名利禄的淡泊由此可见一斑。王安石很赏识他，或许就是这个原因吧！他担任流内铨长官时，因为严格考核官员的名实相符而闻名。辽国出动二十万大军逼近代州边境，要求割让代州土地，每年派遣的使者不敢前往，许将慷慨请命前往，当面驳斥辽国使者萧禧，保全了国家的尊严返回，他在谈判桌上取得的功绩，不亚于富弼。他担任尚书兵部侍郎时，整理保甲法，取得了显著的成绩。他担任郓州知州时，百姓没有违法的，父老乡亲们感叹说："自从王沂公以后五十六年来，第一次看到监狱空无一人啊！"他担任兵部侍郎时，详细陈述了军事策略。等到与西夏交战时，宋神宗派遣近侍询问兵马数量，他立即详细上报，第二天询问枢密大臣，他们却答不上来。到了绍圣初年，有人想要挖掘司马光的坟墓，他又劝谏阻止了这件事。由此看来，许将的才略和德行都非常出众，王安石执政时特别提拔他不是没有原因的。然而《宋史》在传记后面的评论中，只称赞他阻止挖掘司马光坟墓这一件事是可取的，其余的都不提，这能算是公正地评价好恶吗！

邓润甫 因为王安石的推荐而担任了编修中书户房的职务，不久后又升任为知谏院知制诰，多次升迁后成为御史中丞。他考中进士后，曾被推荐为贤良方正之才，但召试时他并未应召，王安石大概很赏识他这种淡泊名利、谦逊退让的品格吧！元丰末年，宋神宗命令李宪征讨西夏，邓润甫极力劝阻，但不久之后他就被蔡确所陷害，被贬职去担任抚州知州，由此可见，他也是一位刚正不阿、直言敢谏的士人。《宋史》对他的评价如下：邓润甫首先赞同了继承新法的谋略，即使他有其他长处，也不值得称道。啊！这又与韩绛、元绛、陈绎等人的传记使用了同一种笔法。只要一旦附和新法，那么所有的优点就都不被看到了，王安石所任用的人，又怎能不被认为是小人呢！

王子韶　王子韶大概是个钻营奔走、竞逐名利的人。王安石起初提拔他担任制置条例司的属官，后又升他为监察御史里行，但不久后就将他罢免，让他去担任上元县的知县，这大概是王安石自己意识到任用他是个错误吧？

吴居厚　吴居厚虽然不是王安石直接提拔任用的，但也是因为王安石记录了他的功劳而得以升迁的。他起初担任武安节度推官，在奉行新法时尽心尽力，他核查闲置的田地来分配给梅山的瑶族人民，因为这项功劳，他得以升任大理丞，后又补任司农属。后来，他提举河北常平，对役法进行了五十一条的增删修改，史书上称赞他精于算计，善于笼络钩稽，收取了数百万的盈余钱。他还提议在莱芜、利国两个冶铁所自行铸钱，每年能得十万缗。元祐年间，他被治罪。绍圣年间，他担任江淮发运使，疏通了支家河以便利漕运，楚、海之间的人们都受益于他的这一举措。崇宁年间，他官至宰相。史书上说他担任官职的时间很长，没有明显的恶行，但在当时聚敛钱财方面，他被推为首位。现在根据《宋史》本传所列举的罪状来考察，他核查闲置田地来分配给瑶族人民，这非常符合招抚的策略。他就地铸钱，使国家的金融货币更加充实，国家和人民都从中受益。如果说到他疏通河流以便利漕运，这是史书上也称赞的。这些都不足以说他是个搜刮民财的人，唯独他每年收取数百万的盈余钱，这是损害百姓利益来使国家获利呢？还是因为他管理得当，自然达到的呢？现在无法凭空判断，他的功过也无法确定。但是，即使史家对他非常厌恶，仍然称赞他没有明显的恶行，那么由此可知他是个懂得自尊自爱的人。既然他懂得自尊自爱，又有如此理财的才能，那么王安石在小吏中提拔他，也不算过分了。

张商英　唐垌说张商英是王安石的得力助手，而近代儒家学者颜习斋也说张商英擅长理财，可以与薛向相提并论，但我不知道颜习斋是根据什么书籍得出这个结论的。查阅《宋史》中关于张商英的本传，可以看到张商英因为当面说服章惇，赢得了章惇的敬重和礼遇，章惇回来后还向王安石推荐了他。因此，张商英得以被召见并任命为监察御史，但不久就被外放到地方任职，整个熙宁年间都没有得到重用。他是否真的是王安石非常倚重的人，无法深入考察。宋哲宗亲政后，张商英上疏严厉弹劾元祐年间的大臣，所以当时所谓的士人君子们对他特别厌恶。宋徽宗崇宁初年，蔡京担任宰相，张商英又弹劾蔡京身为辅相却一心逢迎君王，蔡京怀恨在心，将他编入元祐党籍。大观四年（1110年），张商英代替蔡京成为宰相，他认为蔡京虽然口头上说要继承新法，但实际上只是借此来要挟君主、禁锢士大夫。于是，他大力革除弊政，改革货币制度以平稳物价，恢复转般仓制度来废除直接运输，实行钞法来便利商旅，免除横征暴敛以减轻百姓负担，还劝谏宋徽宗不要太奢移、停止兴建土木工程、抑制侥幸心理，徽宗对他颇为敬畏。这样看来，张商英也没有辜负王安石的知遇之恩。

孙觉　孙觉和王安石关系很好，王安石执政时，推荐他担任直集贤院的官职。但后来因为孙觉反对新法被罢了官，历史上对此多有称赞。不过，孙觉与王安石的友情从头到尾都没有改变。王安石去世后，孙觉还写了祭文来悼念他，极力颂扬王安石的美好品质。

李常　李常被王安石推荐担任了三司条例检详官，后来同样因为反对新法被罢官，历史上也对他多有称赞。

陆佃　陆佃是王安石的学生，王安石执政后让他担任了学官。陆佃始终尊敬他的老师，只是因为他没有参与政事，所以《宋史》中没有过分诋毁他，只是稍有微词罢了。

李定　《宋史》本传中提到：李定年轻时曾师从王安石。熙宁二年（1069年），孙觉推荐了他，他被召到京城拜见谏官李常。李常问他："你从南方来，百姓对青苗法有什么看法？"李定回答："百姓觉得很方便，没有不喜欢的。"李常说："朝廷上下正为这件事争论不休，你不要这么说。"李定坚持说："我只是根据事实说话，不知道京城里竟然不允许这样说。"后来，王安石推荐了他。朝廷任命他为谏院的长官，但御史陈荐弹劾他，说他听说庶母仇氏去世却隐瞒不报，没有为她服丧。朝廷下诏让江东、淮浙转运使调查此事，转运使上奏说："李定因为父亲年老，请求回家侍奉赡养，并没有说因为要为亲生母亲服丧而请假。"李定自己说，他确实不知道仇氏是他的生母，所以疑惑不敢服丧。他是因为侍奉父亲而辞去官职的。不久之后，他被改任为崇政殿说书。御史林旦和薛昌朝认为，不应该让不孝之人担任劝讲之职，同时弹劾王安石，奏章上了六七次。元丰初年，朝廷提拔李定为御史中丞，他弹劾苏轼，并将苏轼逮捕入狱。宋哲宗即位后，李定被贬到滁州居住。他对宗族中的人很有恩德，经常分财产救济他们，以至于自己家里没有多余的钱财。他虽有资格让子孙中的一个获得官职，但他先让给了哥哥的儿子，自己去世的时候，他的儿子们还都是平民百姓。只是因为依附王安石，李定迅速获得了高官厚禄，又因为陷害苏轼入狱而遭到公众的厌恶，不孝的名声也因此传开。据唐坰所言，李定被看作王安石的得力助手，而当时弹劾王安石的人，很多都拿李定作为话题，议论纷纷，这实际上是当时的一个重大公案。因此，现在我将李定本传详细记录下来，并进行辨析。本传中提到李定是由孙觉推荐的，孙觉，字莘老，在当时以学问和品行著称。虽然他和王安石是老朋友，但因为反对新法而被罢官，这样的人应该是被当时的贤人们所认可的，他怎么会推荐一个不孝的人呢？另外，根据本传记载，李定对宗族中的人很有恩德，即使有资格让子孙中的一个获得官职，也是先让给了哥哥的儿子而没有让自己的儿子得到，这符合孝顺和友爱的原则。李定对宗族中的人如此友爱，又怎么可能是不孝的人呢？参考陆游的《老学庵笔记》记载：仇氏最初在民间时生下了一个儿子，后来做了和尚，就是佛印。后来她成为李问的小妾，生下了李定，然后又改嫁到郜家，生下了擅长工艺的蔡奴。这样看来，仇氏已经三次嫁人了，她去世的时候和李家早已恩断义绝。按照《礼记》的记载，孔家不为被休掉的母亲服丧，何况是妾的母亲呢？按照这样的规矩，即使李定不为仇氏服丧，也不算过分。更何况仇氏是在郜家去世的，李定所说的“实在不知道仇氏是自己的生母，因此疑惑不敢服丧”是在情理之中的，而且李定还不忍心完全不为她服丧，于是以侍奉父亲为由辞官，在心里为她服丧，这也可以说是情深义尽了。而且，谁又能知道这不是李定的父亲不允许他的儿子为被抛弃的妾服丧呢？由此说来，李定不能被认为是不孝的人，这是很明显的。就算李定真的不孝，又和王安石有什么关系呢？然而整个御史台联合起来攻击李定，甚至还借由李定来攻击王安石，声势浩大地上了六七次奏疏弹劾，这究竟是基于什么道理呢？由此可知，他们攻击李定的原因，并不是因为李定不孝，而是因为李定说青苗法对百姓有利；同时，他们也不是真的在攻击李定，而是在攻击王安石。因为他们不能容忍有人不跟随他们一起破坏新法，所以不惜编造谎言来诬陷他人的名节，这简直就是剥夺了人们言论自由的权利。对于这样的御史台和谏官，如果不采用张居正的方法，将他们一一捉拿并在朝廷上杖责，就不足以警醒那些凶恶顽劣的人。然而后世的历史学家，却都一味地颂扬他们，这真是让人感叹不已啊！我并不是在这里极力为李定辩解，而是想借此揭示出当时攻击新法的人，他们的无赖行径竟然到了如此地步！

吕嘉问 字望之，是协助王安石推行市易法的人。《宋史》本传对他极尽贬低和诽谤。但王安石在祭奠吕嘉问母亲和妻子的文章中说："你生养了有才华的儿子，这是我所欢喜和称赞的。他秉持道义，遵守法律，即使遇到困难也不改变初心。"王安石罢相后回到江宁，吕嘉问担任江宁府知府，王安石的文集中有一首《与吕望之上东岭》的诗，诗的结尾部分写道："何以况清明，朝阳丽秋水。微云会消散，岂久污尘滓。所怀在分衿，藉草泪如洗。"由此可见，吕嘉问必定有值得尊敬的地方，所以《宋史》中关于他的言论，实在是不敢完全相信。

常秩 字夷甫，是一位有道德的学者，也是王安石的朋友。《宋史》因为他是王安石的朋友就对他进行了贬低和诽谤。本传中写道："宋神宗即位后，三次派人去聘请他，他都拒绝了。熙宁三年（1070年），宋神宗下诏让地方官府以礼相待，敦促他前来，不允许他再推辞。第二年他才来到朝廷，奏对之后就请求回去。宋神宗说：'既然已经来了，怎么能不多留一会儿呢？以后如果不能任用你，你再离开也不迟。'于是，就任命他为右正言。"本传又写道："起初，常秩隐居不仕，世人都认为他一定会辞官隐退。后来王安石担任宰相，推行新法，天下议论纷纷，认为他不便出来。而常秩在民间，看到新法下达的命令，认为是对的，一经召见就出任官职。在朝廷中担任谏官和侍从时，他低头看人脸色行事，没有什么建树和主张，名声日渐下降，被当时的人嘲笑。常秩擅长《春秋》之学，著有数十篇讲解，等到王安石废除《春秋》之学后，他就完全隐瞒了自己的这一学问。"

现在考察同一传记中，前后相隔仅几行字，记载却如此矛盾，这是前所未有的。据考证，宋神宗在治平四年（1067年）十月下诏让常秩来朝廷，而常秩多次推辞，直到熙宁四年（1071年）才入朝，本传前文所记载的就是这件事。

王安石担任宰相是在熙宁二年（1069年），而常秩被召见是在王安石担任宰相之前的两年，常秩到达朝廷则是在王安石担任宰相之后的两年。即便如此，朝廷还是三次派人去聘请他，以礼相待并敦促他前来，他才勉强上路，这怎么能说是"一经召见就出任官职"呢？怎么如此喜欢诬陷别人，又如此不擅长诬陷别人呢！根据刘敞的《杂录》记载："隐士得道的有孙侔、常秩、王令。常秩是颍州人，起初并不为人所知。欧阳修担任颍州知州时，让官吏核查郡中的户籍，以确定等级。常秩的资产登记在第七等，众人急忙请求说：

‘常秀才清廉贫穷，希望放宽他的等级。’欧阳修对众人谦让的行为感到奇怪，询问原因，众人都说：‘常秀才孝顺父母、友爱兄弟，有德行，不是普通人。’欧阳修于是免除了他的户籍登记，并请常秩来相见，很欣赏他的为人，常秩因此出了名。”现在考察欧阳修的文集，从治平三年（1066年）到熙宁三年（1070年），与常秩的诗作和书信往来有十多条。欧阳修比常秩年长六岁，却尊称他为“常夫子”，又说希望能戴上头巾、拿着手杖跟随先生长者游历。常秩去世后，王安石为他写了墓志铭，称赞他违背世俗而顺应自己的本性，特立独行。凭借刘敞、欧阳修、王安石三人的贤德，他们对常秩的仰慕竟然到了如此地步，那么常秩的贤能就可以想象了。然而，《宋史》竟然如此诋毁他，并且说：“学习不是为了自己，而是随波逐流，就像井上的桔槔一样，想要他在朝廷中不屈不挠，那是不可能的。”啊！仅仅因为常秩与王安石交往的缘故，就对他进行无情的抨击，以至于体无完肤，想不称它为“秽史”都不行啊。至于说常秩完全隐瞒了自己的《春秋》之学，我考察后发现王安石并没有废除《春秋》，那么即使常秩想要讨好王安石，又哪里有机会去隐瞒呢？这个诬陷更是不用辩解的（王安石没有废除《春秋》，这在第二十章中有另外的讨论）。

崔公度　字伯易，他学识渊博，擅长写文章，当时被称为曲辕先生。他曾经写过一篇《感山赋》，长达七千字，欧阳修和韩琦都很看重他，刘沆也推荐他为茂才异等，但他以生病为由推辞了。在宋英宗时期，他被授予国子监直讲的职位，又因为母亲年老而推辞。他从小就和王安石交情很好，王安石在嘉祐三年（1058年）写了《与崔伯易书》，痛惜王逢原的去世，说世上了解王逢原的人只有他们两个。王逢原安于贫穷，乐于道义，超然物外，和王安石有同样的节操。崔伯易能得到他们两人的如此赞许，那么他的清廉高洁也就可以想象了。然而，《宋史》本传写道：“他只知道讨好依附王安石，白天黑夜地去拜访，即使在王安石上厕所时也毫不介意地进去拜见。有一次，他从后面拉着王安石的衣带，王安石回头一看，崔公度笑着说：‘你的衣带上有污垢，我恭敬地用袍子给您擦去。’看到的人都笑了，崔公度却恬不知耻。”啊！不知道王安石上厕所时怎么会有人在旁边，而且看到的人都笑，难道上厕所的地方还有很多人吗？这简直是毫无情理、极其卑鄙下流的话，却被写进了正史，这究竟是什么用心！总之，凡是稍微受到王安石礼遇的人，史书都必定要丑化诋毁他们，使他们不被视为同类。

王令　字逢原，是王安石生平第一敬畏的朋友，也是刘敞所说的三位有道德的隐士之一。王安石的诗文集中，与王令相互往来的诗文不少于几十篇。王令去世后，王安石为他写了墓志铭，称他为“天民”。《宋史》中没有为王令立传，《王直方诗话》中说：“逢原被王安石赏识，王安石执政后，那些依附他的人每天都挤满了他的家门，进献谄媚之言，逢原对此感到厌恶，于是就在大门上大字书写：‘纷纷闾巷士，看我复何为？来即令我烦，去即我不思。’希望知耻的人能明白，但前来请求拜见的人并没有减少。”考察王安石所写的墓志铭，王令是在嘉祐四年（1059 年）去世的，这实际上是在王安石执政前的十年，那么《王直方诗话》中的这种说法是从哪里来的呢？由此可知，宋人对王安石进行诬蔑，真是无所不用其极，凡是他的亲友都无一幸免。幸好《宋史》没有为王令立传，如果立了传，那么常秩隐瞒《春秋》之学、崔公度在厕所为王安石拭带的事情，又将写满一页纸了。

这三位君子中常秩和崔公度虽然曾经在朝廷任职，但从未担任过繁重的职务，他们与新法可以说毫无关系。而王令则在新法实施前就已经去世很久了。然而，后来的史书撰写者竭尽全力地污蔑他们，正因如此，使得我对于史书上记载的像吕章这样的恶人的事迹也不敢完全相信。这并不是因为我爱屋及乌，实在是因为昔日的史书撰写者因为厌恶这些人甚至连带与他们有关的人和事，导致他们的记载不足以让我坚信其真实性。

王安石所用之人不仅仅只有这些，他所交往的朋友也不止这些。即使仅就我提到的这四十人而言，其中贤能之才占了大多数，不贤之人仅仅占了两三成。而那些所谓的不贤之人，他们的罪状也还没有最终定论。王安石的品德和度量都非常宽广，他不愿意用不贤的眼光去看待人，有时可能被人欺骗，这也是可以理解的。如果说他喜欢逢迎拍马、乐于亲近谄媚之人，这哪里是王安石的作风！如果一个人曾经被王安石任用，或者与王安石有亲戚故旧的关系，或者不肯随声附和和诋毁新法，那么即使他是君子，也一定会被诬陷为小人。所以，说王安石专门任用小人，也是有一定道理的。但是，偏偏有一个大恶之人蔡京，他与王安石有远亲关系，熊本还曾经因为蔡京奉行新法时表现出的明敏多才而推荐他（见蔡京本传）。然而，蔡京那种谄媚求进、讨好上司的手段，在王安石那里行不通，反而在司马光那里得到了赏识。这样看来，王安石虽然可以说是不善于识人，但比起司马光来，还是要高一筹的。

第十九章　王安石的家庭

王安石因孝顺父母、友爱兄弟而在当时闻名，他的家庭实际上可以说是个家庭的模范。王安石十七岁时父亲去世，他侍奉祖母十余年。他的祖母是永安县人，姓谢，曾巩为她写了墓志铭，收录在《南丰集》中。他的父亲名叫王益，字损之，曾任都官之职，王安石写了《先大夫述》来纪念他，这篇文章收录在他的文集中。他的母亲是仁寿县太君吴氏，曾巩也为她写了墓志铭，同样收录在《南丰集》中。王安石有七个兄弟，其中王安礼、王安国在《宋史》中都有传记。王安石的文集中有《亡兄王常甫墓志铭》和《王平甫墓志铭》。常甫是王安仁，也就是王安石的长兄，而平甫则是王安国。王安石早年因为家境贫寒而出仕，用俸禄来养活祖母、母亲和寡嫂。他家中的情况在他的文集中描述得非常详细。他与王安礼、王安国有很多唱和诗，他在为常甫和平甫写的墓志铭中，都称赞他们孝顺父母、友爱兄弟的品质最为突出。由此，我们就可以知道王安石的孝顺和友爱了。

王安石有两个儿子，一个叫王雱，一个叫王旁。关于王旁的事迹没有流传下来，只有王安石文集中有一首题给王旁的诗，可以从中看出他早慧的迹象。王雱，字元泽，敏捷聪慧，还没成年就已经写了数万言的著作。他十三岁时，听到一个秦地士兵谈论洮河的事情，就感叹说："这个地方是可以安抚并占有的，如果让西夏得到它，那么我们的敌人就会强大起来，边境的忧患就会增多了。"治平四年（1067 年），王雱二十四岁，考中了进士，被调任为旌德县尉，他写了二十多篇策论，深入议论天下大事。他还写了《老子训传》及《佛书义解》，也是数万言的篇幅。熙宁四年（1071 年），因为邓绾和曾布的推荐，王雱被皇帝召见，任命为太子中允崇政殿说书，受命注解《尚书》和《诗经》的义理，不久后又升任为天章阁待制兼侍讲。书编成后，他又被提拔为龙图阁直学士，但他因病推辞了。熙宁九年（1076 年），王雱去世，年仅三十三岁。

（考异十八）

《邵氏闻见录》记载：王安石的儿子王雱性格阴险狠毒，凡是王安石所做的那些不合人情常理的事情，都是王雱在背后出谋策划的。像吕惠卿这样的人都像奴仆一样侍奉他。王安石设立条例司时，起初任用程颢作为属官，程颢是一位贤士。有一天，天气非常炎热，王安石和程颢正在交谈，王雱却披头散发、光着脚，手里还拿着妇人的帽子走了出来，问王安石："你们在谈论什么事情？"王安石回答："因为新法多次被人阻挠，所以和程颢商量对策。"王雱却傲慢地叉开腿坐着，大声说道："如果把韩琦和富弼的头砍下来挂在集市上示众，那么新法就能顺利推行了。"王安石说："你这是胡说！"程颢说："我正在和参政大人讨论国家大事，子弟不应该参与，你还是先退下吧。"王雱不高兴地离开了，从此程颢和王安石的关系就不和了。王雱去世后，王安石也被罢免了相位，他曾经坐在钟山上，恍惚间看见王雱像重刑犯一样戴着枷锁，于是王安石就把他居住的牛山园宅捐出来修建寺庙，为王雱祈福。后来，王安石生了疮病，感到非常痛苦，曾经对他的侄子说："赶紧把我写的那本日录烧掉。"侄子却骗王安石说已经烧掉了，实际上烧的是别的书，不久王安石就去世了。有人说，这是因为王安石在病中又看到了什么（根据《宋史》的记载，这一说法被采纳并写入了王雱的传记中）。李绂在《穆堂初稿》有《书（邵氏闻见录）后》一文，其中写道：《虞书》中告诫人们不要听信没有根据的话，《周礼·大司徒》用实行于乡中的八种刑罚来纠正百姓的过错，其中第七条就是惩罚造谣者。之所以要对造谣者施加刑罚，是因为他们妄言无实，足以混淆是非，让被诬陷的人遭受祸害，即使在死后，也会无穷无尽地蒙受羞辱。如果幸好这些话是出自轻薄小人之口，听到的人还会半信半疑；如果不幸这些造谣者被错误地当成了有名望的士大夫，那么即使是贤人君子，也可能会相信这些话。这样一来，被诬陷的人就会永远无法洗清冤屈，这难道不是太残酷了吗！自唐代以来，人们喜爱编写小说，宋代和元代更加盛行，像钱世昭所写的《钱氏私志》、魏泰所写的《东轩笔录》等，里面的很多贤臣都遭到了污蔑。到了《碧云騢》和《焚椒录》这两部作品，其中的悖逆和荒诞简直达到了极点！如果说还有什么书比较可信的话，那莫过于《邵氏闻见录》了。但如今看来，它里面那些没有根据的闲聊、诬陷和失实之处，与钱世昭、魏泰等人的作品并无二致。在《邵氏闻见录》中，最骇人听闻的记录莫过于关于王雱讨论新政的那一段。在父亲王安石面前，有贤者在座，王雱却披头散发、光着脚，手里还拿着妇人的帽子，随口乱说，甚至要砍下韩琦和富弼的头。他的容貌、言辞和语气如此痴呆狂妄、丑恶不堪，以至于让后世读到这段记载的人，因为厌恶王雱而连带厌恶王安石。但我曾经思考过，王雱凭借着他那出众的资质，早年就深入钻研经学，著书立说，未到二十岁就已经写下数万字的著作，他难道是个没有见识的人吗？今年夏天避暑之余，我偶然翻阅到这段记载，稍微考证了一下时间，才知道《邵氏闻见录》完全是凭空捏造诽谤，毫无根据。据考证，王安石在熙宁二年（1069 年）二月开始参与政事，四月才开始推行新法，八月任命程颢为条例司官员。到了第二年五月，程颢就因为议论不合被调任为镇宁节度使判官，而王雱则是在治平四年（1067 年）丁未科考中进士，名列许安世榜。第二年是戊申年，也就是熙宁元年（1068 年）。到了熙宁二年（1069 年），王雱早就已经通过进士考试被任命为旌德尉，在远离京城的江南做官。所以，当程颢和王安石讨论新政的时候，王雱并不在京城。直到熙宁四年（1071 年），王雱才被召回京城，任命为太子中允崇政殿说书。这时，程颢已经被调任外地超过一年了，怎么可能像《邵氏闻见录》所记载的那样，王雱还能参与程颢的议政呢？邵氏为了形容王雱的丑陋恶劣，就编造说他披头散发、光着脚，但为了证实这一点，又说是因为那天非常炎热。然而，他们不知道程颢是在八月任命为条例司官员的，次年五月就已经被调任外地，从深秋到初夏，这段时间里根本没有特别炎热的日子。程颢比王雱年长很多，可以说是把王雱当作弟弟来看待的。而韩琦和富弼的年纪更是在王安石之上，论及当时的品德声望，也不是程颢所能相比的。《邵氏闻见录》中却记载说，程颢正色对王雱说，他正在和参政大人讨论国家大事，子弟不应该参与，让王雱先退下，然后王雱就避开了。又说王雱敢于说要斩韩琦和富弼的头，却唯独在面对年纪辈分相差不远又是他父亲的属官程颢时，一被斥责就马上离开。这些都是从情理上绝对不可能发生的事情。《邵氏闻见录》还记载说，王安石在钟山时恍惚间看见王雱戴着枷锁之类的事情，这种鬼神之说更是不足以辨明真伪。司马光曾说，三代以前，为什么没有一个人误入地狱见过所谓的十王呢？那是因为没人记载此类事，现在《邵氏闻见录》中的这种说法被编入了正史，所以不能不加以辨明，以免让王雱在后世蒙受恶名，同时也让野史小说的伪造之风滋长，更加危害人心风俗。有人说，《邵氏闻见录》是邵伯温去世后，绍兴二年（1132年）他的儿子邵博所编，邵伯温不应该会伪造到这种程度。或许是邵博所为，因为当时天下人都在攻击王安石学派，邵博可能是想借此机会造谣惑众，以求取世人的宠爱和重视，这也未可知。

蔡上翔在《王荆公年谱考略》中写道：程颢与王安石讨论新法时，王雱大放厥词说要砍下韩琦和富弼的头。李穆堂考证了当时的时间线，发现那时王雱并不在京城，因此《邵氏闻见录》中关于此事的记载无疑是凭空捏造、恶意诽谤。然而，李穆堂只是指出这段记载被编入了正史是由于《邵氏闻见录》的影响，没有意识到朱熹在《程氏外书》和《宋名臣言行录》中也采纳了这一说法。这样一来，修史的人在编写历史时，因为认为程颐和朱熹这两位大贤人的话是可信的，就使得王雱背负了千年的奇冤，再也无法洗清了。考察王安石的生平，他以推行道义、救济时局为己任。他所实行的青苗法，最初是在他担任鄞县县令时提出的，那时王雱才四岁。嘉祐四年（1059年），王安石给仁宗皇帝上书，第二年又写了《度支副使厅壁题名记》，这两篇文章都强调了要慎重选拔人才、变革法度，这就是熙宁年间推行新法的起因。治平四年（1067年），王雱考中进士，之后被派往旌德县担任县尉。直到熙宁五年（1072年），他才回到京城，而此时新法已经陆续实施了，与王雱又有什么关系呢？当时像韩琦、欧阳修、司马光、刘攽等人的书信和奏疏，也只是说新法不方便实施，并没有说王安石做任何事情都不近人情。第一个搜集王安石的十件丑事进行恶毒诋毁的是吕诲，但他也从来没有说过一句关于王安石的儿子王雱的坏话。即使是从熙宁、元丰、元祐到绍圣这几十年的时间里，那些激烈反对或支持新法的人，他们之间的争斗像水火一样不相容，狠得像仇敌一样，但他们的攻击对象也只是吕惠卿、章惇等人，没有一个人提到王雱。王雱长期病痛缠身，熙宁七年（1074年），王安石还写了《谢赐男雱药物表》，熙宁九年（1076年）王雱去世了，由此可以断定他并非死于背疽。然而，有人在那里纷纷谈论鬼神之说，这哪里是讲求学问的君子所应该做的呢！

现在考察李穆堂和蔡上翔两位的辨析，就像用热水浇雪、用刀斩断麻绳一样让人痛快淋漓，我不必再多说一句赞美的话了。除此之外，史传和杂书中还有很多对王雱的丑化诋毁，但按照上面的例子来看，它们都没有一点是真实的，这根本不用多说，所以我也不再广泛引用详细辩解来浪费笔墨了。再说，就像蔡上翔所考证的那样，北宋时期的人从来没有攻击过王雱，为什么南宋以后，王雱突然成了众矢之的？我考察之后发现，这大概是因为学术之争吧。熙宁、元丰、元祐年间的人攻击王安石，只是攻击他的新法，而没有攻击他的学术。后来洛学和蜀学分成两派，这种分歧也波及到了王安石所在的临川学派。杨时写了《三经辩》十卷，专门攻击王安石的《三经新义》，又写了《书义辩疑》一卷，专门攻击王雱。因为章惇、吕惠卿等人是帮助王安石推行新法的人，所以攻击王安石政治手段的人一定会攻击章惇、吕惠卿。王雱是帮助王安石撰写经义的人，所以攻击王安石学术的人，一定会攻击王雱，这也是理所当然没有什么可奇怪的。但公然触犯《周礼》中关于编造谣言的刑罚，这就是所谓的小人肆无忌惮的行为，真没想到讲学的大儒也会这样做。

王安石的夫人姓吴，被封为吴国夫人，她擅长文学，曾经写过一首小词《约诸亲游西池》，其中写道：“待得明年重把酒，携手，那知无雨又无风。”在当时被广泛传诵。

王安石的妹妹嫁给了张奎，被封为长安县君，她尤其以诗歌闻名，有很多优美的诗句。其中比较著名的有“草草杯盘供笑语，昏昏灯火语平生”。王安石对妹妹有很深的感情，即使到了老年，还常常亲自去迎接她回娘家省亲。

王安石有两个女儿，长女嫁给了吴充的儿子吴安持，被封为蓬莱县君。次女嫁给了蔡卞。大女儿擅长文学，曾写过一首诗：“西风不入小窗纱，秋气应怜我忆家。极目江南千里恨，依前和泪看黄花。”王安石按照这首诗的韵脚写了一首回寄给她：“孙陵西曲岸乌纱，知汝凄凉正忆家。人世岂能无聚散，亦逢佳节且吹花。”后来，王安石又寄给她一首绝句：“梦想平生在一丘，暮年方此得优游。江湖相忘真鱼乐，怪汝长谣特地愁。”此外，王安石还有一首题为《寄吴氏女子》的古风诗：

伯姬不见我，乃今始七龄。
家书无虚月，岂异常归宁。
汝夫缀卿官，汝儿亦搢綖。
儿已受师学，出蓝而更青。
女复知女功，婉嫕有典刑。
自吾舍汝东，中父继在廷。
小父数往来，吉音汝每聆。
既嫁所愿怀，孰知汝所丁。
而吾与汝母，汤熨幸小停。
丘园禄一品，吏卒给使令。
膏粱以晚食，安步而车軿。
山泉皋壤间，适志多所经。
汝何思而忧，书每说涕零。
吾庐所封殖，岁久愈华菁。
岂特茂松竹，梧楸亦冥冥。
芰荷美花实，弥漫争沟泾。
诸孙肯来游，谁谓川无舲。
姑示汝我诗，知嘉此林坰。
末有拟寒山，觉汝耳目荧。
因之授汝季，季也亦淑灵。

这大概是王安石的女儿在京城思念亲人，王安石则用诗歌来宽慰她。这些诗歌不仅写得很美，而且深深的慈爱和孝顺之情仿佛要从纸上溢出来。诗中提到的“授汝季”，指的就是他的小女儿蔡氏，王安石还为她写了《寄蔡氏女子》二首：

建业东郭，望城西堠。千嶂承宇，百泉绕溜。青遥遥兮纚属，绿宛宛兮横逗。积李兮缟夜，崇桃兮炫昼。兰馥兮众植，竹娟兮常茂。柳蔫绵兮含姿，松偃蹇兮献秀。鸟跂兮下上，鱼跳兮左右。顾我兮适我，有斑兮伏兽。感时物兮念汝，迟汝归兮携幼。

我营兮北渚，有怀兮妇女。石梁兮以苫盖，绿阴阴兮承宇。仰有桂兮俯有兰，嗟汝归兮路岂难？望超然之白云，临清流而长叹。

王安石的女婿蔡卞是蔡京的弟弟，《宋史》把他列入了奸臣传。如今我们仔细考察传中的记载，发现他所谓的奸臣行为，大多都含糊不清、不明确。比如说，传中提到蔡卞深沉内敛、寡言少语，连章惇都被他玩弄于股掌之间。章惇的行为容易看清，蔡卞的内心却难以捉摸。又比如说，传里指责他暗中诋毁陷害好人，都是通过秘密上奏来进谗言，这些都是所谓的“莫须有”的罪名。还有，传中说蔡卞一心认为岳父王安石所做的都是对的，专门依托王安石的学说，对上欺骗天子，对下胁迫同僚。这是《宋史》所说的奸臣行为，但岂能强迫天下后世的人也认为他是奸臣呢！后来，蔡卞因为蔡京勾结童贯的事情，当面责备了蔡京。蔡京就在皇帝面前极力诋毁蔡卞，蔡卞最终因此被罢官。这就像盗跖和柳下惠，虽然是同族兄弟但志向不同。还有像王雱这样的人，他也不会玷污王安石的名声。

王安石在家中的生活廉洁俭朴，对自己的生活要求非常淡泊，这种态度从他年轻到老都没有丝毫改变。这在他的诗文集中随处可见，有据可查。《续建康志》记载：“王安石再次辞官后，以使相的身份担任金陵的判官，在白下门外建造了一座住宅，距离城门七里，距离蒋山也是七里。他平时骑着一头驴，带着几个随从游览各座寺庙，如果想进城，就乘坐小船沿湖航行，从来没有骑过马或坐过轿子。他居住的地方四周没有人家，住宅也仅仅能遮挡风雨，而且不设围墙，看上去就像旅店。有人劝他筑起围墙，他总是不予理会。元丰末年，王安石生病，上书请求将这座住宅改为寺庙，皇帝赐名为报宁寺。后来他的病好了，就租住在城中的房子里，没有再建造新住宅。当地的百姓们说：‘现在江宁县衙后面的废弃惠民药局，就是王安石在城中租住的房子。’”刘元城称赞王安石质朴俭约，一生好学，从不把官爵放在心上。吴草庐则认为王安石品行卓越，意志坚定，超脱于富贵之外，没有一丝一毫的利欲之心，从年轻到老去都始终如一。啊，世上怎么能有这样的人呢！

第二十章 王安石的学术

王安石的学术思想，内在方面体现在顺应天命、坚守节操，外在方面则体现在经世致用。他的一切立身行事及他在政治上的作为，都是基于他的学术思想。那么，又何必在他的学术思想之外再去寻求别的什么呢？尽管如此，还是有值得探讨的地方。

两千年来，谈论学术的人无不把经学作为根本，但所谓的经学各有各的门径。汉朝初年，传授经书的人都只解释大义，不详细注解章句，而那些大义都是通过口耳相传，很少写在书上。因为它们是口耳相传的，所以必定有所依据，不是凭空杜撰，应当能够传达经书的本意。又因为很少写在书上，所以听到的人就少，也就没有办法长久流传下去。自从那些经学大师去世后，经学就很难再好好讨论了。长安和洛阳两地研习经书的人，大半都用谶纬、灾异、阴阳、五行等学说来解释经书，这些说法是否真的来自孔门，就不得而知了。即使说它们有所传承，也不过是诸多学说中的一种，显然不能涵盖经学的全部内容。在这其中，像董仲舒的《繁露》解说《春秋》，刘向的《新序》解说《诗经》，他们不一定完全依据老师的传授，而常常是运用自己的心意去揣测作者的原意，推求经书中的义理并加以引申发挥，实际上为经学开辟了一条新的道路。到了东汉末年，距离古代越来越远，口耳相传的东西也越来越少。贾逵、马融、服虔、郑玄等儒家学者出现后，才开始专门以章句训诂为教学内容，他们仔细分析文句，非常努力，但对于大义可能有所忽视。

从魏晋六朝一直到唐朝，文人们不太热衷于学习儒学典籍，而只是以文辞相互推崇。在这期间，只有少数几位学识渊博的学者出自佛教寺院，儒家学说不足以与之抗衡。这期间的学者，如徐遵明、刘焯、刘炫、陆德明、孔颖达、贾公颜等人，他们虽然像仆人一样追随贾逵、马融、服虔、郑玄等前代大儒的脚步，但即使他们学习得更加勤奋，所取得的成果和新的见解更加稀少。到了宋朝，濂学、洛学、关学和闽学等学派兴起，他们摒弃了烦琐的表象，深入探究学问的本质，使得经学的研究领域又焕然一新。然而，这些学派过分重视的是关于身心性命的学问，而对于经世致用的道理很少去研究和探讨。他们认为，只要掌握了身心性命的学问，经世致用的道理也就自然而然地能够运用和实现了。这种倾向发展到极端，甚至将《论语》《孟子》《大学》《中庸》这四部书提升到所有经书之上的地位，而汉代以来所说的“六艺”（《诗》《书》《礼》《乐》《易》《春秋》）则几乎被搁置一旁，无人问津了。当然，关于身心性命的学问确实不可忽视，但这是孔子所说的，只有那些资质超过一般人的人才能对他们谈论更高深的道理，关于性命与天道的学问，并不是每个人都能理解和听闻的，这能作为普遍学习的内容吗？再说，如果将经世致用的道理全部包含在身心性命的学问中，认为只要掌握了身心性命的学问，其他方面就能不学而会，那么六经中的大部分内容都应该被删减掉，但孔子仍然保留了这些内容供后人学习，这是为什么呢？因此，宋代的儒学虽然不得不说是经学的一个分支，但它显然不能涵盖经学的全部内容。明代姚江学派崛起，在宋代儒学的范围内，确实独树一帜。但如果从经学的角度来看，它的功劳和过失与濂学、洛学、关学和闽学等学派是相当的。清朝承接了宋明时期学术的弊端，为了纠正这种趋势，复古的言论开始盛行。胡渭、阎若璩、江声、惠栋等人开创了这一先河；戴震、段玉裁、王念孙、王引之等人则构建了坚实的学术壁垒。从乾隆、嘉庆时期到现在，各部经典都有了新的注解，每一个词句都必须找出它的出处，凭空臆断的说法被严厉禁止，对经典中的训诂、名物、制度等进行详细的比对和研究，使之精益求精，于是使得各部经典中没有不能读懂的字，没有不能理解的句子，他们的功劳真是太大了。然而，仔细研究他们的实际贡献，也不过是与徐遵明、刘焯、陆德明、孔颖达等人一样，为贾逵、马融、服虔、郑玄等人的学术做出了贡献；即使更进一步，能够成为贾、马、服、郑等人的诤友，也已经达到了这个领域的巅峰。总而言之，他们是在研究章句之学并精通其技艺的人。

综上所述，两千年来所谓的经学也就可以理解了。从宋朝到明朝，这是经学的一个分支，虽然有所收获，但与经学的主流并不相关，而两汉、隋唐的经学传统，在本朝得到了极大的发扬，其中最伟大的成就也不过是在章句之学上的深入。如果连章句都没有理解，那就更谈不上理解大义了，这是显而易见的。但是，如果说理解了章句，治经的学业就完成了，除此之外，再也没有别的事情了，天下有这样的学术吗？即使是贾逵、马融、服虔、郑玄、徐遵明、刘焯、陆德明、孔颖达、惠栋、戴震、段玉裁、王念孙等经学大师，也不敢说他们的学问就是经学，他们只是说，自己做这些研究是为了帮助那些学习经学的人省去在章句上摸索的辛劳，使他们能够集中精力去探讨大义罢了。探讨和阐明大义，实际上是研究经学者的唯一目的，而深入钻研章句，不过是达到这个目的的一种手段。如果把手段误当作目的，那么一辈子也不会从经学中获得真正的收获。如果每个人都这样，每一代人都这样，那么经学就会成为无用的累赘。只有明白了大义，才能称得上是真正的经学，这一点并不难理解。

然而，应该用什么方法去探求各部经典的大义呢？这确实是最难回答的疑问，也是两千年来许多大儒谦逊避让、不敢涉足的原因。我想阐明的大义，是指那些确实能代表这部经典的核心思想的大义。那么，怎样才能确保我们所理解的就是这部经典的大义呢？这必须亲自从删定诸经的孔子那里获得才可以，即使不是这样，也应该是从他的弟子那里获得，再次一等就是从他的弟子的弟子那里获得，再再次一等就是从他的弟子的弟子的弟子那里获得。直白地说，如果没有口耳相传的教导，我们就无法知道如何取舍和判断。按照这样的标准来说，只有先秦时期的儒家学者才能谈论经学；其次，西汉时期的儒家学者还可以勉强谈论经学。从那以后，由于口耳相传的教导已经消失，经学在形式上几乎成了绝学，后来的儒家学者之所以不敢探求大义，原因就在于此。然而，难道要让这种情况永远持续下去吗？如果孔子删述六经，只是为了供后人作为消磨意志、玩物丧志的工具，让天下之人把精力耗费在章句训诂、名物制度这些琐碎的事情上，而对国家社会没有任何益处，那么这样做又有什么意义呢！

因此，后来的儒家学者既然无法亲自从孔子或其弟子那里接受口耳相传的教导，那么他们也只能独自抱着经典，运用自己的心意去揣测作者的原意，自己探求所谓的大义了。他们所求得的大义，是否真的是孔子所理解的大义呢？这是不敢轻易断言的。但是，只要在他们所理解的十个大义中，有一个与孔子的理解相吻合，那么他们的努力就已经没有白费。即使他们的理解完全不符合孔子的原意，但如果每个人都遵循这样的方法去探求，最终一定会有人能够找到与孔子相符的大义。更进一步说，即使最终没有人能找到完全符合孔子原意的大义，但由于全天下的人都能够自由思考，他们的智慧和洞察力也会因此变得更加深刻和敏锐，或许能够发现古人未曾揭示的奥秘，不仅为六经做出注解，还能为六经增添新的羽翼，这样的功劳不是更加伟大吗！我认为，在汉朝以后研究经学，除了这个方法没有别的途径可走。如果连这个方法都不采用，那就等于说要废除经学，不允许人们去研究它了。用这种方法研究经学的，始于西汉的董仲舒和刘向，而将其发扬光大的则是王安石。

王安石执政时，亲自撰写了《三经新义》，并将其颁发给各级学校。这三经指的是《周礼》《诗经》和《书经》。《周官新义》是王安石亲手撰写的，而《诗义》和《书义》则出自他的儿子王雱和他的门人之手。我将这三部书的序言摘录下来。

《〈周官新义〉序》中说：

士人们被世俗的学问蒙蔽已经很久了，圣明的皇上对此深感忧虑，于是用经术来培养他们，召集儒臣们来训释经书的要旨，准备在学校中传播，我负责主编《周官新义》。

在我看来，治国之道体现在政事之中，其中有贵贱之分、先后之序、多少之数、快慢之时。制定规则并运用它们需要依靠法制，而推行这些规则则需要依靠人才。如果人才能够胜任官职，官职能够执行法制，那么没有哪个时代能比周成王时期更加昌盛了。而这种法规可以施用于后世，其文字记载也可见于典籍之中，这些都没有比这本书更详尽的了。大概是因为后世的人们因袭传统而尊崇它，不断传承发展它，以至于后世难以再有超越，这又岂止是文王、武王和周公的功劳呢！这就像四季运转，阴阳积累而形成寒暑，不是一天两天形成的。

从周朝衰落至今，已经过去了一千多年。太平盛世的遗迹几乎被扫荡殆尽，学者们所能见到的，已经没有完整的经典了。在这个时候，我想要训释并阐发《周官》的精髓，我自知能力有限，也深知这项任务的艰巨。既然训释和阐发经典都很困难，那么恢复古代的政治制度和行事方式，使之符合《周官》所描述的盛世，更是难上加难。然而，我观察皇帝制定法律、成就功业，都是出自内心的决策，如果能使《周礼》的新义得到阐释与发扬，当今的学子能从这里得到教诲和启发，成为再造盛世的支持和帮助，如同为新政插上了翅膀，中原大地走向太平盛世的目标也就指日可待了。结合我今天的所见所闻，以及我所学习的古代经典，我认为自己或许能够稍微领悟一些《周官》的精髓。因此，我冒着可能能力不足的风险，竭尽全力去注解这部经典，忘记了自己可能并不具备足够的才华。

我将注解分为二十二卷，共计十多万字，先呈交给朝廷，并在有关部门留存副本，等待皇上的旨意进行颁布。以此为序。

《〈书义〉序》中说：

熙宁二年（1069 年），我因为研究《尚书》而被召入朝廷，随后参与了政事。我的儿子王雱实际上也继承了我的讲学事业。当时，皇上有旨意，让我们撰写《尚书》的注解并献上。到了熙宁八年（1075 年），我们的注解被下发到太学，并在那里传播开来。

虞、夏、商、周四代的遗文，经过秦朝的焚书坑儒而几乎灭绝，幸亏在汉朝得以保存下来，这全靠学士大夫们的诵读和传授，才没有让这些宝贵的文化遗产消失。然而，历代的君主很少有人知道这些古代文献的实用价值。幸运的是，当今皇上拥有超凡的智慧，他开始运用这些古代文献来检验事物，考查史实以决策国事，并且命令我们注解这些文献，以便让天下后世都能明白其中的道理。我和我的儿子有幸凭借自己微薄的学识，承担了这一光荣的任务。然而，这些古代文献的内容深奥而美好，我们的注解显得浅显而粗陋；这些文献所承载的使命重大而神圣，我们以微薄的力量去承担它。这份光荣的任务，实际上让我感到非常惭愧啊！因此，我恭敬地写下了这篇序言。

《〈诗义〉序》中说：

《诗经》共有三百一十一篇，其中只有六篇的诗意虽然留存但具体的诗句却已经失传了。皇上既已命令我的儿子王雱为这些诗篇训释文辞，又命令我来训释它们的意义。书完成后，皇上将它赐予了太学，并在全国范围内传播开来。此外，皇上还命令我来为这本书作序。我恭敬地双手合十，低头跪拜，说道：《诗经》的内容上通于道德，下止于礼义。品味它的文辞之美，君子可以从中得到启发；遵循它的道理之序，圣人可以成就自己的德行。然而，即使是孔子的门徒，如子贡和子夏，他们也只是从孔子那里领悟到一两句话的精髓，孔子就会感到高兴并给予他们进一步的指导。由此可见，《诗经》的深奥含义是如此难以阐明，所以从周朝衰落一直到今天，人们对它的理解纷乱不清，也就不难理解了！

陛下内心品德纯正，因此神灵不会时时降下灾祸；对外行为恭顺通达，因此四方之人没有怨恨。日积月累地学习，学问日益光明，那么《诗经》中所歌颂的美德，恐怕都不足以形容陛下的伟大。陛下已经自己领悟到了《诗经》中的微言大义，又命令我们这些求学之人，对其中缺失或遗漏的地方进行训释和补充，愿意与天下人共同分享这份智慧。然而，我们所领悟到的，就像微弱的火光一样，哪里能够比得上日月的光辉呢？我们只是遵从陛下的旨意，尽力填补空缺而已。古书上说："美好的成就需要长久的时间来积累。"因此，《棫朴》这首诗用长寿来比喻培养人才的重要性，大概是因为还会有后来者继续雕琢这些篇章，传承圣人的志向并把它发扬光大吧。我已经衰老将尽，但还希望能够亲眼看到这一天。我恭敬地写下这篇序言。

这三篇序言，文笔高洁而简约庄重，通过它们，我们也可以大致窥见这三本书的内容。而想要了解王安石治经的方法，尤其要参考他所写的《书洪范传后》这篇文章。文章中写道：

古代的学者，虽然用口来提问，但他们用心来传承知识；虽然用耳来听讲，但他们用意来领会。所以，当老师的不觉得烦琐，而学习的人也能有所收获。孔子说："不到他努力想弄明白而不得的程度不要去开导他；不到他心里明白却不能完善表达出来的程度不要去启发他。如果他不能举一反三，就不要再反复地给他举例了。"孔子难道会吝惜自己的学问，而故意让天下的学者不能早日明白吗？不是的。他认为，如果提问不够深切，那么听讲就不会专心；如果思考不够深入，那么学到的知识就不会牢固。不专心、不牢固，那么能够学到的也只是口耳相传的皮毛而已。我所以进行教学，并不是为了仅仅让学生的口耳得到训练。

孔子去世后，儒家之道日渐衰微，逐渐发展到汉朝。这时，出现了很多为经典作传注的学者。老师讲授时只有讲而没有学生应答，作为学生则只有读而没有提问。这并不是学生不想提问，而是他们认为经典的意思已经全部体现在传注中了。他们觉得，不需要提问也能得到答案。岂止是不提问，他们甚至都不思考了。这并不是他们不想思考，而是他们认为经典的意思已经全部体现在传注中了。如果这样的话，即使那些传注已经写得很好了，也仅仅能够训练学生的口耳，而不能让他们真正理解经典的精髓。更何况，那些传注并不一定都写得好呢！所以，尽管已经过了几千年，圣人的经典还是没有被完全理解，学者也无法运用经典中的智慧来指导社会实践。

读了上述内容，王安石自学以及教导他人学习的方法就显而易见了。他强调用心传授，用意接受，提问要深切，思考要深入，并将所学应用到社会实践中，这就是王安石治经的全部方法。我认为，这不仅仅适用于治经，对于所有的学问都应当如此。如果不遵循这个方法，而只是依赖在课堂上听讲义，那么即使记忆力再好，知识再广博，终究也不能有所创新，整个国家的学术水平也就无法提高。《宋稗类钞》记载说，王安石在闲暇时静坐研究经书的主旨，用心极其良苦。他曾经在桌子上放了一百多枚石莲子，一边咀嚼一边思考，石莲子吃完了，问题还没有想透彻，就常常咬到手指，甚至咬到流血都浑然不觉。这个说法虽然无法确定是否真实，但从中可以窥见他学习时的坚毅刻苦，以及思考时的深沉幽远。黄庭坚的诗写道："荆公六艺学，妙处端不朽。诸生用其短，颇复凿户牖。譬如学捧心，初不悟己丑。玉石恐俱焚，公为区别不。"这可以称得上是公正持平的评论。从元祐初年开始，国子司业黄隐销毁了《三经新义》的刻板，导致这本书在世间流传得很少，到了元明时期就完全失传了。到了本朝的乾隆年间，在编纂四库全书时，从《永乐大典》中辑录出了《周官新义》这一部书，王安石的遗言和学说才得以借此没有失传。我曾经取来读过，发现其中阐发的见解非常多，是后世的儒者所无法比拟的。全祖望说：王安石解释经书，最能体现孔子和郑玄的学问家法，言简意赅，只是他在牵涉到字词的解说时，有些地方不免有些牵强附会，这其实只是称赞了王安石在词句解析方面的学问罢了。至于词句解析的学问，只是王安石学术中的糟粕部分。

后人常常提到王安石诋毁《春秋》，说它像是一份"断烂朝报"。现在我们考察林希逸在《鬳斋学记》中是如何说的：

尹和靖说：王安石从来没有废弃过《春秋》这部书。说王安石废弃《春秋》，认为它不过是“断烂朝报”，这些都是后来那些肆无忌惮的人假借王安石的名义说的。韩玉汝的儿子韩宗文，字求仁，曾经给王安石写信，询问六经的要旨，王安石都一一回复了他。唯独在谈到《春秋》时，王安石说：这部经书比其他经书更难理解，大概是因为三传都不可信。王安石也有对《易经》的注解，言辞非常简略，有疑惑的地方就空缺没有解释，后来有人刊印成书，名叫《易义》，但那并不是王安石的作品。尹和靖距离王安石的时代并不久远，他这么说非常公正。现在人们都把“断烂朝报”这个罪名加在王安石头上，真是冤枉啊。

现在《答韩求仁书》还被保存在原本的文集里，确实像尹和靖所说的那样，王安石不仅没有回答韩求仁关于《春秋》的问题，就连他询问的《易经》也没有回答。大概是因为这两部经典的微妙言辞和深刻含义比其他经典更为深奥繁复，不是通过口头传授就能领悟的，如果运用“以意逆志”的方法来解读，难免会产生极大的误解，王安石不敢随意揣测解说。这正是孔子所说的，君子对于自己所不知道的事情应该保持存疑不言的态度。我们应当因此而钦佩王安石，怎么反而诋毁他呢？况且，古代的学校在春季和秋季教授《礼》《乐》，在夏季和冬季教授《诗》和《书》，而孔子平时谈论的主要内容也仅限于《诗》《书》和礼仪，这是因为《易经》和《春秋》的深刻含义不是可以随便向每个人讲解的！那么，王安石仅仅将三经列为学校的必修课程，也只是效仿古人的做法罢了。

（考异十九）

周麟之在《孙氏春秋传后序》中写道：王安石想要注解《春秋》并在天下推行，但孙觉的这部《春秋》注解已经问世，王安石一看就心生嫉妒，自知无法超越孙觉的注解，于是就诋毁这部圣典，并废弃它，说：“这是‘断烂朝报’，不应列入学校的课程，也不应用于科举考试。”李穆堂反驳此种说法：王安石想要注解《春秋》，但还没有著书立说，其他人又怎么会知道他的想法呢？如果看到孙觉的注解而产生嫉妒，诋毁孙觉的注解就足够了，又何必因为注解而诋毁经典本身呢？诋毁注解容易，诋毁经典却很难，舍弃容易的事情而去做难的事情，愚蠢的人是不会这样做的，难道王安石会做吗？而且根据邵氏所辑的序言，说王安石晚年担忧儒家学者对经典过于穿凿附会，才开始为《春秋》作注解，那么孙觉的这部注解显然也是在他晚年完成的，这是可以确定的。王安石在元祐元年（1086 年）去世，享年六十八岁。孙觉在这一年才被任命为谏议大夫，他去世于绍圣年间，享年六十三岁。这意味着孙觉的年龄比王安石小了十多岁。因此，孙觉晚年所著的书，王安石很可能根本没有见过，那么所谓的嫉妒之说又从何而来呢？周麟之无端编造这种浅陋的说法，后来的人竟然相信了，他们的浅陋程度与周麟之相比也毫不逊色。周麟之又说："断烂朝报"这个说法，曾经听前辈们提起过，说是从《临汝闲书》中看来的，可能是批评那些注解经典的人，而不是诋毁经典本身。王安石的学生陆佃和龚原都研究《春秋》，陆佃著有《春秋后传》，龚原著有《春秋解》，他们在遇到难以解释的地方时，就将其视为"阙文"。王安石笑着说："如果'阙文'如此之多，那么《春秋》岂不成了'断烂朝报'了吗？"他其实是批评那些注解经典的人没有真正理解经义，不应该随意将难以理解的地方视为"阙文"，他的本意是尊重经典，而不是诋毁经典。如今查阅孙觉的《春秋传》，不仅周麟之为之作过跋，杨时也为之作过序。杨时说："熙宁初年，朝廷尊崇儒学，重视经典，教导士子们学习。以为《春秋》三传的异同难以考证校正，在六经中尤其难以理解，所以《春秋》没有被列入学校的课程，但这并不意味着它被废弃不用了。然而，士子们正急于准备科举考试，于是《春秋》就被搁置不讲了。"这与尹和靖的说法是一致的。杨时平时最喜欢批评王安石学派的人，他在这里却是这样说的，为什么后人不一致称赞他的观点，而只相信周麟之的话呢？

王安石一生所著的学术作品包括：《临川先生文集》一百卷，以及后集八十卷（现在流传的版本是元代金溪人危素搜集编辑而成的，总共一百卷，后集也包括在其中，但已不是原本了）；《周官新义》二十二卷（现在《四库全书》所收录的《永乐大典》本为十六卷）；《易义》二十卷（见于《宋史·艺文志》，但根据尹和靖的说法，这本书并非王安石所著）；《洪范传》一卷（现保存在《临川先生文集》中）；《诗经新义》三十卷（现已遗失）；《春秋左氏解》十卷（现已遗失）；《礼记要义》二卷（现已遗失）；《孝经义》一卷（现已遗失）；《论语解》十卷（现已遗失）；《孟子解》十卷（现已遗失）；《老子注》二卷（现已遗失）；《字说》二十四卷（现已遗失）。

王安石一生读书广泛，无所不涉猎，到了老年更加专注。他晚年时在《与曾子固书》中写道：

（前略）我从诸子百家之书一直到《难经》《素问》《本草》等各种杂书小说，无不阅读，就连农夫和妇女的手工技艺，也无不询问。大概是因为后世的学者与先王的时代已经不同了，如果不这样广泛涉猎，就不足以完全理解圣人的思想。先获取知识，然后再去阅读，才能有所取舍，所以不同的学说都不能扰乱我的思想。正因为我的思想不被扰乱，所以我能够有所取舍，目的只是阐明我们的儒家之道。子固你认为我所掌握的知识，还会被不同的学说所扰乱吗？如果你这么认为，那就不是真正了解我。如今扰乱社会风俗的，不在于佛教，而在于学士大夫们沉溺于利欲之中，互相吹捧言辞，而不知道自我约束。子固，你认为我说得对吗？（注：根据上下文推测，子固的来信可能是对王安石研究佛学提出了一些规劝，所以王安石在回信中如此回答。）

王安石晚年更加深入地钻研哲理，以求探究道的本质，在佛教和道家的学说方面都有所收获，但最重要的是要将这些学问应用于社会实践。他写了一篇读《老子》的文章，其中写道：

道有本有末，本是万物产生的根源，末则是万物形成的具体表现。本是自然而出，不需要借助人的力量，万物就能自然生成。末则涉及具体形态和器物，所以需要依赖人的努力，万物才能得以完成。如果万物能够不依赖人的力量而自然生成，那么圣人就可以无言无为；但如果万物的完成需要依赖人的力量，那么圣人就不能无言无为。所以，古代圣人在位并以治理万物为己任时，必定会制定四种方法，即礼、乐、刑、政，这是用来成就万物的。因此，圣人只致力于完善那些能够成就万物的手段，而不去谈论那些自然生成的万物，因为生成是自然而然的事情，不是人力所能参与的。

然而，老子不这么认为。他认为，凡是涉及具体形态和器物的事情，都不值得谈论，也不值得去做。因此，他摒弃了礼、乐、刑、政这些具体手段，而只强调道的概念，这是他没有深入观察事物的本质，只是一味追求高远的错误。道的自然性又与我们有什么关系呢？正是因为它涉及具体形态和器物，所以必然需要人的言语和行为来体现。老子的书中说："三十根辐条集中在车毂的穿孔中，有了车毂中空的地方，车子才能运动。”车毂和辐条的作用固然在于它们构成了车的中空部分，但工匠在制作时，并没有去雕琢那个无用的部分，因为那是自然形成的，不需要人为去添加。现在造车的人知道要制作车毂和辐条，但并没有去关注那个无用的部分。然而，车之所以能够制成，是因为有了车毂和辐条，那个无用的部分自然就发挥了作用。如果只知道那个无用的部分有用，而不去制作车毂和辐条，那么造车的技术就已经很疏漏了。

现在人们知道“无”对于车和天下都有用，却不知道它是如何发挥作用的。所以，“无”之所以能在车上发挥作用，是因为有了车毂和辐条；“无”之所以能在天下发挥作用，是因为有了礼、乐、刑、政。如果废弃了车上的车毂和辐条，废弃了天下的礼、乐、刑、政，而只是坐在那里空谈“无”的作用，那就太愚蠢了。

如今，西方学者谈论哲学都会将其推广到社会学和国家学领域，他们的观点繁多，但归根结底不外乎两种说法：一种认为宇宙间的一切事物都是自然演化的结果，有着必然发生的规律；反驳这种观点的人则说，优胜劣汰是自然的法则，但自然本身并没有偏袒之心，优劣完全是人类自己选择的。按照前一种说法，就是尊重命运；按照后一种说法，就是尊重力量。如果只尊重命运而不了解力量，就会导致放任自流，社会就会停滞不前；如果只尊重力量而不了解命运，就会导致过度干涉，社会同样会停滞不前。明白力量与命运相辅相成、相互需要，或许才能接近中庸之道吧！王安石的这个观点确实是有独到见解的，两千年来，学者们对老子的讨论，没有比王安石更精辟的了。

第二十一章　王安石的文学成就（上）

后世对王安石的政治手腕和学术观点多有批评和非议，唯独对他的文学成就给予了尊重和认可。这固然是因为文学作品本身比较超脱，不太容易与人产生直接的利益冲突，同时也因为文学创作的道理深奥难懂，而艺术成就显而易见。所以，仅就文学方面而言，王安石在中国几千年的文学史上，已经占据了非常高的地位。

吴澄在《临川王文公集序》中说："唐代的文章能变革八个朝代的弊端，追踪先秦汉代文学轨迹的，只有韩愈一人，柳宗元紧随其后。宋代文人视唐代为文学的鼎盛时期，其中能与唐代这两位大家相提并论的，只有庐陵的欧阳修、眉山的苏轼和苏洵两兄弟、南丰的曾巩，以及临川的王安石，这五家与唐代的两位大家不相上下。从东汉至今，已匆匆过了八百多年，能将唐宋两代文学融合并达到很高成就的，总共才七个人，由此可见，要写好文章，确实是一件很难的事啊！"后人将吴澄列举的这七个人，再加上苏辙，一共八人，称为"唐宋八大家"。这八大家并不一定能够穷尽文章的所有美妙之处，但是从东汉到中唐这段时间里，没听说有文人能够超越这八大家的；从南宋到现在，也没听说有文人能够与他们相提并论，因此这八大家得名也是理所当然的。尽管如此，王安石的文章与其他七位有一处不同，那七位的文章主要是文人式的文章，而王安石的文章则是学者式的文章。那七位并非不学习，但如果说到王安石对经学的精深研究，以及他对诸子百家的广泛涉猎和深刻理解，那就不是那七位所能企及的了。因此，王安石的文章讲的道理博大而精辟，气势深邃而质朴，这是王安石的特色，也是那七位大家所无法比拟的。

唐宋八大家的地位本来就有高下之分，柳宗元的文章，尤其是记叙文最为出色，但不足以涵盖所有文体。曾巩的文章虽然文体完备，但格局稍显狭窄。苏洵和苏辙都是依附于苏轼而声名显赫的。这四位，就像宋国、郑国、鲁国、卫国那样，比起齐国、晋国、秦国、楚国这样势力足以相互抗衡的国家来说，还是要逊色一些。在唐宋八大家中，能够称得上势力相当、足以相互抗衡的，只有韩愈、欧阳修、苏轼和王安石这四个人。那么，我们就试着把这四个人拿来比较一下。

苏轼的文章确实很美，然而，他的文章更像是纵横家的言论，言辞往往胜过道理。虽然他的说理透彻明了，但常常需要借助比喻来增强说服力，这足以说明他在笔力上有所不足。他的文章气势虽然旺盛，但往往一泻千里，缺乏含蓄和曲折的韵味。而王安石的文章则恰恰相反，所以如果把苏轼的文章和王安石的文章相比，那就像是野狐禅与正宗佛法之间的区别了。试着把王安石的《上仁宗皇帝言事书》和苏轼的《上神宗皇帝书》放在一起读，两者的品格高下立刻就能分辨出来。至于韩愈，王安石的文章出自韩愈，欧阳修也学韩愈，但王安石对欧阳修的态度介于师生和朋友之间。欧阳修赠给王安石的诗中写道："翰林风月三千首，吏部文章二百年。老去自怜心尚在，后来谁与子争先。"王安石回赠的诗中说："欲传道义心虽壮，强学文章力已穷。他日若能窥孟子，终身何敢望韩公。"欧阳修高度赞扬王安石能够追随韩愈的足迹，而王安石谦虚地不敢以此自居。根据我之前所说的学者之文与文人之文的区分，那么即使说王安石的文章超过了韩愈也是可以接受的；但如果仅仅从文言文的角度来看，韩愈就像萧何建造未央宫那样，已经达到了无法再超越的程度，王安石也只能算是继承并发扬了他的文风的一个优秀继承者罢了。王安石和欧阳修都学习韩愈，但他们都能掌握韩愈的写作技巧并各自发展出独特的风格，各自在文学上自成一家。欧阳修是运用韩愈的写作法度，但在其基础上改变面貌，从而自成一家；王安石则是保留韩愈的写作风格，同时对其法度进行增减损益，也形成了自己独特的文风。这就像李光弼加入郭子仪的军队，虽然号令没有改变，但军队的旗帜、壁垒等焕然一新，王安石学习韩愈就是这样。曾国藩曾说，学习王安石的文章，应当学习他那种倔强不屈的气概，他是最能理解王安石文章特点的人。王安石那些议论事理的文章，其深刻犀利有如韩非子，其雄辩诚挚有如墨子，就这一点来说，即使是韩愈和欧阳修也有所不及。苏轼学习庄子和列子，但没有一篇文章能够真正像庄子和列子，而王安石学习韩非子和墨子，能逐渐接近并达到韩非子和墨子的境界。

人们只知道推崇王安石的议论性文章，却不知他的记述性文章更是他文集中的上乘之作。他的文集中，碑文、墓志铭之类的作品，差不多有二百篇，而且每篇文章的结构都各不相同，有的如长江大河般浩渺壮阔，有的如层峦叠嶂般雄伟壮观，有的能将微小的芥子拓展成须弥山般宏大，有的能将浩瀚的东海收纳于袖中的石块里，各种文体都具备，各种美好都搜罗其中。除了韩愈，只有王安石能做到这一点。

曾国藩说："写文章的关键在于气势旺盛，而要想气势旺盛，关键在于段落清晰。每段文字在收尾的时候，那种似断非断、似咽非咽、似吞非吞、似吐非吐的感觉，是古人文章中难以捉摸的无限妙境，很难完全领悟。同样，每段文字在展开的时候，那种似承非承、似提非提、似突非突、似纾非纾的巧妙运用，也是古人文章中的无限妙用，也很难完全领悟。"这是深谙文章之道的人所说的话。我认为，要想领悟这些妙境和妙用，只有熟读王安石的文章，或许才能接近这个目标。

在之前的各章节中，我们已经收录了王安石的二十多篇文章，这些文章主要是为了阐明他的政治主张和学术思想，并非专门为了展示文采。然而，像《上仁宗皇帝言事书》《国家百年无事札子》《材论》《答司马谏议书》《周官义序》《诗义序》《洪范传书后》《读老子》等篇章，都是足以传世之作，可以作为后世永远学习的典范。现在，我再收录几篇文章，以便展示他各种文体的才华。这就像走在山阴道上的人，眼睛会因为美景太多而感到疲惫一样，我谈起王安石的文章时，也遗憾自己不能亲手抄写他的全集。

《读〈孟尝君传〉》：

世皆称孟尝君能"得士"，士以故归之，而卒赖其力以脱于虎豹之秦。嗟乎！孟尝君特鸡鸣狗盗之雄耳，岂足以言"得士"？不然，擅齐之强，得一士焉，宜可以南面而制秦，尚何取鸡鸣狗盗之力哉？夫鸡鸣狗盗之出其门，此士之所以不至也！

《读〈刺客传〉》：

曹沫将而亡人之城，又劫天下盟主，管仲因勿倍以市信，一时可也。予独怪智伯国士豫让，岂顾不用其策耶？让诚国士也，曾不能逆策三晋，救智伯之亡，一死区区，尚足校哉，其亦不欺其意者也。聂政售于严仲子，荆轲豢于燕太子丹，此两人者，污隐困约之时，自贵其身，不妄愿知，亦曰有待焉，彼挟道德以待世者何如哉？

《答韶州张殿丞书》：

某启：伏蒙再赐书，示及先君韶州之政，为吏民称颂，至今不绝。伤今之士大夫不尽知，又恐史官不能记载，以次前世良吏之后。此皆不肖之孤，言行不足信于天下，不能推扬先人之功绪余烈，使人人得闻知之，所以夙夜愁痛疚心疾首而不敢息者以此也。先人之存，某尚少，不得备闻为政之迹；然尝侍左右，尚能记诵教诲之余。盖先君所存，尝欲大润泽于天下，一物枯槁，以为身羞。大者既不得试，已试乃其小者耳；小者又将泯没而无传，则不肖之孤，罪大衅厚矣，尚何以自立于天地之间耶？阁下勤勤恻恻以不传为念，非夫仁人君子乐道人之善，安能以及此？自三代之时，国各有史。而当时之史，多世其家，往往以身死职，不负其意，盖其所传皆可考据。后既无诸侯之史，而近世非尊爵盛位，虽雄奇俊烈，道德满衍，不幸不为朝廷所称，辄不得见于史。而执笔者又杂出一时之贵人，观其在廷论议之时，人人得讲其然否，尚或以忠为邪，以异为同，诛当前而不栗，讪在后而不羞，苟以餍其忿好之心而止耳；而况阴挟翰墨以裁前人之善恶，疑可以贷褒，似可以附毁，往者不能讼当否，生者不得论曲直，赏罚谤誉，又不施其间，以彼其私，独安能无欺于冥昧之间耶？善既不尽传，而传者又不可尽信，如此，唯能言之君子，有大公至正之道，名实足以信后世者，耳目所遇，一以言载之，则遂以不朽于无穷耳。伏惟阁下，于先人非有一日之雅，余论所及，无党私之嫌，苟以发潜德为己事，务推所闻，告世之能言而足信者，使得论次以传焉，则先君之不得列于史官，岂有恨哉？

《宝文阁待制常公墓表》：

右正言宝文阁待制特赠右谏议大夫汝阴常公，以熙宁十年二月己酉卒，以五月壬申葬，临川王某志其墓曰：公学不期言也，正其行而已；行不期闻也，信其义而已。所不取也，可使贪者矜焉，而非雕斫以为廉；所不为也，可使弱者立焉，而非矫抗以为勇。官之而不事，召之而不赴，或曰：必退者也，终此而已矣。及为今天子所礼，则出而应焉。于是天子悦其至，虚己而问焉，使莅谏职以观其迪己也，使董学政以观其造士也。公所言乎上者无传，然皆知其忠而不阿；所施乎下者无助，然皆见其正而不苟。诗曰："胡不万年"？惜乎既病而归死也。自周道隐，观学者所取舍，大抵时所好也。违俗而适己，独行而特起，呜呼！公贤远矣！传戴公久，莫如以石。石可磨也，亦可泐也。谓公且朽，不可得也。

《给事中孔公墓志铭》：

宋故朝请大夫给事中知郓州军州事，兼管内河堤，劝农同群牧使上护军鲁郡开国侯食邑一千六百户，实封二百户，赐紫金鱼袋孔公者，尚书工部侍郎赠尚书吏部侍郎讳勖之子、兖州曲阜县令袭封文宣公赠兵部尚书讳仁玉之孙、兖州泗水县主簿讳光嗣之曾孙、而孔子之四十五世孙也。其仕当今天子天圣、宝元之间，以刚毅谅直名闻天下。尝知谏院矣，上书请明肃太后归政天子，而廷奏枢密使曹利用上御药罗崇勋罪状。当是时，崇勋操权利与士大夫为市，而利用悍强不逊，内外惮之。尝为御史中丞矣，皇后郭氏废，引谏官御史伏阁以争，又求见上，皆不许，而固争之，得罪然后已。盖公事君之大节如此，此其所以名闻天下，而士大夫多以公不终于大位为天下惜者也。公讳道辅，字原鲁，初以进士释褐补宁州军事推官。年少耳，然断狱议事，已能使老吏惮惊，遂迁大理寺丞，知兖州仙源县事。又有能名，其后尝直史馆，待制龙图阁，判三司理欠，凭由司登闻检院吏部流内铨察在京刑狱，知许徐兖郓泰五州，留守南京，而兖郓御史中丞皆再至。所至官治，数以争职不阿，或绌或迁，而公持一节以终身，盖未尝自绌也。其在兖州也，近臣有献诗百篇者，执政请除龙图阁直学士，上曰："是诗虽多，不如孔道辅一言。"乃以公为龙图阁直学士。于是人度公为上所思，且不久于外矣。未几果复召以为中丞。而宰相使人说公稍折节以待迁，公乃告以不能。于是人又度公且不得久居中，而公果出。初，开封府吏冯士元坐狱语连大臣数人，故移其狱。御史劾士元罪止于杖，又多更赦。公见上，上固怪士元以小吏与大臣交私污朝廷，而所坐如此。而执政又以谓公为大臣道地，故出知郓州。公以宝元二年如郓，道得疾，以十二月壬申卒于滑州之韦城驿，享年五十四。其后诏追复郭皇后位号，而近臣有为上言公明肃太后时事者，上亦记公平生所为，故特赠公尚书工部侍郎。公夫人金城郡君尚氏，尚书都官员外郎讳宾之女。生二男子，曰“淘”，今为尚书屯田员外郎；曰“宗翰”，今为太常博士。皆有行治世其家。累赠公金紫光禄大夫尚书兵部侍郎。而以嘉祐七年十月壬寅，葬公孔子墓之西南百步。公廉于财，乐振施，遇故人子，恩厚尤笃，而尤不好鬼神机祥事。在宁州，道士法真武像，有蛇穿其前，数出近人，人传以为神。州将欲视验以闻，故率其属往拜之，而蛇果出。公即举笏击蛇杀之，自州将以下皆大惊，已而又皆大服。公由此始知名。然余观公数处朝廷大议，视祸福无所择，其智勇有过人者，胜一蛇之妖，何足道哉！世多以此称公，故余亦不得而略也。铭曰：展也孔公，惟志之求。行有险夷，不改其辀。权强所忌，谗谄所仇。考终厥位，宠禄优优。维皇好直，是锡公休。序行纳铭，为识诸幽。

《泰州海陵县主簿许君墓志铭》：

君讳平，字秉之，姓许氏，余尝谱其世家，所谓今泰州海陵县主簿者也。君既与兄元相友爱称天下，而自少卓荦不羁，善辨说，与其兄俱以智略为当世大人所器。宝元时，朝廷开方略之选，以招天下异能之士，而陕西大帅范文正公、郑文肃公争以君所为书以荐，于时得召试为太庙斋郎，已而选泰州海陵县主簿。贵人多荐君有大才，可试以事，不宜弃之州县。君亦常慨然自许，欲有所为，然终不得一用其智能以卒。噫！其可哀也已！士固有离世异俗，独行其意，骂讥笑侮困辱而不悔，彼皆无众人之求，而有所待于后世者也，其龃龉固宜。若夫智谋功名之士，窥时俯仰，以赴势物之会，而辄不遇者，乃亦不可胜数。辨足以移万物，而穷于用说之时；谋足以夺三军，而辱于右武之国，此又何说哉？嗟乎！彼有所待而不悔者其知之矣。君年五十九，以嘉祐某年某月某甲子，葬真州之扬子县甘露乡某所之原。夫人李氏，子男环，不仕；璋，真州司户参军；琦，太庙斋郎；琳，进士。女子五人，已嫁二人。进士周奉先、泰州泰兴令陶舜元铭曰：有拔而起之，莫挤而止之。呜呼许君！而已于斯，谁或使之？

《金溪吴君墓志铭》：

君和易罕言，外如其中，言未尝极人过失。至论前世善恶，其国家存亡治乱成败所由，甚可听也。尝所读书甚众，尤好古而学其辞；其辞又能尽其议论。年四十三四，以进士试于有司，而卒困于无所就。其葬也，以皇祐六年某月日，抚州之金溪县归德乡石廪之原，在其舍南五里。当是时，君母夫人既老，而子世隆、世范皆尚幼；女子三，其一卒，其二未嫁云。呜呼！以君之有，与夫世之贵富而名闻天下者计焉，其独歉彼耶？然而不得禄以行其意、以祭以养以遗其子孙以卒，此其士友之所以悲也。夫学者将以尽其性，——尽性而命可知也。知命矣，于君之不得意其又何悲耶？铭曰：

蕃君名，字彦弼。氏吴其先自姬出，以儒起家世冕黻。独成之难幽以折，阙铭维甥订君实。

《度支副使厅壁题名记》：

三司副使，不书前人名姓。嘉祐五年，尚书户部员外郎吕君冲之，始稽之众吏。而自李纮已上至查道得其名，自杨偕已上得其官，自郭劝已下，又得其在事之岁时。于是书石而镵之东壁。夫合天下之众者财，理天下之财者法，守天下之法者吏也，吏不良则有法而莫守，法不善则有财而莫理。有财而莫理，则阡陌闾巷之贱人，皆能私取予之势，擅万物之利以与人主争黔首。而放其无穷之欲，非必贵强桀大而后能如是。而天子独为不失其民者，盖特号而已耳，虽欲食蔬衣敝，憔悴其身，愁思其心，以幸天下之给足而安吾政，吾知其独不得也。然则善吾法而择吏以守之，以理天下之财，虽上古尧舜，独不能毋以此为先急，而况于后世之纷纷乎？三司副使，方今之大吏，朝廷所以尊宠之甚备，盖今理财之法，有不善者，其势皆得以议于上而改为之，非特当守成法吝出入以从有司之事而已。其职事如此，则其人之贤不肖利害施于天下如何也？观其人以其在位之岁时以求其政事之见于今者，而考其所以佐上理财之方，则其人之贤不肖，与世之治否，吾可以坐而得矣。——此盖吕君之志也。

《祭范颍州文》：

呜呼我公，一世之师。由初迨终，名节无疵。明肃之盛，身危志殖。瑶华失位，又随以斥。治功亟闻，尹帝之都。闭奸兴良，稚子歌呼。赫赫之家，万首俯趋。独绳其私，以走江湖。士争留公，蹈祸不栗。有危其辞，谒与俱出。风俗之衰，骇正怡邪。蹇蹇我初，人以疑嗟。力行不回，慕者兴起。儒先酋酋，以节相侈。公之在贬，愈勇为忠，稽前引古，谊不营躬。外更三州，施有余泽，如酾河江，以灌寻尺。宿赃自解，不以刑加；猾盗涵仁，终老无邪。讲艺弦歌，慕来千里。沟川障泽，田桑有喜。戎孽猘狂，敢齮我疆。铸印刻符，公屏一方。取将于伍，后常名显；收士至佐，维邦之彦。声之所加，虏不敢濒。以其余威，走敌完邻。昔也始至，疮痍满道。药之养之，内外完好。既其无为，饮酒笑歌，百城宴眠，吏士委蛇。上嘉曰“材”，以副枢密。稽首辞让，至于六七。遂参宰相，厘我典常。扶贤赞杰，乱穴除荒。官更于朝，士变于乡。百治具修，偷堕勉强。彼阏不遂，归侍帝侧。卒屏于外，身屯道塞。谓宜耇老，尚有以为。神乎孰忍？使至于斯。盖公之才，犹不尽试，肆其经纶，功孰与计？自公之贵，厩库逾空。和其色辞，傲讦以容。化于妇妾，不靡珠玉。翼翼公子，弊绨恶粟。闵死怜穷，惟是之奢。孤女以嫁，男成厥家。孰堙于深？孰锲乎厚？其传其详，以法永久。硕人今亡，邦国之忧。矧鄙不肖，辱公知尤。承凶万里，不往而留。涕哭驰辞，以赞醪羞。

《祭欧阳文忠公文》：

夫事有人力之可致，犹不可期，况乎天理之溟溟又安可得而推！惟公生有闻于当时，死有传于后世，苟能如此足矣，而亦又何悲？如公器质之深厚，智识之高远，而辅学术之精微，故充于文章，见于议论，豪健俊伟，怪巧瑰奇。其积于中者，浩如江河之停蓄；其发于外者，烂如日星之光辉；其清音幽韵，凄如飘风急雨之骤至；其雄辞闳辩，快如轻车骏马之奔驰。世之学者，无问乎识与不识，而读其文，则其人可知。呜呼！自公仕宦四十年，上下往复，感世路之崎岖，虽屯邅困踬，窜斥流离，而终不可掩者，以其公议之是非，既压复起，遂显于世。果敢之气，刚正之节，至晚而不衰。方仁宗皇帝临朝之末年，顾念后事，谓如公者，可寄以社稷之安危。及夫发谋决策，从容指顾，立定大计，谓千载而一时。功名成就，不居而去。其出处进退，又庶乎英魄灵气，不随异物腐败，而长在乎箕山之侧与颍水之湄。然天下之无贤不肖，且犹为涕泣而歔欷。而况朝士大夫，平昔游从，又予心之所向慕而瞻依。呜呼！盛衰兴废之理，自古如此；而临风想望不能忘情者，念公之不可复见，而道谁与归。

第二十二章　王安石的文学成就（下）

世人尊崇王安石的文章多于他的诗歌。尽管如此，王安石的诗歌实际上是江西诗派的先驱，开创了宋代的诗歌风气，在中国文学史上，他的功绩既伟大又重要，这也是我们不能不崇敬他的原因。

千百年来谈论诗歌的人，没有不知道尊崇杜甫的，然而杜甫在当世及他去世之后，尊崇他的人其实并不多。韩愈的诗中写道："李杜文章在，光焰万丈长。不知群儒愚，何用多毁伤。"通过中晚唐人对杜甫的看法，我们可以想象得到当时的情况。特别提出并尊崇杜甫，实际上是从王安石开始的。王安石有一首《题杜甫画像》，其中写道：

吾观少陵诗，谓与元气侔。力能排天斡九地，壮颜毅色不可求。浩荡八极中，生物岂不稠？丑妍巨细千万殊，竟莫见以何雕锼。惜哉命之穷，颠倒不见收。青衫老更斥，饿走半九州。瘦妻僵前子仆后，攘攘盗贼森戈矛。吟哦当此时，不废朝廷忧。常愿天子圣，大臣各伊周。宁令吾庐独破受冻死，不忍四海赤子寒飕飕。伤屯悼屈止一身，嗟时之人我所羞。所以见公像，再拜涕泗流。推公之心古亦少，愿起公死后之游。

王安石又陆续收集到杜甫的两百多首诗，编成了《老杜诗后集》，并为此写了序言，说现在我们能看到的杜甫的诗作，大部分都是由他收集整理出来的。他还说："世上的学者，只有到了杜甫的境界，才能写出真正的诗。如果不能达到这个境界，那就说明他们根本不懂诗。"他对杜甫的敬仰之情竟然达到了这样的程度，这也是他的诗歌能够自成一家的重要原因。

宋朝初期，晚唐的陋习仍然存在，西昆体诗歌盛行一时。起来矫正这种风气的，是欧阳修和梅尧臣。由此，能够独树一帜、自成一家的人，有王安石、苏轼和黄庭坚。王安石年轻时曾写过一篇《张刑部诗序》，其中提到：

你把杨亿和刘筠相提并论，但杨亿和刘筠主要是凭借他们的文辞影响了当世。学者们迷失了他们创作的本源，整天费尽心力去模仿他们的风格，结果只是涂涂改改，颜色斑驳杂乱，没有了文章应有的华美有序。他们在表达情感和叙述事情时，也缺乏可靠的依据和考证。在这个时候，能够坚守自我、不被污染的人已经很少了。

西昆体的诗歌风靡一时，让天下文人都围绕着温庭筠和李商隐的风格打转，无法抒发自己的真性情，诗歌之道衰败到了极点。在这种情况下，打破这种局面，另辟蹊径，是时代形势使然。首先打破这种局面的是欧阳修和梅尧臣，王安石与欧阳修、梅尧臣是朋友，但没听说他的创作是在欧阳修和梅尧臣的风气之后才开始兴起的，他在年轻时就已经形成了自己的独特风格。欧阳修和梅尧臣以冲淡平和、高远清新的意境，一扫过去秾艳纤巧、华丽雕琢的旧习，而到了王安石，更是在此基础上增加了一种瘦硬雄健、直率刚劲的气质，这是欧阳修和梅尧臣所没有的。所以，欧阳修和梅尧臣只能算是破坏者，而王安石则既是破坏者，又是建设者。

说到宋代诗歌的壮观景象，一定要提到苏轼和黄庭坚。如果拿王安石和苏轼相比，那么苏轼的诗歌就像千门万户一样开阔，天赋才情充分展现，这确实是王安石所不及的。而王安石的诗歌则峻峭严谨，为学习者提供了典范，在这方面似乎又比苏轼稍胜一筹。黄庭坚是江西诗派的鼻祖，他的特色在于拗硬深邃、意境深远，但这种风格实际上是王安石开创的，黄庭坚只是将其发扬光大而已。那些尊崇黄庭坚的人，也应当追溯到王安石作为他们的鼻祖之源。从这个角度来说，即使说王安石开创了宋代诗歌的一代风气也并不过分。

王安石的古体诗，与其说他是在学习杜甫，不如说他是在学习韩愈。现在我来列举几首他的古体诗作为例证。

《游土山示蔡天启秘校》：

定林瞰土山，近乃在眉睫。谁谓秦淮广？正可藏一艓。朝予欲独往，扶惫强登涉。蔡侯闻之喜，喜色见两颊。呼鞍追我马，亦以两黥挟。敛书付衣囊，裹饭随药笈。翛翛阿兰若，土木老山胁。鼓钟卧空旷，箕虡雕捷业。外堂廓无主，考击谁敢辄。坡陀谢公冢，藏椁久穿劫。百金买酒地，野老今行馌。缅怀起东山，胜践比稠叠。于时国累卵，楚夏血常喋。外实备艰梗，中仍费调燮。公能觉如梦，自喻一蝴蝶。桓温适自弊，苻坚方天厌。且可缓九锡，宁当快一捷。彼哉斗筲人，得丧易矜怯。妄言屐齿折，吾欲刊史牒。伤心新城埭，归意终难惬。漂摇五城舟，尚想浮河楫。千秋陇东月，长照西州堞。岂无华屋处，亦捉蒲葵箑。碎金谅可惜，零落随秋叶。好事所传玩，空残法书帖。清谈眇不嗣，陈迹怳如接。东阳故侯孙，少小同鼓箧。一官初岭海，仰视飞鸢跕。穷归放款段，高卧停远蹀。牵襟肘即见，著帽耳才压。数椽危败屋，为我炊陈浥。虽无膏污鼎，尚有羹濡筴。纵言及平生，相视开笑靥。邯郸枕上事，且饮且田猎。或昏眠委翳，或妄走超躐。或叫号而寝，或哭泣而魇。幸哉同圣时，田里老安帖。易牛以宝剑，击壤胜弹铗。追怜衰晋末，此土方岌业。强偷须臾乐，抚事终愁惵。予虽天戮民，有械无接折。翁今贫而静，内热非复叶。予衰极今岁，傥与鸡梦协。委蜕亦何恨，吾儿已长鬣。翁虽齿长我，未见白可镊。祝翁尚难老，生理归善摄。久留畏年少，讥我两呫嗫。束火扶路还，宵明狐兔慑。蔡侯雄俊士，心憭形亦谍。异时能飞鞚，快若五陵侠。胡为阡陌间，蜿足仅相蹑。谅欲交辔语，怯子不能嗋。

这是王安石晚年的作品，从结构布局、气势风格，到章节安排、句子构造，都很像韩愈。如果把它放到韩愈的文集中，几乎可以乱真，只可惜还没有完全达到融会贯通、化为己有的境界。

《思王逢原》：

自吾失逢原，触事辄愁思。岂独为故人，抚心良自悲。我善孰相我，孰知我瑕疵。我思谁能谋，我语听者谁。朝出一马驱，瞑归一马驰。驰驱不自得，谈笑强追随。仰屋卧太息，起行涕淋漓。念子冢上土，草茅已纷披。婉婉妇且少，茕茕一女婺。高义动闾里，尚闻致财赀。嗟我衣冠朝，略能具饘糜。葬祭无所助，哀颜亦何施。闻妇欲北返，跂予常望之。寒汴已闭口，此行又参差。又说当产子，产子知何时。贤者宜有后，固当梦熊罴。天方不可恃，我愿适在兹。我疲学更误，与世不相宜。夙昔心已许，同冈结茅茨。此事今已矣，已矣尚谁知？渺渺江与潭，茫茫山与陂。安能久窃食，终负故人期。

《董伯懿示裴晋公平淮右题名碑诗用其韵和酬》：

元和伐蔡何危哉，朝廷百口无一谐。盗伤中丞偶不死，利剑白日投天街。裹疮入相议军旅，国火一再更檀槐。上前慷慨语发涕，誓出按抚除睽乖。指挥光颜战洄曲，阚如怒虎搏虺豺。朔能捕虏取肝鬲，护送密乞完形骸。咨兵夜半投死地，雪湿不敢然薪藞。空城竖子已可缚，中使尚作啼儿哇。退之道此尤俊伟，当镂玉牒东燔柴。欲编诗书播后嗣，笔墨虽巧终类俳。唐从天宝运中圯，廊庙往往非忠佳。诸侯纵横代割据，疆土岂得无离倾。德宗末年惩战祸，一矢不试尘蒙鞁。宪皇初起众未信，意欲立扫除昏霾。追还清明救薄蚀，屡敕主府拘穷蛙。王师伤夷征赋窘，千里亦忌毫厘差。小夫偷安自非计，长者远虑或可怀。桓桓晋公忠且壮，时命适与功名谐。是非末世主成败，烜赫今古谁讥排？贤哉韦纯议北敕，仓卒两伐尤难皆。重华声明弥万国，服苗干羽舞两阶。宣王侧身内修政，常德立武能平淮。昔人经纶初若缓，欲弃此道非吾侪。千秋事往踪迹在，岳石款记如湘崖。文严字丽皆可喜，黄埃蔽没苍藓埋。当时将佐尽豪杰，想此兵祷陪祠斋。君曾西迁为拓本，濡麝割蜜亲劘揩。新篇波澜特浩荡，把卷熟读迷津涯。褒贤乐善自为美，挂当庙壁为诗牌。

以上这些文章，都是运用深刻的思想，锤炼奇特矫健的语言，挑选紧凑险峻的韵脚，通过深入挖掘和精心雕琢，充分展现了韩愈的写作技巧。

《葛蕴作巫山高爱其飘逸因亦作两篇》：

巫山高，十二峰，上有往来飘忽之猿猱，下有出没瀺灂之蛟龙，中有倚薄缥缈之神宫。神人处子冰雪容，吸风饮露虚无中，千岁寂寞无人逢，邂逅乃与襄王通。丹崖碧嶂深重重，白月如日明房栊。象床玉几来自从，锦屏翠幔金芙蓉。阳台美人多楚语，只有纤腰能楚舞，争吹凤管鸣鼍鼓。那知襄王梦时事，但见朝朝暮暮长云雨。

巫山高，偃薄江水之滔滔。水于天下实至险，山亦起伏为波涛。其巅冥冥不可见，崖岸斗绝悲猿猱。赤枫青栎生满谷，山鬼白日樵人遭。窈窕阳台彼神女，朝朝暮暮能云雨。以云为衣月为褚，乘光服暗无留阻。昆仑曾城道可取，方丈蓬莱多伴侣。块独守此嗟何求，况乃低回梦中语。

这类诗歌，是王安石在学习杜甫的基础上，又自成一家之作，是他诗集中的上乘之作。黄庭坚的七言古诗，在很大程度上就是从这种风格中脱胎而来的。又如：

《对棋与道源至草堂寺》：

北风吹人不可出，清坐且可与君棋。明朝投局日未晚，从此亦复不吟诗。

像这样晦涩笨拙的作品，它们对黄庭坚诗风的启发和影响是尤其显而易见、容易追寻的。

王安石还有一组《拟寒山拾得》，共二十首，在他的诗集中算是别具一格的作品。《寄吴氏女子》一诗中所提到的“末有拟寒山，觉汝耳目荧”说的就是这组诗。现在我选取两首，让大家看看它们的风貌。

我曾为牛马，见草豆欢喜。又曾为女人，欢喜见男子。我若真是我，只合长如此。若好恶不定，应知为物使。堂堂大丈夫，莫认物为己。

风吹瓦堕屋，正打破我头。瓦亦自破碎，岂但我血流？我终不嗔渠，此瓦不自由。众生造众恶，亦有一机抽。渠不知此机，故自认愆尤。此但可哀怜，劝令真正修。岂可自迷闷，与渠作冤仇？

虽然这不是诗歌的正统风格，但从苏轼之后，将佛经典故融入诗歌中的做法颇为常见，这种风格实际上也是由王安石倡导的。如果他的诗歌中表达了对佛道自得之妙的领悟，让读者读后感到心境开阔、意趣深远，那么这又是他个人学识修养的体现，不能仅仅从诗歌的角度来评价了。

王安石的诗歌，其独树一帜之处不在于古体诗，而在于近体诗。那种峻峭雄直的气势，融入古体诗相对容易，融入近体诗则较为困难。而王安石的近体诗，正是凭借这种气势而闻名。

曾国藩在谈论近体诗时，认为应该用对偶的句子来传达单行句子的气势。王安石的七言律诗最能引导人们掌握这种技巧。

王安石的七言律诗多学习杜甫晚年的作品，后来的黄庭坚更是沿着这条道路走到了极致，成为西江诗派的鼻祖。

王安石有一首《题张司业诗》，里面说：“看似寻常最奇崛，成如容易却艰辛。”读王安石的诗，都应该用这样的心态去品味，而近体诗尤其如此。他的诗集中名作众多，不能全部收录，只选取几首来展示他的风格特点。

《次韵酬朱昌叔五首》(录一)：

去年音问隔淮州，百谪难知亦我忧。前日杯盘共江渚，一欢相属岂人谋。山蟠直渎输淮口，水抱长干转石头。乘兴舟舆无不可，春风从此与公游。

《次韵送程给事知越州》：

千骑东方占上头，如何误到北山游？清明若睹兰亭月，暖蒸因忘蕙帐秋。投老始知欢可惜，通宵豫以别为忧。西归定有诗千首，想肯重来贲一丘。

《登宝公塔》：

倦童疲马放松门，自把长筇倚石根。江月转空为白昼，岭云分暝与黄昏。鼠摇岑寂声随起，鸦矫荒寒影对翻。当此不知谁客主，道人忘我我忘言。

《雨花台》：

盘互长干有绝径，并包佳丽入江亭。新霜浦溆绵绵净，薄晚林峦往往青。南上欲穷牛渚怪，北寻难忘草堂灵。便舆却走垂杨陌，已戴寒云一两星。

《寄题程公辟物华楼》：

吴楚东南最上游，江山多在物华楼。遥瞻旌节临尊俎，独卧柴荆阻献酬。想有新诗传素壁，怪无余墨到沧洲。漓浯南望重重绿，章水还能向此流。

《酬俞秀老》：

洒扫东庵置一床，于君独觉故情长。有言未必输摩诘，无法何曾泥饮光。天壤此身知共弊，江湖他日要相忘。犹贪半偈归思索，却恐提桓妄揣量。

《送李质夫之陕府》：

平世求才漫至公，悠悠羁旅士多穷。十年见子尚短褐，千里随人今北风。户外屦贫虚自满，尊中酒贱亦常空。共嫌欲老无机械，心事还能与我同。

《贵州虞部使君访及道旧窃有感恻因成小诗》：

韶山秀拔江清写，气象还能出搢绅。当我垂髫初识字，看君挥翰独惊人。邮签忽报旌麾入，斋合遥瞻祖绶新。握手更谁知往事，同时诸彦略成尘。

《思王适原三首》（录一）：

蓬蒿今日想纷披，冢上秋风又一吹。妙质不为平世得，微言唯有故人知。庐山南堕当书案，湓水东来入酒卮。陈迹可怜随手尽，欲欢无复似当时。

《送裴如晦宰吴江》：

青发朱颜各少年，幅巾谈笑两欢然。柴桑别后余三径，天禄归来尽一廛。邂逅都门谁载酒？萧然江县去鸣弦。犹疑甫里英灵在，到日凭君为舣船。

《送僧无惑归鄱阳》：

晚扶衰惫寄人间，应接纷纷只强颜。挂席每谙东汇水，采芝多梦旧游山。故人独往今为乐，何日相随我亦闲？归见江东诸父老，为言飞鸟会知还。

《落星寺在南康军江中》：

碧云台殿起崔嵬，万里长江一酒杯。坐见山川吞日月，杳无车马送尘埃。雁飞云路声低过，客近天门梦易回。胜概惟诗可收拾，不才羞作等闲来。

《送李太保知仪州》：

北平上谷当时守，气略人推李广优。还见子孙持汉节，欲临关塞抚羌酋。云边鼓吹应先喜，日下旌旗更少留。五字亦君家世事，一吟何以称来求？

《将次相州》：

青山如浪入漳州，铜雀台西八九丘。蝼蚁往还空垄亩，骐驎埋没几春秋。功名盖世知谁是，气力回天到此休。何必地中余故物，魏公诸子分衣裘。

《和王微之秋浦望齐山感李太白杜牧之》：

齐山置酒菊花开，秋浦闻猿江上哀。此地流传空笔墨，昔人埋没已蒿莱。平生志业无高论，末世篇章有逸才。尚得使君驱五马，与寻陈迹久徘徊。

《次韵平甫金山会宿寄亲友》：

天末海门横北固，烟中沙岸似西兴。已无船舫犹闻笛，远有楼台只见灯。山月入松金破碎，江风吹水雪崩腾。飘然欲作乘桴计，一到扶桑恨未能。

《送赵学士陕西提刑》：

遥知彼俗经兵后，应望名公走马来。陛下柬求今日始，胸中包畜此时开。山西豪杰归囊牍，渭北风光入酒杯。堪笑陋儒昏鄙甚，略无谋术赞行台。

《金陵怀古四首》(录一)：

霸祖孤身取二江，子孙多以百城降。豪华尽出成功后，逸乐安知与祸双。东府旧基留佛刹，后庭余唱落船窗。黍离麦秀从来事，且置兴亡近酒缸。

《除夜寄舍弟》：

一尊聊有天涯忆，百感翻然醉里眠。酒醒灯前犹是客，梦回江北已经年。

佳时流落真堪惜，胜事蹉跎只可怜。唯有到家寒食在，春风因泛预溪船。

《送西京签判王著作》：

儿曹曾上洛城头，尚记清波绕驿流。却想山川常在梦，可怜颜发已惊秋。辟书今日看君去，著籍长年叹我留。三十六峰应好在，寄声多谢欲来游。

《南浦》：

南浦东冈二月时，物华撩我有新诗。含风鸭绿鄰鄰起，弄日鹅黄袅袅垂。

《木末》：

木末北山烟冉冉，草根南涧水泠泠。缲成白雪桑重绿，割尽黄云稻正青。

《初夏即事》：

石梁芽屋有弯碕，流水浅浅度西陂。晴日暖风生麦气，绿阴幽草胜花时。

《中年》：

中年许国邯郸梦，晚岁还家圹埌游。南望青山知不远，五湖春草入扁舟。

《入瓜步望扬州》：

落日平林一水边，芜城掩映只苍然。白头追想当时事，幕府青衫最少年。

《州桥》：

州桥蹋月想山椒，回首哀湍未觉遥。今夜重闻旧呜咽，却看山月话州桥。

《壬子偶题》：

黄尘投老倦匆匆，故绕盆池种水红。落日欹眠何所忆，江湖秋梦橹声中。

《送僧游天台》：

天台一万八千丈，岁晏老僧杖锡归。前程好景解吟否？密雪乱云缄翠微。

集句的文体，实际上是由王安石自己创造的。宋代的笔记中经常提到王安石创作集句诗的事情，这些诗作仿佛是从他的信手拈来中自然流露出来的。这虽然只是他文学创作中的一种游戏和余兴之作，没有什么不可以，但也足以证明他学识渊博，记忆力超群。现在我摘录几首他的集句诗来展示一下。

《金陵怀古》：

六代豪华空处所，金陵王气漠然收。烟浓草远望不尽，物换星移几度秋。至竟江山谁是主？却因歌舞破除休。我来不见当时事，上尽重城更上楼。

《沈坦之将归溧阳值雨留吾庐久之》：

天雨萧萧滞茅屋，冷猿秋雁不胜悲。床床屋漏无干处，独立苍茫自咏诗。

《胡笳十八拍十八首》（录二）：

自断此生休问天，生得胡儿拟弃捐。一始扶床一初生，抱携抚视皆可怜。宁知远使问名姓，引袖拭泪悲且庆。悲莫悲兮生别离，悲在君家留两儿。（其十三）

春风似旧花仍笑，人生岂得长年少？我与儿兮各一方，憔悴看成两鬓霜。如今岂无騕褭与骅骝，安得送我置汝傍？胡尘暗天道路长，遂令再往之计堕眇茫。胡茄本出自胡中，此曲哀怨何时终？笳一会兮琴一拍，此心炯炯君应识。（其十八）

王安石的诗歌创作，能够信手拈来，却又能做到天衣无缝，后世那些模仿他的人，很少有能达到他这样的水平的。前人评价王安石的诗歌有很多，我根据自己的理解，随意摘录了几条。

《漫叟诗话》中说：王安石晚年隐居泉林时的诗作，意境深远，文辞精妙，远非他年轻时的作品所能相比。他曾经写过一首《岁晚》：月映林塘静，风涵笑语凉。俯窥怜净渌，小立伫幽香。携幼寻新的，扶衰上野航。延缘久未已，岁晚惜流光。自认为可以与南朝的谢灵运相比，赏识他的人也这样认为。

《后山诗话》中说：黄庭坚说，王安石的诗到了晚年才达到精妙之境，比如“似闻青秧底，复作龟兆坼”这样的诗句，是前人所未曾提及的。又如“扶舆度阳焰，窈窕一川花”这句诗包含了多个意象和意境。然而，他在学习南朝的“三谢”诗作时，还是显得有些过于刻意了。

《石林诗眼》（应为《石林诗话》——编者注）中说：蔡天启说，王安石常常称赞杜甫的诗句“钩帘宿路起，丸药流莺啭”，认为这句诗用意高远峻峭，是五言诗的典范。后来有一天，王安石自己作诗，写出了“青山扪虱坐，黄鸟挟书眠”这样的句子，他自己觉得这句诗并不比杜甫的那句诗差。

《冷斋夜话》中说：王安石、苏轼、黄庭坚在诗歌语言运用上的精妙，已经达到了集古今之大成的境界。王安石的诗：“江月转空为白昼，岭云分暝作黄昏。”还有：“一水护田将绿绕，两江排闼送青来。”（中略）就是黄庭坚所说的“句中眼”。如果学习写诗的人不懂得这个妙处，那么他们的诗在韵味上就会有所欠缺，无法达到更高的境界。

《石林诗话》中说：王安石年轻时凭借自己的志向和气概自视甚高，因此他的诗作往往直接表达内心的情感和志向，不是那么含蓄委婉。比如“天下苍生待霖雨，不知龙向此中蟠”。又如“浓绿万枝红一点，动人春色不须多”。再如“平治险秽非无力，润泽焦枯是有才”之类，都是直接抒发他内心的想法和感受。后来，王安石担任群牧判官时，从宋次师（应为宋次道——编者注）那里借来了很多唐代人的诗集，广泛阅读并精心挑选学习。到了晚年，他的诗作才开始展现出深沉委婉、从容不迫的韵味。由此可知，虽然文章的好坏有一定的标准，但是必须要看作者年轻时的成长过程。即使是像王安石这样的大文豪，在他还没有达到那种境界的时候，也不能勉强自己一下子就达到那种水平。

《苕溪渔隐丛话》中说：黄庭坚称赞王安石晚年写的小诗语言优雅华丽，

精妙绝伦，完全摆脱了世俗的平庸，每当吟诵这些诗的时候，就仿佛感觉口中有清甜的露水。现在我们来看王安石的小诗，比如："南浦随花去，回舟路已迷。暗香无觅处，日落画桥西。""染云为柳叶，剪水作梨花。不是春风巧，何缘见岁华。""檐日阴阴转，床风细细吹。翛然残午梦，何许一黄鹂。""蒲叶清浅水，杏花和暖风。地偏缘底绿，人老为谁红。""爱此江边好，留连至日斜。眠分黄犊草，坐占白鸥沙。""水净山如染，风暄草欲薰。梅残数点雪，麦涨一川云。"看这几首诗，真的是让人忍不住反复吟诵，赞叹不已啊。

《西清诗话》中说：王安石在蒋山的时候，把自己最近写的诗作拿给苏轼看。苏轼看了之后说："像结满果实的繁茂的李树，光彩在夜晚显现；又像繁茂的桃花在白天炫耀自己的美丽。自从屈原和宋玉去世之后，已经一千多年没有出现过像《离骚》那样独特的句法了，现在终于在您的诗中看到了。"王安石听了之后说："不是你苏轼奉承我，我自己也是这么认为的，只不过我从来没有跟那些平庸的人说过罢了。"

《三山老人语录》中说：王安石的诗句写道："细数落花因坐久，缓寻芳草得归迟。"欧阳修的诗句写道："静爱竹时来野寺，独寻春偶过溪桥。"两人都描绘了闲适自在的生活状态，但王安石的诗句写得尤为精巧。

《石林诗话》中说：王安石晚年的时候，写诗的格律非常精准严谨，用词造句都恰到好处，没有丝毫的冗余。他的诗能够做到意境与语言完美融合，语言随着意境自然流淌，整体感觉浑然天成，几乎看不到有任何勉强拼凑或者刻意排比的痕迹。如"含风鸭绿粼粼起，弄日鹅黄袅袅垂"，初读时并不觉得这是在对仗，读到"细数落花因坐久，缓寻芳草得归迟"，就感觉到一种悠闲自得、从容不迫的状态了。但如果我们仔细推敲每一个字，就会发现它们都是经过精心挑选和权衡的，王安石在其中的用意也非常深刻。

《唐子西语录》中说：王安石的五言诗学到了杜甫的句法精髓，如"地蟠三楚大，天入五湖低"。

《冷斋夜话》中说：在运用典故和雕琢句子时，巧妙之处在于只说出事物的用途而不直接说出它的名字，这种技巧只有王安石、苏轼和黄庭坚这三位才真正懂得。王安石曾写道："含风鸭绿粼粼起，弄日鹅黄袅袅垂。"这里的"鸭绿"指的是水，"鹅黄"指的是柳。《苕溪渔隐丛话》也提到，王安石的另一句诗："缲成白雪桑重绿，割尽黄云稻正青。"其中"白雪"指的是丝，"黄云"指的是麦。《碧溪诗话》中还记载了一句诗："萧萧出屋千寻玉，霭霭当窗一炷云。”这些诗句都没有直接说出事物的名字。

《蔡宽夫诗话》中说：王安石曾经说过，“写诗的人有个毛病，就是用典故太多，而且往往是只挑选那些与题目相契合的典故来堆砌，这样做就像是在编排故事，即使技巧再好，又有什么益处呢？如果能够自己表达出独特的见解，借助典故来进一步阐明自己的意思，让情感和意境都充分展现出来，那么即使使用再多的典故，又有什么关系呢”？所以王安石的诗中，像“董生只为公羊惑，岂肯损书一语真？枯槔府仰何妨事，抱瓮区区老此身”这样的句子，它们所表达的意思与诗的主题并不直接相关，这就是真正懂得如何运用典故写诗的人。

《后斋漫录》中说：王安石擅长选用字词，比如他写的“荒埭暗鸡催月晓，空场老雉挟春骄”这句诗中，“挟”这个字就用得特别好。

《遁斋闲览》中说：王安石创作集句诗时，即便是长达几十韵的诗篇，他也能在短时间内迅速完成，而且这些集句诗中的词句和意境都能相互衔接，就像是他自己创作的一样自然流畅。其他人尽管极力模仿，却始终无法达到他那样的水平。

《沧浪诗话》中说：在创作集句诗方面，王安石是最擅长的。他创作的《胡笳十八拍》浑然天成，丝毫看不出拼凑的痕迹，就像是蔡文姬内心深处自然流淌出来的情感一样真挚动人。

王安石的词虽然不足以让他成为词坛的大家，但其中也有非常出色的作品。李清照说王安石和曾巩的文章像西汉时期的风格，但如果他们写小词，人们一定会笑倒，无法评价，这其实是过于苛刻的评论。李清照对晏殊、晏几道、欧阳修、苏轼、柳永、张先、方回、秦观等人的词作都不甚满意，更何况是王安石呢？不过，我还是选取了几首王安石的词作来展示：

《桂枝香·金陵怀古》：

登临送目。正故国晚秋，天气初肃。千里澄江似练，翠峰如簇。归帆去棹残阳里，背西风酒旗斜矗。彩舟云淡，星河鹭起。图画难足。

念往昔，豪华竞逐。叹门外楼头，悲恨相继。千古凭高，对此漫嗟荣辱。六朝旧事随流水，但寒烟、衰草凝绿。至今商女，时时犹唱，《后庭》遗曲。

《浣溪沙》：

百亩中庭半是苔，门前白道水萦回，爱闲能有几人来？小院回廊春寂寂，山桃溪杏两三栽，为谁零落为谁开？

《南乡子·金陵怀古》：

自古帝王州，郁郁葱葱佳气浮。四百年来成一梦，堪愁！——晋代衣冠成古丘。绕水恣行游，上尽层城更上楼。往事悠悠君莫问，回头！——槛外长江空自流。

其中《浣溪沙》和《南乡子》这两首就是集句词，开创了《蕃锦集》的先河。王安石的词作风格在后来也发展成了黄庭坚一派，但这并不是词家的正宗风格。

王安石还常常搞一些文字游戏，他有一首诗："老景春可惜，无花可留得。莫嫌柳浑青，终恨李太白。"里面藏着四位古人的姓名，这首诗被《石林诗话》称赞。王安石还创作过一个诗谜："佳人佯醉索人扶，露出胸前白雪肤。走入绣帏寻不见，任他风雨满江湖。"这个诗谜里藏着四位诗人的名字，分别是贾岛、李白、罗隐、潘阆，这个故事记载在《遁斋闲览》中。《苕溪渔隐丛话》又提到，有人说"霞头隐语"是王安石创作的。

王安石曾经编纂过《唐百家诗选》，他在自序中写道：

我和宋次道一起在三司担任判官的时候，次道拿出他家收藏的一百多卷唐诗，让我挑选其中的精华。后来次道就把这本选集命名为《百家诗选》。我在这上面花费了不少时间和精力，现在想想确实有些后悔。不过话说回来，如果想要了解唐诗，看看这本书也就足够了。

这本书在宋朝时曾被宋牧仲（荦）重新刻印过，现在已经非常罕见了。